ABUSO DEL PODER EN MÉXICO

ABUSO DEL PODER EN MÉXICO

MARTÍN MORENO

AGUILAR M.R.

Abuso del poder en México
© 2012, Martín Moreno

De esta edición:
D. R. © Santillana Ediciones Generales, S.A. de C.V., 2012.
Av. Río Mixcoac 274, Col. Acacias
México, D.F., 03240

Primera edición: marzo de 2012
Primera reimpresión: abril de 2012
ISBN: 978-607-11-1709-0
Fotografía del autor: Ignacio Castillo
Diseño de cubierta: Luis Sánchez Carvajal

Impreso en México

PRISA EDICIONES

A la memoria de mis padres, Ana María y José.

Para quienes han sufrido el abuso del poder.
Para los inocentes en prisión. Para los civiles caídos.
Para los periodistas asesinados y sus familias.

Una verdad de la palabra siempre provoca una
respuesta del poder, si es eficaz.
Poder es una palabra genérica y rufianesca.
Poder institucional, militar, criminal, cultural, empresarial.

Roberto Saviano.

ÍNDICE

AGRADECIMIENTOS

Un libro de esta dimensión no puede, por supuesto, realizarse por una sola persona. Es cierto que son dos manos las que escriben, pero fueron varias las que, de una u otra forma, participaron. A todas ellas, gracias.

También mi agradecimiento a quienes de manera anónima proporcionaron información. Y particularmente, a Javier Velázquez, Miguel García Tinoco, Rodrigo Higuera, Félix Fuentes, Raúl Plascencia: presidente de la Comisión Nacional de los Derechos Humanos (CNDH), Arturo Zárate Vite, Georgina Mena y Yohali Reséndiz.

A los compañeros de profesión que con su trabajo diario contribuyeron —tal vez sin saberlo pero con una valiosa aportación periodística— a la integración del texto, y que se encuentran bien identificados en estas páginas.

En especial, mi reconocimiento a la madurez editorial, valentía personal y compromiso social, de Carlos Ramírez, Patricia Mazón, César Ramos, Fernanda Gutiérrez Kobeh y Juan Carlos Valdivia, cabezas y corazón de Santillana Ediciones Generales de México.

EL PODER EN MÉXICO

En México, el poder no se ejerce, se explota. Y tiene, en el abuso del poder mismo, la principal fuente de atropellos, usura al precio de ser ciudadano: la corrupción, el sometimiento, la amenaza, el engaño, la tragedia. Arrodillamiento ante el dragón de mil fauces. Doblar voluntades con el mazo del poderoso.

¡Todos a callar, a obedecer, el abuso del poder está hablando!

Por más de setenta años ese poderío tuvo un nombre. El amo se llamaba Partido Revolucionario Institucional (PRI); a su amparo nacieron los abusos institucionalizados: las crisis financieras, los fraudes electorales, los cacicazgos, las matanzas estudiantiles, los crímenes políticos, los monopolios. El abuso del poder oficial.

Con la alternancia de papel, el Partido Acción Nacional (PAN) tuvo destellos del mismo abuso: de los hijastros presidenciales enriquecidos a las frivolidades y caprichos de la señora de la casa; del vacío de poder a la intervención grosera del Presidente en asuntos electorales; de la promesa de generar empleos a una guerra contra el narcotráfico sin estrategia ni brújula, desaforada y contabilizada en la numeralia de la muerte: 50 mil en todo el país, cientos de ellos civiles que estuvieron donde no tenían que estar. "Daños colaterales", justifica la voz gubernamental. Mala suerte. Ni modo. "Me los mataron", reclama la voz de las madres de inocentes en un país en estado permanente de violencia.

Izquierda con líderes ex priístas que hoy dominan el Partido de la Revolución Democrática (PRD). Políticos con corazón y entraña priísta que junto a guerrilleros conversos, profesores desprestigiados o caudillos, son incapaces siquiera de ponerse de acuerdo para realizar una elección interna. Una izquierda salpicada de falsos izquierdistas. Una izquierda enferma para desgracia de la incipiente democracia mexicana.

México es —en el alma duele decirlo— el país de la impunidad.

Un país donde un Procurador de Justicia capitalino encarcela a inocentes sin pruebas, sólo para mantener la imagen política del gobernante —abuso y mentiras como pilares de la casa del embuste—, amparado en la indiferencia cruel, en el interés bastardo de la falta de humanidad.

Un país donde los sindicatos son fuente de poder político y de abuso oficial; de explotación de la educación básica por una sola persona —mujer ella—, intocable y cobijada por el manto de la residencia presidencial.

Un país donde ellos, los priístas, nos demuestran que no cambian ni cambiarán. No hay viejo ni nuevo PRI. Hay uno. Es el mismo. El de siempre. Con ex presidentes extraviados en sus delirios y en sus sueños de reivindicación histórica, que sólo gozarán bajo esa condición onírica: únicamente sueños, juzgados ya por el repudio nacional; con aspirantes a la presidencia bajo los rostros del priato más nocivo. El encubrimiento. La manipulación.

Un país en el que su presidente dice sentirse solo, muy solo, pero que en su soledad lleva a un compañero de camino y de dolor: México, que también se siente solo, muy solo.

Un país con una capital gobernada por un falso izquierdista amigo de la vanidad y del dispendio; hambriento de poder político aunque ello lastime conciencias; excelente hermano y buen ex esposo… a costa de los dineros públicos; ignorante deliberado de los derechos humanos; esgrimista de aquella máxima de conceder gracia al amigo y horca al rival.

Un país sacudido por las balas del crimen organizado, poderosas ante los embates de un gobierno desorganizado; pactos entre los barones del narcotráfico —las *famiglias*— ¿cómo y por qué se inició la guerra entre los cárteles mexicanos?; muertes masivas de civiles, periodistas asesinados. Sí, Roberto Saviano, como en tu querida y sangrienta Nápoles, aquí también el que escribe muere. Y las ejecuciones. Y el miedo de vivir en un México peligroso a los ojos del mundo…

Un país donde no hay pequeñas tragedias para aquellos ciudadanos que las sufren. Hay tragedias. Y punto. Sus historias van de la mano izquierda bien sujetadas por el abuso del poder, mientras la mano derecha las encierra con la indiferencia criminal de los gobiernos. Póngale usted a esa desgracia el apellido que quiera. Póngale usted el gobierno que prefiera. Iguales son las tragedias regadas a lo largo y a lo ancho del territorio.

Un país sometido por una televisora con más poder —así lo presumen sus ejecutivos— que el propio Presidente de la República. Altiva, desafiante, pero, sobre todo, impune. Consentida por los que entran y salen de Los Pinos. Apuntalado su poderío entre la complacencia oficial y la conveniencia política. Televisora que deshace reputaciones. La manipulación conectada al *teleprómter*. Y que nadie se ponga enfrente porque lo hacemos pedazos. No le cambie de canal.

Un país en el que un líder sindical puede desaparecer 33 millones de dólares y no pasa nada. ¡Absolutamente nada! Refugiarse en el extranjero y vivir como príncipe. Él y su estirpe. Y no lo molesten, que es un júnior muy poderoso.

Un país que se fractura sin remedio: el conflicto social del sexenio reventó por la ira de los electricistas del SME. ¿Fue un acto de gobierno justificado? ¿Un abuso de poder contra un sindicato? ¿Que hubo detrás de esta decisión? Que el lector decida.

México: el país que no protesta.

México: el país de la impunidad.

México: el país del abuso del poder.

Porque en el martirizado México, el poder no se ejerce, se explota.

México, 19 de enero de 2012

MANCERA: EL FABRICANTE DE CULPABLES

Quien no castiga el mal, ordena que se haga.
Leonardo da Vinci

El destino de Lorena González Hernández, subinspectora de la Dirección General de Secuestro y Robo de la Coordinación de Inteligencia de la Secretaría de Seguridad Pública Federal (SSPF), a cargo del poderoso Genaro García Luna, el hombre de mayor influencia sobre Felipe Calderón, quedó marcado el 21 de agosto de 2008, en Palacio Nacional.

Durante la firma del Acuerdo Nacional por la Seguridad, la Justicia y la Legalidad, encabezada por el Presidente de la República y avalado por parte de su gabinete, gobernadores, legisladores, dirigentes sindicales, líderes sociales, representantes de la sociedad civil y por el Jefe de Gobierno del Distrito Federal, Marcelo Ebrard, y que intentaba ser —en eso quedó: en intento— la respuesta oficial al hartazgo e indefensión de millones de mexicanos ante el embate de la criminalidad, ajena a lo que se discutía, Lorena, como era su rutina, trabajaba en las instalaciones de la SSPF en Cuatro Caminos.

Nada le había sido fácil a esta mujer cuyo origen está en Ciudad Nezahualcóyotl y que, desde muy joven, había sido el soporte económico de su familia: sus padres y sus cinco hermanos.

Lorena —morena de uno sesenta de estatura y un tanto introvertida— se caracterizó, desde sus épocas de estudiante, por sus

19

buenas calificaciones. "Era, como decíamos, una matadita", recuerda enfundada en su uniforme beige de interna en el Penal Femenil de Santa Martha, bajo una refrescante sombra que brinda una palapa de cemento que cubre de los casi 30 grados quemantes al Oriente de la ciudad de México.

Entonces su vida dio un giro brutal: de subinspectora policiaca a reclusa… por caprichos y conveniencias del poder político en México.

Lorena González Hernández está en prisión, desde hace más de tres años, acusada de haber participado en el secuestro de Fernando Martí, hijo del prominente empresario deportivo Alejandro Martí. Se le imputa haber participado en otros secuestros, de los cuales, casi todos han quedado invalidados por falta de pruebas. Solamente dos —sustentados en testimonios tan endebles como fantasiosos— están en litigio.

La Procuraduría General de Justicia del Distrito Federal (PGJDF) la acusa, por medio de Christian Salmones —testigo que padece miopía visual, contradictorio en sus declaraciones y protegido por la propia Procuraduría— de ser la responsable de montar el retén mediante el cual se detuvo el automóvil BMW en el que viajaba Martí —asesinado en cautiverio—, su chofer, Jorge Palma Lemus (ejecutado también), y su escolta Salmones, sobreviviente de manera milagrosa.

La PGJDF vinculó a Lorena —a quien bautizó con el mote de *La Comandante Lorena* sin que ella ostentara ese grado— con el fallecido Sergio Humberto Ortiz Juárez, *El Apá*, ex policía judicial del D.F., señalado —basándose tan sólo en una llamada anónima cuando *El Apá* estaba en un hospital— como el autor intelectual y material del plagio del joven Martí.

Sin tener pruebas contundentes, con testimonios débiles y muy cuestionables, como se verá más adelante y enredada en sus propias contradicciones, la Procuraduría de Justicia del D.F., encabezada por el abogado Miguel Ángel Mancera —en 2012 convertido en candidato del PRD a la Jefatura de Gobierno del D.F.—, tejió una historia inverosímil, ausente de elementos confiables y, por tanto, carente de ética, para culpar a Ortiz Juárez y a Lorena del secuestro de Fernando.

No es cuestión de creer o de suponer. Tampoco de filias o fobias. No.

Lo sostengo, como periodista, tras revisar exhaustivamente, durante casi tres años, los hechos, las declaraciones, las averiguaciones previas, los documentos legales, las entrevistas oficiales y las reuniones extraoficiales con los involucrados en el secuestro de Fernando Martí. Motivado, tan sólo, por la convicción de ganarle terreno a la impunidad, de denunciar a quienes abusan de su poder en México y contribuir, desde estas páginas, a revelar parte de lo que realmente ocurrió con el caso Martí.

Lorena jamás conoció al *Apá*.

Horas antes del secuestro de Martí, ella estaba en Acapulco (líneas abajo ofrecemos una prueba bancaria).

Lorena González Hernández jamás estuvo presente en el retén que permitió el plagio de Fernando. Así lo indican los hechos, y de esos hechos sí hay pruebas.

El 17 de julio de 2009, Noé Robles Hernández, sicario al servicio de la banda de secuestradores conocida como "Los Petriciolet" o "La Flor", confesó públicamente, tras ser detenido por la Secretaría de Seguridad Pública Federal (SSPF), haber sido el verdugo de Fernando Martí.

Poco más de dos meses después, el 23 de septiembre, fue aprehendido por autoridades federales el jefe de la banda de "Los Petriciolet", Abel Silva Petriciolet, alias el *Di Caprio*, también confeso de haber planeado y ejecutado el plagio de Martí. Al recibir menos dinero del pactado por el rescate, Abel fue quien ordenó a Noé quitarle la vida a Fernando.

El 16 de abril de 2010 fue capturada María Elena Ontiveros Mendoza, alias *La Güera*, quien durante fragmentos de sus interrogatorios aceptó ser la mujer que estaba al frente del retén que le marcó el alto al BMW en el que viajaba Fernando Martí, a la entrada de Ciudad Universitaria (CU), por órdenes de un sujeto de nombre Jorge Rico, director de una empresa de seguridad privada.

Todos ellos —ellos sí—, integrantes de la banda de "La Flor".

Todos ellos, confesos de haber participado en el secuestro de Martí: el autor intelectual, el asesino de Fernando y la mujer a la cabeza del retén.

¿Conocían Noé Robles, Abel Silva Petriciolet y María Elena Ontiveros a Sergio Humberto Ortiz Juárez y a Lorena González Hernández?

Dejemos que sean ellos quienes lo digan mediante sus testimonios rendidos ante autoridades federales y videos públicos. Extractos.[1]

Noé: "Presentan en la tele a ciertas personas que no tuvieron nada que ver en ese secuestro. Hay una mujer que está detenida (Lorena), pero me doy cuenta que no es la persona que participa con los demás en el levantón, porque veo a esa persona (María Elena) en dos ocasiones antes de que se hiciera eso (el secuestro de Martí), y las características físicas no coinciden con la persona que veía… era una persona de tez blanca, cacariza y fea… alta, caderona, voluptuosa de cierta manera, y la persona que presentaron en la tele no lleva esas características."

—¿Qué me dice de la *comandante Lorena*?

—Yo no la conozco. No sé quién sea esa mujer.

Abel: No conozco ni al *Apá* ni a Lorena…

—¿Quién le realizó el alto? (al automóvil de Martí)

—Una mujer llamada *La Güera*.

—¿Cuál es el nombre de *La Güera*?

—No lo sé, señor….

—¿Cuáles son sus características?

— De uno ochenta de estatura, de conflexión (sic) mediana, con la cara llena de barros o cacariza y el cabello largo, hasta un poco más debajo de los hombros….

María Elena: ¿Qué le diría a Lorena?

—A ella más que a nadie… no sé si la señora haya cometido algo, pero dentro de eso no (retén del caso Martí). Yo jamás la vi, y me hubiera gustado irle a poder decir que no era ella, pero tenía miedo…

No hay, hasta hoy, absolutamente nada que involucre a "Los Petriciolet" con *El Apá* ni con Lorena. Ningún indicio siquiera.

Ninguna prueba contundente o testimonio confiable ofrecieron el Procurador Mancera, o sus fiscales, para seguir mante-

---

[1] Los agregados entre paréntesis son para mejor comprensión del lector, no alteran, en absoluto, el sentido de las declaraciones.

niendo a Lorena González en la cárcel. Ortiz Juárez falleció el jueves 12 de noviembre de 2009, enfermo, culpado de un secuestro que jamás se le pudo comprobar.

Los secuestradores y asesinos de Fernando Martí están confesos y presos. Ninguna declaración o pista involucra con ellos a Lorena. Al contrario, todos coinciden en no conocerla ni que haya estado en el retén de CU.

¿Por qué, entonces, culparla de un delito a todas luces fabricado por la PGJDF encabezada por Miguel Ángel Mancera?

Por una razón política, de poder.

Lorena González está presa por cuestiones más de índole político que de carácter judicial; eso lo solapa, por conveniencia personal, el Gobierno del Distrito Federal (GDF), presidido por Marcelo Ebrard.

¿Por qué es un asunto político?

Regresemos a Palacio Nacional.

Cuando Alejandro Martí, dolido por la muerte de su hijo Fernando y erigido en voz inequívoca del hartazgo de una sociedad arrodillada por los criminales, lanzó a las autoridades tanto federales como estatales, municipales y capitalinas, aquel lapidario: "Si no pueden, renuncien.", Ebrard, oportunista, respondió ante todos: "Yo le tomo la palabra... estoy seguro que voy a cumplir", comprometiéndose a dimitir si no tenía éxito en este caso.

Ese mismo día, Ebrard le ordenó a Mancera —nombrado días antes (9 de julio de 2008) titular de la PGJDF—, y a sus colaboradores, hacer del caso Martí una prioridad. Una razón de Estado. Detener a los responsables, a cualquier precio. Ofrecer sus cabezas a Alejandro Martí, a costa de lo que fuera. No dejar en el aire su palabra empeñada en Palacio Nacional.

Así, una obligación constitucional —brindar seguridad a los ciudadanos— se convirtió en un objetivo con cálculos eminentemente políticos. ¿Por qué? Ebrard aspiraba, entonces, a la candidatura presidencial del PRD en 2012.

El caso Martí se transformó, para Ebrard, Mancera y sus hombres, en un asunto estrictamente político, tras la promesa de Marcelo, ante todo el mundo, de resolverlo o renunciar.

Por eso Mancera fabricó culpables, para hacer cumplir —al costo que fuera— la palabra empeñada por su jefe, Ebrard.

Por eso Mancera utilizó a un testigo ahogado en sus propias contradicciones: miope físicamente, el escolta Christian Salmones, de cuyas confusiones nos ocuparemos más adelante.

Por eso Mancera culpó al *Apá* y a Lorena González de un delito que no cometieron. El interés político por encima de la ética profesional.

Por eso Mancera fabricó también otros *secuestros* ligándolos a Lorena, con elementos —a opinión de abogados y periodistas, y por supuesto, sujetos al escrutinio público— tan insostenibles como fantasiosos, de los que se conocerán detalles en este capítulo.

Miguel Ángel Mancera pasará a la historia como el Procurador de Justicia que fabricaba pruebas y culpables para fines políticos. O para lucimientos personales.

Lo hizo con el caso Martí, con *El Apá* y con Lorena. Lo hizo con el episodio del Bar-Bar, donde encaminó a prisión —por presiones político-mediáticas— a otro inocente: Carlos Cázares, *Charly*, gerente del lugar (ver capítulo "Televisa: el poder tras el cristal").

Lo intentó con Mariel Solís, estudiante de la UNAM acusada, en falso, de haber participado en el asalto y homicidio de un catedrático universitario.

Lo pretendió, nuevamente, con Alfredo Mauricio Marichal, sobrino de la actriz Julia Marichal, asesinada a principios de diciembre de 2011. Sin embargo, Alfredo fue liberado gracias a que cayeron los verdaderos culpables, pero Mancera ya lo preparaba para presentarlo como "asesino".

Miguel Ángel Mancera, el Procurador de Justicia que fabrica culpables.

Abuso de poder.

DETENIDA

Lorena estudió la carrera de Contaduría en la Vocacional 5, frente a la Plaza de la Ciudadela, en la Ciudad de México. Luego Negocios Internacionales en la Escuela Superior de Comercio y Administración (ESCA). Tenía 18 años de edad. Su primer trabajo formal fue en las tiendas Sears, entre 1991 y 1992. Un año después nació su hijo Bryan.

Lorena era madre soltera. Terminó la licenciatura en la ESCA y en 1994 ingresó a la Secretaría de Seguridad Pública (SSP) del D.F. Su puesto: capturista de datos. Allí descubrió su verdadera vocación: ser policía.

"Me gustaba ponerme uniforme. Me sentía bien", dice Lorena quien —paradoja de la vida—, me lo cuenta enfundada en otro uniforme color beige, el de las procesadas en prisión.

En 1998, la Procuraduría General de la República (PGR) emitió una convocatoria para reclutar a "agentes de investigación". Lorena no lo pensó mucho para asistir al adiestramiento, las prácticas de tiro y la capacitación. En febrero de 1999 le fue entregada su placa con la inscripción: "Agente Investigador B."

Aunque participó en algunos cateos menores —como incursión en *narcotienditas*—, González Hernández realizó más trabajo de oficina que de campo: procesamiento de datos, archivos informativos, fichas, documentos, etcétera. Con el cambio de sexenio —el panista Vicente Fox ganó las elecciones presidenciales, derrotó a un PRI malherido tras más de 70 años de dictadura política—, Lorena entraría a la recién creada Agencia Federal de Investigaciones (AFI), a cargo, entonces, de García Luna. Era a finales de 2001.

Lorena trabajaba directamente con Omar Ramírez Aguilar —ejecutado en 2007 en la Ciudad de México—, quien era Subdirector de Delitos de Alto Impacto de la AFI. En 2005, a Omar le ofrecieron la dirección de área. Quedaba vacante, de momento, la subdirección.

Fue el propio Ramírez Aguilar el que recomendó a Lorena para ocupar el cargo. ¿Quién mejor que ella para ser la nueva subdirectora, pues entendía a la perfección su funcionamiento? Su misión era exclusivamente administrativa. Entraba a las nueve de la mañana y salía alrededor de las diez de la noche.

"Tenía buen sueldo. Ganaba unos 40 mil pesos al mes, netos; traía un auto de la corporación. Ya vivía en unión libre con quien ahora es mi esposo", relata Lorena, quien al oír aquella fecha fatídica, 4 de junio de 2008, hace un silencio y agacha la mirada.

En las primeras luces de ese día cuatro secuestraron a Fernando Martí. Entonces se inició la pesadilla para la joven subinspectora de la AFI.

* * *

Como millones de mexicanos, Lorena González se enteró del secuestro de Fernando Martí por los medios de comunicación. El 31 de julio supo, por la misma vía, que su cadáver había sido encontrado en la cajuela de un automóvil Corsa color gris, reportado como robado, al sur de la ciudad. Al paso de los días, conoció la captura de algunos de los presuntos responsables del plagio.

Los hermanos Israel y Noé Cañas Obañes eran detenidos y señalados por la PGJDF como integrantes de la banda de "La Flor" y partícipes del secuestro de Martí.

Lorena continuaba con su vida normal.

El 2 de junio de 2008, Lorena y su pareja viajaron a Acapulco en viaje de descanso. Se hospedaron en un hotel popular, sin necesidad de registrarse, pero aún conservan una ficha de retiro de una operación bancaria en HSBC efectuada el 3 de junio en el puerto, firmada por Lorena, lo cual comprueba su estadía en esa ciudad. (¿Un secuestrador estaría de vacaciones horas antes de un plagio de alto impacto?)

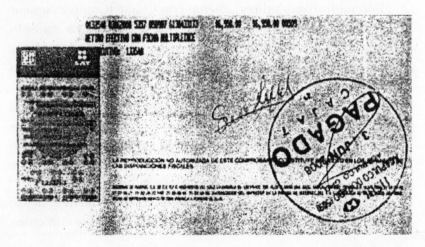

Lorena y su acompañante regresaron al D.F. alrededor de las nueve de la noche del 4 de junio, es decir, unas quince horas después del secuestro de Fernando Martí.

Durante el proceso penal, su abogado, Rodrigo Higuera, solicitó a las autoridades —a través del Juez 32 de lo Penal del D.F., Salvador Pedrozo Castillo—, los videos de las casetas de la autopista México-Acapulco del 4 de junio de 2008, para comprobar que Lorena efectivamente regresaba del puerto cuando ocurrió el plagio de Martí.

Con fecha 20 de enero de 2009, el Subdelegado de Operación de Caminos y Puentes Federales de Ingresos y Servicios Conexos, Arsenio Campos Santoscoy, le envió un comunicado al Juez Pedrozo Castillo en el que asentaba: "Me permito enviarle las grabaciones registradas a la fecha antes mencionada (4 de junio) de las Plazas de Cobro La Venta, Palo Blanco, Paso Morelos, Ing. Francisco Velasco Durán y Tlalpan."

¿Qué ocurrió con esos videos?

Pedrozo Castillo los puso a resguardo del juzgado y jamás notificó a Higuera que ya habían sido entregados por Caminos y Puentes. El abogado se dio cuenta de esa omisión casi de manera casual y exigió, por derecho, revisarlos.

Así se hizo durante una diligencia oficial, en la cual estuvieron presentes Higuera, el Juez Pedrozo y el ministerio público correspondiente. Pero vaya sorpresa desagradable para la defensa de Lorena. Los videos eran imposibles de ver. En la pantalla aparecían rayas y fantasmas que los hacían prácticamente inservibles como pruebas. Algo llamó la atención de Higuera: el video de la caseta de Tlalpan, a la entrada de la ciudad de México, no aparecía, a pesar de que en el oficio enviado al Juez Pedrozo, el Subdelegado de Operación de Caminos y Puentes, Campos Santoscoy, notificaba y confirmaba su inclusión en el paquete solicitado.

Ninguna explicación pudo ofrecer el Juez Pedrozo sobre la falta del video de la caseta de Tlalpan, elemento clave para comprobar el regreso de Lorena de Acapulco.

Alguien, evidentemente, había dañado o sustraído los videos, depositados, aparentemente, a resguardo seguro del Juzgado.

"Fueron dañados a efecto de que no se viera ninguna de las personas que aparecían en ellos. Fue el trabajo sucio de la Procuraduría", considera Higuera.

* * *

Viernes 5 de septiembre de 2008

Como todas las mañanas, Lorena salió de su domicilio en ciudad Nezahualcóyotl. Dejó a su hijo en la Preparatoria La Salle, ubicada justo a la entrada de la avenida que conduce al penal conocido como Nezabordo. Parábola de vida.

"Llegué a trabajar temprano. Salí al mediodía porque estaba tramitando un crédito Fovissste y me dirigí al metro Tacuba, a Bansefi. Regresé al gimnasio que estaba junto a mi trabajo, comí en una cocina que se encuentra abajo de la oficina, y volví trabajar."

8 pm.

"Me mandaron llamar y me dijeron que se iban a realizar unos cambios y que me esperara, sola, en una oficina, pero ése no era el procedimiento. Sentí algo raro. Tuve un mal presentimiento.

Salí y hablé con la Subinspectora Isabel Hernández Arzate, quien me dijo: «Por instrucciones de Luis Cárdenas Palomino debes quedarte en la corporación. Tienes un problema. De amigas, te digo que mejor empieces a buscar a un abogado»."

Lorena se sintió desfallecer. ¿De qué diablos le estaban hablando? "Tienes una orden de presentación en la Procuraduría capitalina."

Cerca de las diez de la noche llegó por ella un grupo de agentes de la PGJDF. Al frente iba el comandante Telésforo Tuxpan, jefe Antisecuestros de la Procuraduría. Mala señal: era el mismo policía que jamás pudo resolver el asesinato del conductor de televisión, Francisco "Paco" Stanley y que, en cambio, envió a la cárcel a personajes cercanos al conductor, acusándolos de participar en la ejecución —sin tener pruebas sólidas para probarlo—, como ocurrió con Mario Bezares, "Mayito", y la edecán Paola Durante.

Con el paso del tiempo, Tuxpan fue acusado de haberle pedido dinero a Alejandro Martí para resolver el crimen de su hijo.

La presencia de Tuxpan era ave negra para Lorena, quien fue trasladada a la PGJDF. Allí, Tuxpan, sin explicarle los motivos por los cuales estaba detenida, le preguntó a la Subinspectora Federal:

—¿Lo conoces? —mostrándole la fotografía de *El Apá*.

—No. Yo no soy a quien buscas —respondió Lorena sin titubear.

Paralelamente, el Jefe de Gobierno del D.F., Marcelo Ebrard, celebraba "la detención de los secuestradores y asesinos de Fernando Martí", y decía públicamente que "los datos que permitieron la ubicación de Ortiz, fueron proporcionados por Salmones". Ebrard mintió.

En realidad, al *Apá* lo detuvieron cuando estaba hospitalizado en la Clínica 32 del IMSS. ¿Cómo se dio este hecho? Porque en el parabrisas de un automóvil, alguien dejó un anónimo que decía: "Aquí tienen internado al secuestrador de Martí", y no una llamada anónima, como declaró la Procuraduría. Y nada más.

Eso le bastó a la PGJDF para incriminar al *Apá*, grave de salud, después de haber sido tiroteado.

Sábado 6 y domingo 7 de septiembre. Lorena estuvo en los separos de la Procuraduría capitalina, incomunicada, sin que nadie le notificara oficialmente por qué estaba detenida. "Tiene que ser ella…", escuchaba decir entre los agentes.

El lunes 8 fue llevada a la cámara de Gesell junto con los hermanos Cañas y otros implicados en el caso Martí: José Luis Romero Ángel, Marco Antonio Moreno y Fernando Hernández Santoyo. "A ninguno de ellos lo había visto en mi vida", asegura Lorena. Alguien le prestó una playera rosa, la misma que portaba en un video durante su presentación difundida en los medios.

A fin de cuentas policía y conocedora de cómo se opera en las entrañas de las corporaciones de justicia, Lorena comenzó a darse cuenta, en ese momento, de cómo se iniciaba la fabricación de pruebas en su contra.

Tras salir de la cámara, fue trasladada, con otras mujeres, a un cuarto. Una voz les ordenó hablar sin dar su nombre: "Digan ¡deténgase!" Las demás obedecieron. Pero cuando le tocó el turno a Lorena, la misma voz le pidió —a ella sí—, dar su nombre. "Di tu nombre verdadero". Entonces lo dio. Tiempo después supo que, del otro lado, estaba Christian Salmones.

Así permaneció durante un mes. Incomunicada, ausente de notificación oficial de que estaba detenida por el secuestro y la muerte de Fernando Martí. Conoció los motivos de su arresto por una televisión, cuyo volumen se escuchaba hasta la habitación donde estaba arraigada, justo cuando un reportero hablaba de los implicados en el caso y mencionaba su nombre.

Durante el arraigo, no tuvo abogado, aunque tampoco nadie quería tomar su caso.

Septiembre y octubre fueron meses de arraigo, semanas de oscuridad, días perdidos en su vida.

El 1 de noviembre de 2008, Lorena González Hernández era consignada al Reclusorio Femenil de Santa Martha, por secuestro, homicidio, tentativa de homicidio, robo calificado y delincuencia organizada. Llegaba "clasificada", lo que le significaba estar aislada durante seis meses. Y se lo cumplieron.

"Yo nada más lloraba. ¿Por qué estoy aquí?, me preguntaba. Nunca pude tener esa respuesta. Nunca", recuerda, vencida nuevamente por el llanto, cuando la tarde cae sobre la cárcel de mujeres, a punto de terminar el horario de visita.

—¿Cómo has sobrevivido?

—Desde el primer día que llegué me dije: ésta es una escuela y yo estoy aquí aprendiendo… ahorita estoy estudiando Derecho, aquí, en la cárcel… me quiero titular y lo voy a lograr...

—¿Qué hacías en tu celda los primeros días?

—Dormía mucho. Muchísimo. Era como ausentarme de mi realidad…

Agoniza la hora de visita. Entonces, Lorena González se levanta, intenta sonreír, y se pierde entre los pasillos viejos y descarapelados de la cárcel de mujeres. Junto a ella van mil historias más.

EL AMIGO MENDIETA

Para comprender mejor el caso de Lorena González Hernández y, en general, el secuestro y asesinato de Fernando Martí, hay un personaje clave: Ernesto Mendieta Jiménez.

¿Quién es él?

De acuerdo con documentos oficiales firmados por el propio Mendieta, él aparece como "Administrador Único de Aquesta Terra Comunicación, S. A. de C. V.", cuya función —con base en la Escritura Pública Núm. 100 712, otorgada por Salvador Godínez Viera, Notario Público 42 del Distrito Federal, bajo el folio mercantil número 177 250—, es "prestar y recibir toda clase de Asesorías y Consultorías a organizaciones e instituciones públicas y privadas, nacionales, extranjeras e internacionales, sobre temas jurídicos, sociales y políticos, de seguridad privada, de seguridad nacional y de seguridad pública".

Ernesto Mendieta fue el negociador contratado por Alejandro Martí durante el plagio de su hijo Fernando. Pero hay un detalle, pequeño y clave: el escolta Christian Salmones, quien no portaba arma por no haber concluido el curso de adiestramiento impartido por la propia empresa de Mendieta, era empleado de Aquesta Terra Comunicación y fue contratado directamente por Mendieta a petición de su medio hermano, Francisco Javier Salmones, quien laboraba en la misma firma.

Aunque Ernesto Mendieta Jiménez y Francisco Javier Salmones niegan en sus declaraciones del 9 de julio haber contratado —el primero—, o recomendado —el segundo— a Christian, hay un documento irrefutable que así lo prueba: el contrato de trabajo firmado entre Christian Salmones Flores y Norma Cosío Sánchez, que incluye nueve cláusulas de derechos y obligaciones laborales (de la cual el autor de este libro tiene una copia).

¿Quién es Norma Cosío? El brazo derecho de Ernesto Mendieta.

Cosío Sánchez dio el aval a Christian Salmones para que entrara a trabajar a Aquesta Terra Comunicación. Es imposible que Mendieta no hubiera avalado la contratación de su subalterna. Aún más, Salmones, en su declaración del 20 de abril del 2010, manifestó que fue el propio Mendieta quien lo entrevistó para ingresar a la empresa.

Christian formaba parte, indudablemente, de la empresa de Mendieta, cuando ocurrió el secuestro de Fernando Martí, a quien, supuestamente, debería haber protegido. Y Norma Cosío es la operadora principal de Ernesto Mendieta en su empresa de seguridad. Ella fue la encargada, entre otros muchos asuntos de Aquesta Terra Comunicación, de emitir y respaldar legalmente las facturas enviadas a Servicios Corporativos Sport City (propiedad de Alejandro Martí), en cobro a los servicios prestados por y durante el secuestro de Fernando. Norma —bajo el RFC COSN570228AW9 y el CURP COSN570228MDFSNR07— aparece como responsable en esos documentos. (Así lo comprueban las facturas 0362, 0357, 0351, 0369, 0379, 0400 y 0414, cuyas copias posee el autor.)

Es relevante señalar que hay un ilícito cometido por Mendieta y solapado por la PGJDF.

De acuerdo con el Artículo 166 bis del Código Penal del D.F., inciso I, se establece que "… se impondrá de uno a ocho años de prisión y de doscientos a mil de días multa, al que en relación con las conductas sancionadas en este capítulo y fuera de las causas de exclusión del delito previstas por la ley: Actúe como asesor o intermediario en las negociaciones del rescate, con fines lucrativos o sin el consentimiento de quienes representen o gestionen a favor de la víctima".

¿Por qué el Procurador Mancera consintió que Mendieta cobrara 635 mil pesos a la familia Martí, cuando la ley prohíbe y castiga la figura del negociador de secuestros? ¿Acaso el abogado Miguel Ángel Mancera ignoraba esta disposición legal? Es difícil de creer.

El propio Mendieta declaró en la Averiguación Previa (AP) FSPI/T3/1005/0806 que "… la asesoría brindada a la familia Martí, en lo personal, no fue objeto de remuneración".

Mendieta mintió. Allí están las facturas de Aquesta Terra Comunicación —de su propiedad—, y el dinero cobrado a Alejandro Martí durante el plagio de su hijo.

¿Por qué se protege tanto a Mendieta en el Gobierno del Distrito Federal y en la PGJDF?

Las relaciones entre Mendieta y el GDF, a cargo de Marcelo Ebrard, van más allá de una relación personal. Al poderoso asesor en seguridad se le ha dado entrada a los jugosos contratos del GDF, y no precisamente bajo los rubros de seguridad o de "asesoría sobre temas jurídicos, sociales y políticos", fines para los cuales fue creada la empresa. Aquí están las pruebas, me remito a parte de mi columna "Archivos del poder" del periódico *Excélsior*, publicada el 5 de agosto de 2010:[2]

"¿Y por qué el gobierno de Marcelo Ebrard toleró esta violación a la ley (permitir que Mendieta cobrara como negociador de secuestros)?

"Por una razón de pesos y de relación institucional, ya que la empresa Aquesta Terra Comunicación S. A. de C. V., cuyo representante legal es Mendieta, aparece en la lista de proveedores del GDF, bajo el número de contrato 51-CS, y cobró 142 mil 600 pesos, a través de la partida 3302."

"La empresa del negociador Mendieta apoyó al GDF con «servicio de mejores prácticas e instrumentos de combate a la delincuencia organizada y lavado de dinero», lo cual consta en el registro obtenido por esta columna."

Amigos en lo personal y socios de negocios oficiales, Ebrard, Mendieta y Mancera formaron un triángulo de conveniencia política en torno al caso del secuestro de Fernando Martí.

Salmones contratado por Mendieta.

Mendieta fuertemente ligado a las autoridades capitalinas.

Salmones fue el "testigo" que la PGJDF necesitaba para "resolver" el caso Martí.

Todo quedaba entre amigos. Complicidades y mentiras. Dinero y negocios. Abuso de poder.

Y más: fue Ebrard quien le recomendó a Alejandro Martí buscar a Mendieta para tratar de resolver el secuestro de su hijo Fernando. De ese tamaño es la incapacidad del GDF y de la Procuraduría de Justicia, para enfrentar la criminalidad organizada. Maniobras desde la cúpula del poder capitalino.

SALMONES, EL TESTIGO INVEROSÍMIL

Christian Salmones está viviendo horas extra. Sobrevivió milagrosamente tras el intento de ser estrangulado por Noé Robles Hernández, quien confiesa que creyó haberlo matado. Pero no fue así.

---

[2] Lo agregado entre paréntesis es sólo para contextualizar.

Acreditado ya que Salmones era empleado de Ernesto Mendieta, el escolta de Fernando Martí declaró, por primera vez, el 6 de junio del 2008, según consta en la Averiguación Previa FCY/COY-3/T3/00950/08-06, Unidad de Investigación Número Ocho. En esa ocasión, aseguró oficialmente que:

"… fuimos a dejar a Fernando al colegio y al ir circulando me percaté de la presencia de un retén de aproximadamente treinta y cinco sujetos que vestían uniforme de color azul, que presentaban una edad aproximada de entre treinta y cinco y cuarenta años de edad, ya que no eran muy jóvenes, que portaban chalecos con las siglas «AFI», de los cuales varios de ellos portaban armas largas… cuando de pronto nos marcó el alto, con una seña que realizó con la mano, una mujer que vestía un pantalón de mezclilla deslavado, con un chaleco con las siglas «AFI», con lentes obscuros y gorra, que tenía el cabello güero, corto y peinado hacia atrás, por lo que el señor Palma se detuvo y apagó el motor.…

… momento en el que se acercaron a nosotros aproximadamente quince sujetos, cuando uno de los sujetos se acercó del lado de la ventanilla del señor Jorge Palma, el cual portaba lentes obscuros y gorra y tenía barba, que se trataba de una revisión del vehículo, momento en que la mujer me abrió la puerta del carro y me bajó.…

Asimismo, deseo manifestar que no sé qué pudo haber pasado con el señor Palma y con el menor Fernando; que no podría realizar retrato hablado de la mujer que nos indicó el alto en el retén ni de los otros sujetos que estaban con ella, que sólo recuerdo que era delgada."

"…que no podría realizar retrato hablado de la mujer que nos indicó el alto en el retén…"

Hasta aquí parte de la primera declaración de Salmones ante la PGJDF.

En su segunda declaración, asentada en la Averiguación Previa FSPI/T3/1005/08-06, Salmones narra nuevamente, a grandes trazos, cómo se toparon con el retén en CU, añadiendo respecto a los vehículos implicados que "… sin poder determinar el color con exactitud, ya que todavía estaba obscuro, percatándome de la presencia de entre diez y quince sujetos entre personas que estaban sobre la calle y las personas que se encontraban a bordo de los vehículos ya referidos".

(Es pertinente señalar que Salmones, ahora, habla de "entre diez y quince sujetos", cuando en la declaración del 6 de junio señalaba "un retén de aproximadamente treinta y cinco sujetos". La diferencia numérica es evidente.)

Continúa Salmones ese 20 de junio:

"… marcándonos el alto uno de esos sujetos de complexión mediana, de 1.70 de estatura, de tez blanca, utilizaba lentes obscuros, con gorra azul sin logotipos…"

(En su declaración inicial, Salmones aseguró que el alto se los marcó "una mujer que vestía un pantalón de mezclilla deslavado, con un chaleco con las siglas «AFI», con lentes obscuros y gorra, que tenía el cabello güero, corto y peinado hacia atrás". Ahora dice que fue un hombre.)

Salmones: "… acto seguido y sin haber descendido del vehículo, uno de esos sujetos ayuda a abrir la puerta de mi lado al tiempo que me percato que hacían lo mismo con Fernando e inmediatamente un sujeto me obliga a agacharme y me cubre la cabeza con un trapo o bolsa obscura…"

Algo ocurrió entre junio de 2008 y la declaración de Christian Salmones fechada el 3 de septiembre, incluida en la Averiguación Previa FSPI/T3/1005/08-06, que dio un giro absoluto a las pesquisas sobre el caso Martí. En esa nueva declaración, Salmones agrega algo tan importante que resulta inconcebible, y hasta sospechoso, que no lo incluyera desde la primera ocasión que estuvo ante las autoridades. Manifiesta el escolta:

"… y que en relación a los hechos que se investigan, el declarante manifiesta que continuando con las investigaciones, en este momento se entera que en la indagatoria se encuentra glosada una fotografía a color de una persona del sexo femenino, la cual responde al nombre de Lorena González Hernández y al observarla detenidamente el de la voz la identifica plenamente y sin temor a equivocarse como la misma persona que les hizo señas para que se detuvieran el día cuatro de junio del año en curso…."

Eureka, de manera milagrosa, Salmones "reconoció" a Lorena, de 1.56 de estatura, morena y de pelo lacio, que contrasta de manera notable con su descripción inicial: que el alto se los marcó una mujer "que tenía el cabello güero, corto y peinado hacia atrás". Agregar a ello lo dicho por Abel Silva Petriciolet: la mujer que participó en el retén era "...de uno ochenta de estatura".

Este testimonio ha sido, para la PGJDF, el único soporte legal para culpar a Lorena de haber participado en el plagio de Martí. Una declaración que surgió después de tres testimoniales contradictorios de Salmones —una más se registra el 21 de agosto de 2008, en la cual negó reconocer a Romero Ángel, Hernández Santoyo y Moreno Jiménez— y que, con base en sus propias palabras, su reconocimiento estuvo plagado de suspicacias. ¿Por qué? Porque su descripción inicial respecto a la mujer a la que ubica en el retén no se ajusta a las características físicas de Lorena. Así de sencillo.

¿Y por qué incriminó a una mujer que jamás había visto? Por presión de los altos mandos de la propia Procuraduría capitalina para tener —y fabricar— culpables y validar, así, la palabra empeñada por Ebrard, el 21 de agosto de 2008 en Palacio Nacional.

Se necesitaba un chivo expiatorio para el caso Martí. Y ese fue Lorena González Hernández. Así funcionaba el eje Mendieta-Ebrard-Mancera.

MIOPÍA

Una cadena de sucesos ubica a Christian Salmones como un testigo con nula credibilidad. Esto no es cuestión de percepción o de hipótesis periodísticas. No. Lo delatan los propios hechos, sus contradicciones y las de quienes urdieron la trama.

Hay algunos puntos a considerar.

1. Dice Salmones que al momento en el que se toparon con el retén en CU, "todavía estaba obscuro"; además, asegura que "... sin haber descendido del vehículo, uno de esos sujetos ayuda a abrir la puerta de mi lado al tiempo que me percato que hacían lo mismo con Fernando e inmediata-

mente un sujeto me obliga a agacharme y me cubre la cabeza con un trapo o bolsa obscura". Hasta aquí sus palabras. Por tanto, ¿es creíble que, en la oscuridad, pueda identificar "plenamente y sin temor a equivocarse" a una mujer morena, como Lorena? Y, ¿cómo es posible que lo afirme con tanta seguridad, si él mismo dice que aún antes de descender del auto ya tenía cubierta la cabeza?

2. En sus declaraciones rendidas ante el Juez 32 Penal del Distrito Federal —los días 4 de junio de 2009, páginas 9 y 11 del número de certificación, y 20 de abril de 2010—, Salmones asegura que usa lentes porque tiene miopía, pero que desconoce su graduación, aunque le hicieron "un examen de vista previo a su ingreso a laborar, pero el doctor sólo le comentó que debía usar lentes" (parte posterior de la hoja 5 de la certificación). Hasta aquí sus palabras. En ningún momento, Salmones aclara si traía los lentes puestos el 4 de junio de 2008 en CU. ¿Es confiable, entonces, su declaración, en las circunstancias de casi nula visibilidad por la oscuridad temprana del día y su visión ocular dañada?

Sobre este último punto, hay un error garrafal en los estudios médicos de Christian Salmones. De acuerdo con el Laboratorio Médico Polanco, sucursal Álvaro Obregón II, se le hizo un examen médico —que sospechosamente no incluyó revisión óptica—, el 21 de enero de 2008 y del cual tengo copia. Curiosamente, en el apartado de "Edad", se le anexa: 25.03.04. Según este dato, Christian habría nacido el ¡25 de marzo del 2004! Tendría cuatro años de edad, omisión inaceptable para un laboratorio médico profesional, a menos de que, en realidad, se le hubiera aplicado el examen a un menor de edad. Pero lo más descabellado — y sospechoso— es que el 31 de mayo de 2010, Mendieta envió al juez 32 Penal el supuesto estudio médico de Salmones, y argumenta que se le practicó el 17 de enero de 2008. (Hay que recordar que dicho estudio está fechado el 21 de enero de 2008). Es decir, se informó al juez del estado de salud de Christian ¡cuatro días antes de que a Salmones se le hubiera realizado el examen médico en el Laboratorio Médico Polanco! ¿Cómo explicar este absurdo? Solamente de una

manera: falsificaron dicho estudio médico que no pertenecería a
Christian Salmones.

1. La diligencia de identificación mediante fotografía de Lorena González Hernández, por parte de Christian Salmones (3 de septiembre de 2008), no está firmada por el
secretario del Ministerio Público, quien está obligado a validar todas las actuaciones ministeriales de acuerdo a lo
dispuesto en el párrafo segundo del Artículo 14 del Código
de Procedimientos Penales para el D.F. Por lo tanto, la diligencia es nula por falta de formalidad.

2. En su declaración del 4 de junio de 2009, Christian Salmones refiere que tomó un curso para dar el servicio de escolta, aproximadamente entre finales de enero y principios
de febrero de 2008, impartido por un comandante de apellido Ventura (ligado a Ernesto Mendieta). Sin embargo, en
su declaración del 20 de abril de 2010, establece que antes
de su entrevista con Ventura y Mendieta en mayo de 2008
—un mes antes del secuestro de Martí—, no había tenido
contacto con ellos, lo cual es una evidente contradicción
porque el curso lo tomó entre enero y febrero de ese 2008.
Y más. El 4 de junio de 2009 reitera que consiguió el empleo gracias a su medio hermano Francisco.

Todas estas contradicciones las ignoró la PGJDF, y el juez 32 Penal
del D.F. quien, a pesar de ello, consignó a Lorena al Reclusorio
Femenil de Santa Martha.

"QUE ME PERDONE LORENA..."

La mañana del 17 de julio de 2009 —llevaba más de 9 meses re-
cluida—, parecía ser una más en la vida acotada de la reclusa Lorena González Hernández, acusada —bajo elementos endebles e
insostenibles, insostenibles por endebles— de haber participado en
el secuestro de Fernando Martí.

Se levantó muy temprano, obligada por las severas reglas de
la prisión. Intercambió algunos comentarios con sus compañeras

de cuarto. Se aseó. El día pintaba "sin novedad", utilizando esa frase que tantas veces pronunció Lorena al rendir parte a sus jefes en la Policía Federal. Pero se equivocaba.

Una noticia escuchada por el volumen alto de la televisión llamó la atención de algunas de sus compañeras.

—¡Lorena, ven, necesitas ver esto!

Se acercó al televisor y escuchó que un sujeto de nombre Noé Robles Hernández —de mirada dura, con barbilla incipiente y seguro de sus palabras—, confesaba abiertamente haber sido el asesino de Fernando Martí.

—¿Por qué mataron a Martí? —se escucha una voz en *off*.

—A mí me dijeron que porque su familia no había pagado… —respondió sin titubear.

Lorena estaba petrificada. Sus ojos comenzaron a nublarse.

Ese mismo día tuvo contacto con quien le ha significado una esperanza de libertad: el abogado Rodrigo Higuera, quien también se hizo cargo de la defensa de *El Apá*. Higuera es un litigante egresado de la Universidad Iberoamericana, joven, fumador empedernido. Tomó el caso de Lorena días después de la muerte de Ortiz Juárez, en noviembre de 2009.

Ambos tuvieron una plática larga. Lorena estaba convencida de que la confesión de Noé, que aseguraba no conocer ni a González Hernández ni al *Apá*, contribuiría a limpiar el caso paulatinamente. Sin embargo, Higuera mantenía reservas en el caso. "Hay que esperar."

Casi dos meses después, el 23 de septiembre, Lorena tuvo un *déjà vu* en prisión: tras repetir la fajina matutina del 17 de julio, una de las internas, jadeando, llegó hasta ella para avisarle:

—¡Véngase conmigo, mi Lore, que están hablando del caso Martí!

Lorena voló hacia un televisor que estaba en una celda cercana a la suya. La noticia había concluido. Sin embargo, pocos minutos más tarde la repitieron en otro canal.

En la imagen aparecía un hombre joven, de barba de candado, dura la mirada y custodiado por un policía federal embozado. Era Abel Silva Petriciolet, alias el *Di Caprio*, jefe de la banda de "Los Petriciolet", responsable de más de una docena de secuestros en el D.F. y en el Estado de México. (Su padre, Abel Silva Díaz, era integrante de la banda de "Los Tiras" y fue responsable del plagio de Laura Zapata y Ernestina Sodi, hermanas de la cantante Thalía. Apareció muerto en su celda del reclusorio oriente en el 2006. Parte de la familia Petriciolet —madre, tíos y sobrinos del *Di Caprio*—, está presa en diferentes cárceles por el delito de secuestro.)

Lorena volvió a engarrotarse.

Sintió un espasmo de vientre cuando, claramente, el *Di Caprio* respondía ante la cámara al ser interrogado por un federal:

—¿Quién le realizó el alto? (al automóvil de Martí)

—Una mujer llamada *La Güera*.

—¿Cuál es el nombre de *La Güera*?

—No lo sé, señor….

—¿Cuáles son sus características?

—De uno ochenta de estatura, de conflexión (sic) mediana, con la cara llena de barros o cacariza y el cabello largo, hasta un poco más debajo de los hombros….

—¡Ya chingaste, manita! —le dijeron a Lorena.

Pero ella no escuchaba. "Ya me voy de aquí", pensó.

Se sentó en un rincón y comenzó a llorar. Estaba segura de que la confesión de Silva Petriciolet, quien daba señas particulares diametralmente diferentes al físico que correspondía a Lorena, sería una de las llaves que abrirían las innumerables puertas de la prisión femenil.

Nuevamente habló emocionada con el abogado Higuera. "Mesura, Lorena", le volvió a recomendar.

Fueron noches en vela las que vivió Lorena, pensando en las declaraciones de Noé y de Abel. Ninguno la conocía ni, mucho menos, la incriminaba. Eran buenas noticias. Pero, como bien le decía su abogado, habría que esperar.

Lorena ignoraba que la tarde anterior, el Procurador de Justicia del D.F., Miguel Ángel Mancera, había recibido una llamada del Gobierno Federal, para informarle de la detención de la banda de "Los Petriciolet".

Muy preocupado, Mancera estuvo en las oficinas de la Secretaría de Gobernación prácticamente toda la noche. Su historia en torno al caso Martí se derrumbaba.

El jueves 24 de septiembre de 2009, Mancera, acorralado por la cada vez más insostenible versión de que *El Apá* —muy grave en un hospital de Morelos, médicamente mal atendido y prácticamente incomunicado—, y Lorena, habían participado en el plagio de Martí, dio una conferencia de prensa. En ella, nervioso, dijo:

—Las acusaciones contra la banda de "La Flor" y su líder, Sergio Humberto Ortiz Juárez, *El Apá*, por el secuestro de Fernando Martí, siguen firmes, a pesar de la detención de Abel Silva Petriciolet.

Y más. Aseguró, ante el asombro de las autoridades federales, que "si bien es cierto que no todos los integrantes de las bandas se conocen, hay algunos puntos que conectar, hay puntos en común, como la casa de seguridad, que conecta a «La Flor», «Los Petriciolet» y la banda de «El Niño»".

Es decir, para Mancera, hay secuestradores que, sin conocerse físicamente ni saber su identidad, juntos cometen delitos tan riesgosos y graves como el plagio de personas. Vaya lógica torcida. Además, sus investigadores ya le deberían haber aclarado que *El Apá* jamás perteneció a la banda de "La Flor". Ninguna prueba hay. Ningún testimonio lo involucra. Ni una pista lo avala. Ni al *Apá* ni a Lorena. Todo fue parte de una historia fabricada en la PGJDF.

—Pobre Mancera, ya no sabe ni qué decir. El caso se le cayó… —comentó un alto funcionario de seguridad federal.

* * *

El 21 de julio de 2009, en mi columna del periódico *Excélsior*, escribí:

"La hipótesis endeble y fantasiosa de la PGJDF sobre el secuestro y asesinato de Fernando Martí ha sido demolida con la detención, por la SSP Federal, del sicario Noé Robles o Soto. Todavía más: ya se tiene la certeza de que la verdadera Lorena no es la ex agente de la Policía Federal, Lorena González, detenida y acusada de ser la encargada de coordinar el retén en CU. Hay, en realidad, otra mujer."

Viernes 16 de abril de 2010. Otro *déjà vu* para Lorena.

Nuevamente la televisión con el volumen alto.

—¡Lorena, Lorena!

Acudió de inmediato frente al televisor.

Atropelladamente, le explicaron que ya habían detenido a la mujer responsable del retén en CU, a la famosa *Güera*. "Te está deslindando del caso", le dijo una reclusa.

Creyó estar soñando. La cabeza le daba vueltas y tuvo que sentarse para evitar caer. Allí estaba *la Güera* "con la cara llena de barros o cacariza y el cabello largo" descrita por Silva Petriciolet. Se llamaba María Elena Ontiveros. Ahora sí se ajustaba al perfil, declarando sobre Lorena que:

"… yo jamás la vi. Me hubiera gustado poder decir que no era ella (Lorena), pero tenía miedo. Que me perdone por no haberlo hecho."

Lorena, más repuesta, recibió felicitaciones de sus compañeras. Al menos por el caso Martí podría ser exonerada en cualquier momento, pensaba ella. Pero todavía faltaba responder legalmente a los "secuestros" en los cuales también la implicaba la PGJDF, con pruebas igual de endebles que las del caso Martí, y de las cuales nos ocuparemos más adelante. Todavía faltaba camino por recorrer.

—Con calma, Lorena. Aún falta mucho —seguía recomendándole Higuera.

* * *

En su declaración ministerial incluida en la Averiguación Previa FSPI/T2/1005/08-06, radicada en la PGJDF, María Elena Ontiveros Mendoza, alias *la Güera*, responde a la pregunta número 35:

—¿Conoce a Sergio Humberto Ortiz Juárez, alias *el Apá*?

—Sí, porque lo vi en televisión.

Pregunta 36:

—¿Conoce a Lorena González Hernández, alias *La Lore*?

—Alguien que no recuerdo su nombre que era un policía siempre me dijo que seguramente yo conocía a la que le decían *La Lore* a quien presentaban en los medios de comunicación como una persona que participó en el secuestro del niño Martí, agregando dicha persona que tal vez de vista la conocía, y la apodaban *La*

Chacala, ya que cuando yo trabajé en la Fiscalía Especial de Atención de Delitos Contra la Salud de la PGR, según la persona que me hizo el comentario, *La Lore* también estuvo trabajando en esa misma fecha, pero no me consta en realidad...

Un policía siempre me dijo... tal vez de vista la conocía... según la persona que me hizo el comentario... no me consta en realidad...

Suposiciones y nada más.

Tras la detención de Ontiveros Mendoza, Alejandro Martí hizo una declaración que generó más incertidumbre en torno al caso de su hijo. Entrevistado por los reporteros Alejandro Villalbazo y Mónica Garza en el noticiero *Hechos* AM de TV Azteca, Martí sembró la duda:

—Existe la posibilidad de que Salmones se esté equivocando porque vio sólo veinte segundos a una persona... puede haber esa posibilidad... Christian Salmones tiene problemas porque vio unos cuantos segundos a *la Lore* y además estuvo en coma varios días.

La detención de Ontiveros Mendoza había desarmado el rompecabezas de Mancera. "Prácticamente todas las pruebas que tenía la Procuraduría se han desvanecido", aseguró a los medios Rodrigo Higuera.

En una de las entrevistas más desafortunadas que haya dado sobre el caso Martí, el procurador Mancera apareció en televisión para intentar explicar lo inexplicable. Balbuceante, disperso, tragando saliva y agachando la mirada, señaló:

—En su computadora llevan muchos elementos que tienen que ver con.... (mirada hacia abajo, tragando saliva) digamos, con temas así, propios de... del secuestro... del miedo... de datos que revelan, ¿no?... entonces sí creemos que definitivamente lo que se ha encontrado, lo que se tiene hasta ahora, precisamente da el punto para tener sostenida la imputación....

Frase cantinflesca. Confusa. Titubeante.

El caso se les caía.

SECUESTRADO FANTASMA. FIRMAS FALSIFICADAS

En los códigos de la justicia mexicana hay una máxima que se aplica en la praxis: primero se acusa y luego se comprueba la supuesta culpabilidad. No falla.

Contrario a la tesis legal, en México se tiene que comprobar primero que se es inocente del delito imputado, en lugar de que la autoridad compruebe, de inicio, que se es culpable.

Lorena González Hernández ha enfrentado el rostro más inhumano y ruin de la justicia: la fabricación de pruebas, de delitos y de testigos. Pero aún más: ha visto, de frente, imputaciones tan inverosímiles como insostenibles que, en cualquier país, ni siquiera hubieran alcanzado para que el Ministerio Público aceptara levantar una denuncia de hechos.

Acusaciones basadas en falsificación de documentos y de firmas. Denuncias presentadas por personas ¡sin identificarse!

MP "comprensivo" al grado de la irresponsabilidad judicial.

Otra vez el sello de la PGJDF. La doctrina Mancera: la fabricación de culpables.

¿Por qué el abogado Rodrigo Higuera le recomendaba paciencia a Lorena, a pesar de que el autor intelectual del secuestro de Fernando Martí, Abel Silva Petriciolet, su verdugo Noé Robles, y la verdadera mujer que estuvo al frente del retén en CU, María Elena Ontiveros, ya estaban confesos de su participación en el plagio, eximiendo de cualquier culpabilidad a Lorena y al *Apá*? ¿Por qué tanta mesura del abogado?

Conocedor de las tramas de la justicia en México, Higuera sabía que, además del caso Martí, había otras denuncias por secuestro que tendría que enfrentar Lorena.

Una de ellas fue presentada el 28 de enero de 2008 —¿o de 2009?—, por un sujeto de nombre José Manuel Domínguez Palacio, en contra de Lorena González Hernández, a quien acusaba de formar parte de un grupo de policías que lo plagiaron el 14 de febrero de 2004.

Las siguientes declaraciones son textuales y se incluyen en la audiencia de desahogo de este caso, con fecha 22 de diciembre de

2009. Son testimonios —con base en consultas a especialistas y en mi experiencia periodística—, tan insostenibles como descabellados. Absurdos. Y lo más grave: aceptados por una autoridad judicial y, sobre todo, utilizados para fincar responsabilidad penal contra una persona, en este caso, contra González Hernández.

Sin pretender faltarle al respeto a la opinión, inteligencia o juicio personal del lector, citaremos de manera textual parte de lo declarado por Domínguez Palacio contra Lorena en este documento oficial, y al final de cada cita —con asterisco—, el autor dará su opinión con la única finalidad de hacer notar las incongruencias de lo declarado.[3]

En primera instancia, el Juez 32 de lo Penal en el Distrito Federal, Salvador Pedrozo Castillo, aclara en dicho Desahogo que "en la declaración que se le acaba de realizar (a Domínguez Palacio), observó que dice que fue rendida el veintiocho de enero de dos mil ocho, siendo que en realidad la rindió en esa misma fecha, pero del año dos mil nueve".

* El Juez Pedrozo Castillo se refiere a la declaración ministerial de Domínguez Palacio, quien confundió la fecha de haberla presentado ¡con un año de diferencia!, hecho que fue resaltado por el propio juez.

Manifiesta Domínguez Palacio que:

"… recuerda que fue privado de su libertad el día catorce de febrero de dos mil cuatro; que no le pareció relevante poner la fecha de su escrito de denuncia, por eso fue omitido…"

* ¿Y desde cuándo cualquier denunciante civil le dice al MP qué información es o no relevante, y le ordena ignorarla, sobre todo, tratándose de una fecha que puede resultar clave en cualquier caso?

"… que ese día (catorce de febrero) conducía un vehículo Pointer mil novecientos noventa y nueve; que el color era azul; que no conserva actualmente ese vehículo; que no recuerda las placas de ese vehículo; que no se acuerda a nombre de quién estaba ese vehículo…"

---

[3] Lo anotado entre paréntesis se agrega para mejor comprensión de lectura y en nada altera el sentido de cada una de las declaraciones.

* Cualquier persona que tiene automóvil sabe de memoria dos datos: las placas y, sobre todo, a nombre de quién está el vehículo, ya que esto último es clave a la hora de realizar la transacción compra-venta. Aún más: si se presenta una denuncia tan delicada como la de Domínguez Palacio —por secuestro—, todos esos datos debió haberlos comprobado y presentado.

"… que venía de una reunión con amigos cuando fue interceptado; que la reunión fue en un bar; que no recuerda en este momento el nombre del bar; que el bar se encontraba en avenida Insurgentes, antes de la Glorieta; que salió antes de las dos de la mañana…"

* Domínguez Palacio dice no recordar el nombre del bar. O una de dos: o es un hombre profundamente distraído que no recuerda siquiera los lugares que visita —difícil de creer—, o bien, salió del bar en un estado etílico —en los bares se bebe alcohol—, tan elevado —borracho, pues—, que ni siquiera se acordaba del sitio donde estuvo. Luego, ¿es confiable el testimonio de un individuo que, profundamente distraído o briago, dice reconocer a quien presuntamente lo secuestro? ¿Su estado de confusión lo ubicaría como un declarante honesto? José Manuel no recuerda dónde estuvo, pero sí tuvo el detalle de checar en su reloj la hora de salida del lugar y, principalmente, recordar la hora exacta. Su sentido de la remembranza es un tanto curioso.

"… que la casa de huéspedes en la que vivía en dos mil cuatro era cerca de Tepepan, pero no puede precisar la ubicación; que la razón de no poder precisar es que no era una zona familiar a él, acababa de cambiarse, y posteriormente no ha vuelto…"

* ¡Vaya con la singular memoria de Domínguez Palacio! ¿Es creíble que cualquier adulto o persona en sus cabales desconozca donde vive? ¿Es verosímil? Ni siquiera, como dice él, porque "acababa de cambiarse" a su nuevo hogar. Esto es imposible de creerle. O José Manuel sufre amnesia o es un mentiroso. Y en documentos oficiales no se asienta, bajo ninguna circunstancia, que padezca de ausencia de memoria.

"… que pagaba dos mil quinientos pesos mensuales por concepto de renta; que no le daban recibos de esos pagos, por el tema de impuestos; que habitó la casa de huéspedes dos días y después del evento se salió; que en 2004 se desempeñaba como ingeniero, realizaba instalaciones, redes, telecomunicaciones; que es ingeniero en electrónica y trabajaba para una empresa particular…"

* ¿Quién, en su sano juicio, no pide siquiera un comprobante para justificar que está pagando renta? Vamos, ni siquiera en la vecindad más humilde se entrega dinero a cambio de nada. Y si José Manuel era ingeniero y realizaba trabajos con cierto grado de sofisticación en el ámbito de las telecomunicaciones, ¿acaso, como profesionista, no exigía un simple recibo de renta? Dos observaciones: la policía capitalina jamás investigó ni dónde trabajaba supuestamente Domínguez Palacio, ni mucho menos dónde vivía, cuando estaba obligada a hacerlo.

"… que después de estar viendo en los noticieros que habían capturado a cierta banda, reconoció a los que (lo) tenían y se decidió a declarar con mucho miedo… que el día que compareció ministerialmente, sí llevaba identificación, pero se negó a dejarla por miedo; que sí le dijo al Ministerio Público de su miedo a dejar la identificación, que fueron comprensivos, que entendieron tal circunstancia…"

* Hagamos un ejercicio ciudadano: vayamos a cualquier MP e intentemos presentar una denuncia sin identificarnos ante la autoridad, y ya veremos si procede. Es imposible. Ningún MP lo aceptaría ni se mostraría "comprensivo", como dice José Manuel. ¡Sí, cómo no! El MP no puede dar entrada a ninguna denuncia si no hay identificación previa. Si no te identificas es como si no hubieras declarado porque no hay certeza de la existencia del sujeto. Así de sencillo. Ahora bien, los datos personales y la identificación de víctimas y de testigos no se harán públicos, y se guardarán en sobre cerrado al que nadie tiene acceso, sólo el Juez y el MP. Eso es para protección del denunciante. Pero una cosa es su protección y otra, muy diferente, que se le dé entrada a una denuncia de secuestro por parte del MP sin identificación oficial de por medio. "Esta omisión jamás la habíamos visto. Es gravísima. Es suficiente para anular el caso", comentan abogados consultados para este trabajo periodístico.

"… que vio a Lorena a una distancia de tres a cinco metros aproximadamente, que se encontraba en el grupo; que pudo apreciar el piso y las paredes del lugar en donde lo tuvieron secuestrado, porque iba inclinado viendo al piso y tratando de no tropezar y caer, veía las partes bajas de la pared a los lados…"

* ¿Se puede ver a una persona claramente, lo suficiente para, al menos, reconocerla cuatro años después, cuando el propio José Manuel dice que iba "inclinado viendo al piso"? Tal vez una persona con memoria regular pudiera hacerlo. Pero alguien como Domínguez Palacio, que dice no recordar siquiera dónde vivía, ¿podría ser digno de credibilidad?

Nos remitimos, ahora, a la declaración de Domínguez Palacio realizada el 28 de enero de 2008, incluida en la Averiguación Previa FSPI/T1/1005/06-08 D1. En ella asegura que dijo a sus secuestradores que:

"… les podía entregar cien mil pesos en efectivo, que era todo lo que yo tenía, les ofrecí mi coche y les propuse que les podría dar más dinero en dos meses después… (el dinero) lo tenía en la casa de huéspedes pero que había al menos doce personas habitando dicha casa…"

Respecto a los cien mil pesos, volvemos a la declaración de José Manuel durante el desahogo de pruebas:

"… ese dinero se encontraba en una maleta con ropa, de su equipaje con candado, ya que acababa de mudarse… que él le dio indicaciones a su amigo, por eso tuvo acceso a la casa de huéspedes; que le explicó dónde estaba el dinero y le dijo dónde estaba la llave del candado; que fue liberado el martes siguiente…."

* ¿Es lógico o creíble que un sujeto que dice haber vivido en un lugar desconocido, sin referencias, del cual no recibía siquiera recibos del pago de renta —en este caso del depósito y del primer mes de alquiler— donde era un extraño, en el cual, según afirma, "había al menos doce personas habitando dicha casa", tuviera guardados cien mil pesos? Es otra declaración descabellada de José Manuel. Imposible de creer. ¿O usted guardaría tal cantidad de dinero en un lugar que le es ajeno y con personas a quienes jamás ha visto? Vamos, ni siquiera en casa propia se deja ese monto.

Hasta aquí las declaraciones de José Manuel Domínguez Palacio. Inverosímiles. Insostenibles. Fantasiosas.

Lo más grave: el MP le dio entrada a la denuncia, a pesar de las irregularidades demostradas. Desde la primera declaración ministerial, el asunto no debió proceder, ya que el denunciante no se identificó plenamente.

¿La Policía Judicial del D.F. tragándose o escuchando a conveniencia o por órdenes superiores todo lo que Domínguez Palacio les inventaba? Porque no puede llamarse de otra manera, más que invenciones.

Si todo lo anterior fuera poco, una prueba más de la fabricación de culpables —en este caso del "secuestrado" José Manuel Domínguez Palacio—, que la PGJDF avaló, y el juez en turno permitió.

Es algo más que preocupante. Es indignante.

Domínguez Palacio falsificó su firma durante el proceso. O no es quien dice ser, o declaró otra persona y no el verdadero José Manuel. ¿Por qué lo decimos? Porque la firma del José Manuel Domínguez Palacio estampada en la audiencia para desahogo de pruebas es una, y la que aparece en su cédula profesional número 2843943, título 079-44, certificada por la Secretaría de Educación Pública (SEP), es otra completamente diferente. Las firmas no son iguales. Son diametralmente distintas. Otro embuste permitido contra Lorena González Hernández.

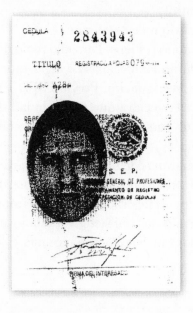
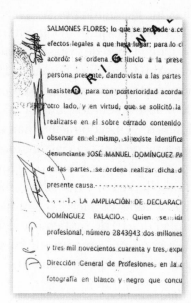

ACUSACIONES DE HUMO.
SILVIA VARGAS. MANCERA Y LA RUINDAD

Ante la imposibilidad de acusar a Lorena de haber participado en el caso Martí, la PGJDF la quiso involucrar en…¡11 secuestros en total!, pero ninguno procedió. Sí: por falta de pruebas ha sido exonerada.

Se le intentó ligar con el plagio de Óscar Paredes júnior y de su chofer; con el de los hermanos Águila; con el de Laura Gaytán y su chofer; con el de un sujeto a quien denominaron *El fresero*, quien fue ejecutado, y con el de alguien de apellido Huidobro, dueño de casas de cambio en Puebla.

En todas las declaraciones ministeriales, en cada uno de los testimonios de estos casos, la respuesta de los testigos fue unánime: no reconocen la participación de ninguna mujer en su secuestro. Jamás vieron a Lorena.

Como la fabricación de pruebas de Mancera y compañía no alcanzaba con todos estos casos, a González Hernández y al *Apá* se les intentó atribuir otro de los secuestros más sonados en México: el de Silvia Vargas Escalera, hija del profesor Nelson Vargas, exitoso y reconocido empresario deportivo y ex titular de la Comisión Nacional del Deporte (Conade), durante el sexenio de Vicente Fox. Silvia fue ejecutada por sus plagiarios.

¿Cómo se quiso involucrar a Lorena en este caso?

Con el sello de la casa: fabricando testigos. Para ello recurrieron a Alma Angelina Francisca Durán Pierce, alias *La Regia*, quien en su declaración asentada en la Averiguación Previa FSPI/T3-1005/08-06, rendida ante la PGJDF, declara que en la ciudad de Monterrey, en el domicilio marcado con el número 108 de la calle Vigésima de Residencial Anáhuac:

"… me son exhibidas dos fotografías de una muchacha joven de cabello largo, y que ahora me entero responde al nombre de Silvia Vargas Escalera, quien fuera secuestrada, según me informan, el día 10 de septiembre del año dos mil siete, y a esta joven sí la reconozco como una de las dos muchachas que hice mención en mi anterior declaración."

"… me dice el jefe Sergio Humberto Ortiz Juárez que si le podía hacer un favor con las muchachas, señalándome que a las dos jóvenes que estaban ahí, que si las podía llevar a Reynosa…"

"… también recuerda que en más de dos ocasiones la comandante Lorena se agachaba y al oído le decía algo que no escuchó la externante…"

De acuerdo a *La Regia*, tanto el *Apá* como Lorena tenían bajo vigilancia a Silvia y a otra chica en una casa en Monterrey, Nuevo León. ¿Por qué era importante su declaración? Por una razón poderosa, porque era la única manera de que la PGJDF ligara al *Apá* y a Lorena.

Sin embargo, muy rápido se cayeron los testimonios de *La Regia*, al ser detenida la banda de "Los Rojos", cuyos integrantes se declararon responsables del plagio y la muerte de Vargas Escalera. Y, por supuesto, nada tenían que ver con Lorena González Hernández.

—Lo declarado por *La Regia* es "pura basura" —aseguró el propio Nelson Vargas. Silvia jamás fue sacada del D.F. ni mucho menos llevada a Monterrey, de acuerdo con las investigaciones del caso.

Su cadáver fue encontrado en una casa del Ajusco.

Así, el único eslabón que la PGJDF tenía para vincular al *Apá* y a Lorena se volvía humo. Nada los une. Y por eso, la Procuraduría capitalina se vio forzada a emitir un boletín de prensa el 22 de julio de 2009, donde aceptaba que "no existe ningún tipo de implicación ministerial o ejercicio de la acción penal contra las mencionadas personas (Sergio Humberto Ortiz Juárez, Lorena González Hernández, entre otros), por el caso de Silvia Vargas Escalera".

Nada había contra Lorena.

* * *

El calor aprieta y nos refugiamos bajo la reconfortante sombra de la palapa de cemento enclavada en las áreas verdes de la prisión femenil de Santa Martha. Lorena González Hernández sonríe apenas.

En el libro *Los señores del narco*, de Anabel Hernández, a Lorena —a quien erróneamente se le ubica como "Directora de área" cuando, en realidad, era Subinspectora—, se le acusa de ser una secuestradora profesional al servicio del *Apá*; de mantener una relación sentimental con Facundo Rosas Rosas, alto funcionario de la SSP Federal. "Desde la cárcel, Lorena González Hernández envió un mensaje a sus amigos de la SSP Federal: si no conseguían deslindarla del caso, ella iba a decir todo lo que sabía" (página 459).

Le pregunté sobre estas versiones a Lorena, un jueves caluroso, en la cárcel donde espera sentencia.

—¿Has secuestrado a alguien, Lorena?

—Jamás. Jamás lo he hecho. Tengo un hijo de 17 años y por él nunca haría algo así. Nunca obtuve dinero ilícito. En prisión me he puesto a pensar lo que he perdido, y lo que hubiera perdido. A ver: ¿qué hubiera pasado si no detienen a la banda de "Los Petriciolet"? ¿Qué hubiera ocurrido si no aprehenden a *La Güera*? ¿Y si las declaraciones de Domínguez Palacio no hubieran sido así, tan absurdas, tan insostenibles? ¿Y si no hubieran encontrado el cuerpo de Silvia Vargas Escalera? También me lo hubieran achacado. ¿Cuál hubiera sido mi futuro? La cárcel de por vida.

—¿Tenías una relación sentimental con Facundo Rosas?

—No —dice sin titubear, mirando de frente, moviendo la cabeza y asomando apenas una sonrisa detonada por la sorpresa—. Ese señor ni siquiera sabía quién era yo. Mucho menos teníamos una relación personal. Es absurdo…

—¿Amenazaste a tus jefes de la SSP de decir todo lo que sabías si no te defendían?

—¿Y tú crees que sería tan estúpida para hacer algo así? Por supuesto que no. Es otra mentira de la Procuraduría capitalina. Otra más en mi contra.

En ese libro, se señala que "una y otra vez el procurador Miguel Ángel Mancera ha asegurado que no tienen la menor duda sobre la culpabilidad de *El Apá* y Lorena (en el caso Martí), aunque no excluyen la participación de otros en el plagio" (páginas 461 y 462).

Hay un fuerte conflicto con las creencias policiacas y con la ética personal de Mancera: que carece de pruebas para acusar. Hasta hoy —al menos con Lorena—, no ha podido comprobar su culpabilidad en casos de secuestro, pero sí, en cambio, se le pueden ofrecer pruebas de la fabricación de delitos en contra de esta mujer.

En reuniones privadas con periodistas, a las cuales, como tal, he tenido acceso, Mancera maneja la misma tesis, como un robot programado para repetir, una y otra vez, lo mismo: Lorena es culpable... Lorena es culpable... Lorena es culpable... Pero no da pruebas. Utiliza a periodistas, aquellos o aquellas que así lo permiten, para difamar sin comprobar. Para injuriar de la manera más cobarde: con mentiras. Ése es Miguel Ángel Mancera. Y todo, para proteger a su jefe, Marcelo Ebrard.

—Si tuvieras enfrente a Mancera, ¿qué le dirías?

—Pues no sé qué se le podría decir a un ser humano sin sentimientos. Mancera es una persona a la que nada le dolería porque carece de humanidad. No se da cuenta de que destroza familias por sus ambiciones. Si a Mancera se le antoja decir "que fulanito se vaya a la cárcel", lo hace sin el menor remordimiento. ¿Qué decirle? Que siento lástima por él. Que como persona no vale nada.

Mancera ha mostrado ruindad con Lorena.

¿Y Alejandro Martí? Por conveniencia propia, negocios, por temor político a Ebrard y a Mancera, ha guardado silencio cómplice y permitido que una inocente esté en la cárcel. Martí sabe perfectamente que Lorena no participó en el secuestro de su hijo Fernando pero, hasta ahora, le ha seguido el juego de la ruindad a los poderosos del D.F. Allá él y su conciencia.

Tan condenable es secuestrar como fabricar culpables.

Lorena escucha la voz chillona y tipluda que avisa que la visita ha terminado. Lorena y el abuso de poder.

* * *

Un episodio más retrata parte del sello y de la personalidad de Miguel Ángel Mancera al frente de la PGJDF.

CASO MARIEL. El 8 de julio de 2011, Mariel Solís Martínez, estudiante de la Facultad de Ciencias Políticas y Sociales de la Universidad Nacional Autónoma de México, fue detenida por agentes de la Procuraduría de Justicia capitalina, acusada —con base en el testimonio de Eduardo Adrián López Herrera, *El Güero*—, de haber participado en el asalto y homicidio del catedrático del Instituto de Investigaciones Económicas de la UNAM, Salvador Rodríguez.

El Güero estaba detenido y confeso de haber asesinado a Rodríguez. Móvil: el robo de 34 mil pesos que el catedrático había retirado de un banco cercano a Ciudad Universitaria. Acusación a Mariel: ser cómplice.

La PGJDF, además de divulgar públicamente las acusaciones de *El Güero* contra Mariel para implicarla en el crimen, recurrió a un video del banco al que acudió el catedrático, en la que se observa en una imagen poco nítida a una mujer que está cerca de Salvador Rodríguez. Según la Procuraduría, era Mariel, quien de esa manera —ubicando al catedrático— había participado.

El Subprocurador de Justicia del D.F., Jesús Rodríguez Almeida, declaró que, sin lugar a duda, Mariel era culpable porque *El Güero* la había implicado, al menos, en cinco ocasiones.

"El 25 de junio de 2010 fue la primera acusación, posteriormente el 2 de julio y otra el 9 de julio de ese mismo año, luego tuvimos otras dos declaraciones: el 2 de junio y 18 de julio de 2011. Se le mostraron (al *Güero*) fotografías de la licencia e imágenes de ella ya detenida, así como del video, y en todas es constante, es decir, que es la misma persona…"

Para el Subprocurador Rodríguez Almeida, hubo otro hecho de manifiesta culpabilidad de Mariel. "Cuando detuvieron a la joven, ella dijo llamarse Bertha y que vivía en la colonia Pensil." Culpable, pues.

La noticia se extendió rápidamente: estudiante de la UNAM había sido aprehendida por haber participado en el asalto y asesinato de un catedrático de la UNAM. Los medios se prendieron con la noticia.

Un periodista radiofónico le dio amplia difusión al caso Mariel. Pero, en cuestión de minutos, comenzó a recibir correos electrónicos de amigos de Mariel y de parte de la comunidad universitaria. Desmentían que Mariel fuese delincuente y cuestionaban las pruebas de la PGJDF: el testimonio de *El Güero* y el video.

Las llamadas se multiplicaban en el noticiero: Mariel era inocente. Fuera del aire, el periodista llamó por teléfono al procurador Miguel Ángel Mancera.

—¿Están seguros de que Mariel es la del video? ¿Es culpable?

—Completamente seguros. Las pruebas en su contra son contundentes. No hay duda…

Pero la opinión pública comenzó a cuestionar las evidencias utilizadas por la procuraduría de Mancera. El video era poco claro. Y algo más: ¿por qué creer en la palabra de un asesino y delincuente como *El Güero*? La presión subía contra la PGJDF.

El 14 de julio, por vez primera en su historia, la PGJDF se desistió de la acción penal contra Mariel Solís. "Había dudas razonables… falta de argumentos sólidos", reconoció Marcelo Ebrard. Mariel estaba libre.

El periodista radiofónico volvió a hablar con Mancera.

—¿Qué pasó, procurador?

—Pues mire, ésa es la información que me habían dado… yo no puedo andar investigando personalmente…

Cierto: Mancera no puede andar con la lupa en la mano y siguiendo las huellas de los criminales. Sin embargo, es el responsable directo de nombrar a los jefes policiacos encargados de las investigaciones. Ésa sí es su función. De ahí que resulte absurdo y comodino que trate de evadir su responsabilidad.

Otra vez la fabricación de culpables en la PGJDF.

NARCOPODER

*Esto es poder: tomar en tus manos el miedo de
otra persona y mostrárselo.*
Amy Tan

Mediados de 2008.

Uno a uno, comenzaron a llegar.

Iban en camionetas blindadas, escoltadas por pistoleros vestidos de negro, la mayoría, con la metralleta desenfundada y los ojos de halcón tras los lentes oscuros. Bien abiertos. Crispados. Algunos llevaban sombrero y botas. Descendían a trote para que al detenerse junto a la troca del patrón —o de la patrona— ellos estuvieran justo a su lado. Alertas.

Pardeaba la tarde.

Los lugartenientes se habían puesto de acuerdo en todos los detalles: lugar, hora, día, circunstancias, riesgos. Al menos en dos ocasiones habían *peinado* los alrededores de aquella finca cercana al Aeropuerto Internacional Francisco J. Múgica. Era el día.

El lugar se definió como cortesía hacia quienes convocaban a la reunión: una finca en Michoacán. La finca se enclava en el municipio de Álvaro Obregón, extendida en la llanura, apenas un punto a lontananza. No era opulenta ni mucho menos elegante. Discreta, hasta cierto punto. No llamaba la atención. Era ideal para la reunión.

La decisión del Presidente de la República hacía necesario aquel cónclave en la cumbre. Había dicho Felipe Calderón que iría con toda la fuerza del Estado contra el narcotráfico, y había ya asestado fuertes golpes al crimen organizado. Por eso era imprescindible reunirse, platicar entre todos, llegar a un acuerdo. No era una reunión más. Era *la reunión*.

Los convocantes eran: Jesús Méndez Vargas, *El Chango*, y Nazario *Chayo* Moreno González (declarado muerto por el Gobierno federal tras un enfrentamiento en diciembre de 2010 en Apatzingán, aunque fuentes de la propia Procuraduría General de la República pusieron en duda esta versión, de lo cual nos ocuparemos más adelante). Ellos, los líderes de "La Familia Michoacana".

Y vaya que *el Chango* y *El Chayo* —en la vida criminal es costumbre, moda y hasta por seguridad propia, recurrir más a los apodos que a los nombres o apellidos—, tenían poder de convocatoria.

A su finca llegaron los líderes de otras organizaciones enraizadas con el tráfico de drogas en México. Enedina Arellano Félix, sobreviviente y cabeza de los poderosos y temidos — hoy mengüados— hermanos sinaloenses radicados en Tijuana. La mujer había quedado, por azares del destino, al frente del clan de los Arellano. ¿Qué había ocurrido con sus hermanos?

Francisco Javier Arellano Félix: el *Tigrillo*, detenido en aguas internacionales a bordo del yate Dock Holliday, cerca de Cabo San Lucas, Baja California Sur. Fue juzgado en San Diego, California, y condenado a cadena perpetua en la prisión federal ADX Florence, en Colorado.

Benjamín Arellano Félix: el *Min*, capturado en marzo de 2002 en Puebla por elementos del Ejército Mexicano y extraditado a EUA en abril de 2011, donde pasará el resto de su vida encarcelado.

Ramón Arellano Félix: muerto en un enfrentamiento con agentes federales en febrero de 2002, en Mazatlán, Sinaloa.

Eduardo Arellano Félix: *El Doctor*, detenido en Tijuana en octubre de 2008. La Fiscalía Federal de San Diego también espera extraditarlo.

Rafael Arellano Félix: aprehendido en México en diciembre de 1993, donde cumplió una condena de diez años; extraditado a San Diego, donde estuvo un año y siete meses en la cárcel. Fue devuelto a México en marzo de 2008.

Así se ungía a Enedina —destino inexorable, inevitable el ascenso— como nueva jefa del cártel de los Arellano Félix. La apoya otro miembro de la familia: Luis Fernando Sánchez Arellano, *El Ingeniero* o *El Alineador*.

Hasta aquella finca michoacana llegó Enedina.

Otro de los asistentes fue Vicente Carrilo Fuentes, *el Viceroy*, hermano de Amado, *El señor de los cielos*, oficialmente muerto desde 1997 tras una cirugía plástica que se le practicó en la ciudad de México. Su cadáver —momificado, irreconocible— fue expuesto públicamente, ante la pregunta obligada: ¿realmente era *El señor de los cielos*? Vicente es el líder indiscutible del "Cártel de Juárez" o "La Línea".

Ismael, *El Mayo* Zambada, llegó también al cónclave convocado por "La Familia Michoacana". Líder del "Cártel de Sinaloa", encabezado por el narcotraficante más buscado de México y de Estados Unidos: Joaquín *El Chapo* Guzmán. *El Mayo* asistió a la cumbre en representación de *El Chapo*.

El 4 de abril de 2010, la revista *Proceso* publicó una entrevista realizada por el periodista Julio Scherer —fundador del semanario y, sin duda, el periodista más importante y reconocido de México— a *El Mayo* en la que, entre otras cosas, asegura que "el narco está en la sociedad, arraigado como la corrupción".

Para Zambada, al Presidente lo engañan sus colaboradores. Son embusteros y le informan de avances, que no se dan en esta guerra perdida. "En cuanto a los capos, encerrados, muertos o extraditados, sus reemplazos ya andan por ahí."

Ignacio *Nacho* Coronel fue otro de los asistentes. Mancuerna de *El Mayo* Zambada en los liderazgos del "Cártel de Sinaloa", brazo derecho del *Chapo* Guzmán, fue sorprendido en su casa de Guadalajara y abatido a tiros en julio de 2010.

Jorge Eduardo Costilla Sánchez, *El Coss*, cabeza del "Cártel del Golfo", tras la deportación a Estados Unidos, en enero de 2007, de Osiel Cárdenas Guillén, *El Mata Amigos*. *El Coss* quedó al frente de la organización y mantiene una pelea a muerte con quien fuera jefe de escoltas de Osiel y actual líder de Los Zetas: Heriberto Lazcano Lazcano, *El Lazca*.

También asistió Antonio Ezequiel Cárdenas Guillén, *Tony Tormenta*, hermano de Osiel y uno de los jefes del "Cártel del Golfo".

Muerto en un enfrentamiento con efectivos de la Marina y del Ejército en Matamoros, Tamulipas, en noviembre de 2010.

Aunque el *Chapo* Guzmán no estuvo presente físicamente en la reunión, la presencia de *El Mayo* Zambada era garantía de que las decisiones que allí se tomaran tendrían la aceptación —o el rechazo— de Guzmán Loera.

A pesar de también haber sido convocados, se consideró como los grandes ausentes de la cumbre a Heriberto Lazcano, *El Lazca*, y a Miguel Treviño Morales, el Z-40, ex militar, desertor del Grupo Aeromóvil de Fuerzas Especiales (GAFE) y alto mando de Los Zetas, cuyo jefe indiscutible es *El Lazca*, que entró al mundo narco por invitación de Osiel Cárdenas Guillén.

Ausentes igualmente, los hermanos Beltrán Leyva, Arturo, *El Barbas*, Héctor, *El H*. y Alfredo, *El Mochomo*, a quien habían capturado en enero de ese 2008. Sin embargo, los Beltrán Leyva habían acordado acatar todas las decisiones que se tomaran en la reunión. Con ellos no habría ningún problema, a pesar de las rencillas con el *Chapo* Guzmán, a quien culpaban de haber *chivateado* a Alfredo para que pudiera ser capturado. Nada personal. Es negocio.

En la cumbre michoacana, todos hablaron.

Ante la embestida del Gobierno Federal, se acordó un pacto de no agresión entre ellos. Necesitaban estar unidos. Hombro con hombro. Bala con bala. Se repartieron algunas plazas, sin mayores contratiempos ni reclamos. Todos de acuerdo. Y algo más: se convino darle "un tiempo" a los líderes de Los Zetas para sumarse al pacto de Michoacán.

Brindaron. Partieron.

Una segunda reunión —también en Michoacán— se realizó a finales del año. Los mismos invitados, diferente el lugar. Se decidió no repetir dicha finca como sede. Se utilizó una propiedad del *Chayo* Moreno, ubicada al poniente de Morelia.

Tampoco asistieron, esa segunda ocasión, las cabezas de "Los Zetas": Lazcano y Treviño Morales. Su desafío era abierto.

Con su ausencia repetida, "Los Zetas" enviaban el mensaje de que pelearían por su cuenta, se irían por la libre, ignorando los pactos de Michoacán, haciendo a un lado a los Arellano Félix, a Carrillo

Fuentes, al *Chapo* Guzmán y a *El Mayo* Zambada, a *Nacho* Coronel, al *Coss* y a *Tony Tormenta*, y a los Beltrán Leyva. A todos, sin excepción.

El Lazca no quería pactos. Reclamaba plazas. Decidía ir por ellas a como diera lugar. Sin acuerdos burocráticos de por medio.

Por eso, durante la segunda cumbre michoacana, se tomó una decisión: unir esfuerzos también para acabar con "Los Zetas" quienes, de paso, se negaban a compartir las plazas de Veracruz, Tabasco y Quintana Roo, presuntamente "prestadas" por el "Cártel del Golfo". Estaban todos unidos contra "Los Zetas".

Así, justo al terminar la segunda cumbre michoacana, se selló el destino no sólo de la ruta que seguiría la lucha entre los cárteles del narcotráfico en México. De paso, se decidía la suerte de miles de mexicanos que, de una u otra forma, se verían involucrados en ese ajuste de cuentas, en una desenfrenada espiral de violencia, en un baño de sangre que hasta enero de 2012, había cobrado la vida de casi 50 mil.

Miles de las víctimas —habrá que reconocerlo—, al servicio del narco. Cientos más, mexicanos inocentes.

La guerra entre los cárteles de la droga no ha distinguido a sicarios o a civiles. Matan por igual con tal de conseguir su objetivo. Es el poder violento del narcotráfico. El abuso del poder narco.

LOS INOCENTES

Imposible saber cuántos civiles inocentes han sido asesinados en México, por los enfrentamientos entre sicarios de los diferentes cárteles de la droga, o bien, por la falta de pericia, adiestramiento, y por la innegable precipitación mortal de agentes federales, de soldados del Ejército mexicano o de elementos de la Marina.

Son aquellos que han tenido la desgracia de estar en el momento y en el lugar equivocados; de pasar justo cuando una bala escupida por el arma del pistolero o del policía o del soldado o del marino, le atraviesa el cuerpo, le perfora la cabeza.

Son ellos, los ciudadanos caídos en la guerra de los cárteles de las drogas, en los ajustes de cuentas entre narcos que no respetan vidas ni perdonan circunstancias. Es matar o morir, aunque en el lance caigan inocentes. Niños, mujeres, ancianos. Da igual. Los narcos son poderosos y así lo demuestran.

Son ellos, los muertos por la irresponsabilidad de soldados o marinos, que confunden la firmeza con el salvajismo. La autoridad con la barbarie. Que disparan a familias indefensas y que contribuyen a esa numeralia mortal engrosada por inocentes.

Son ellos, los asesinados por las batallas entre sicarios a la orden del narco; o por la guerra del Estado contra narcotraficantes.

¿Cuántos han muerto? De acuerdo con la CNDH, entre 2006 y 2011 se registran 8 898 fallecidos no identificados y hay 5 397 "extraviados o ausentes". Cifras trágicas.

"De enero a mayo de 2010, perdieron la vida 100 niños, como víctimas colaterales de la lucha contra el crimen organizado.

Con ello, suman 900 los menores fallecidos en los últimos tres años y medio, de acuerdo con el informe Participación de Niños en los Conflictos Armados, que presentó la Red por los Derechos de la Infancia en México", escribió la reportera Gabriela Rivera en *Excélsior* el 8 de julio de 2010.

Los civiles muertos, los que nada tienen que ver con cárteles, narcos, drogas, delincuencia o autoridades, son la parte más dolorosa y criticada respecto a la estrategia del gobierno de Calderón en la batalla declarada contra el crimen organizado.

Con el propósito de que sus nombres sean recordados como víctimas injustas de esta guerra, y que a futuro se piense en ellos para evitar más derramamiento de sangre inocente, citamos los nombres de algunos —solamente algunos—, civiles mexicanos caídos dolorosamente durante los enfrentamientos entre cárteles de la droga, o bien, en la guerra del Estado contra la delincuencia. Imposible enumerar a todos por falta de espacio. Sólo algunos de ellos:

CHIHUAHUA. José Adrián Encino Hernández. Yamira Aurora Delgado. Rodrigo Cadena Dávila. Brenda Ivonne Escamilla. Jaime Rosales. Eduardo Becerra. Édgar Martínez Díaz. Jesús Enríquez. José Luis Piña Dávila. Marco Piña Dávila. Juan Carlos Medrano. René Lozano González. Édgar Alfredo Loya Ochoa. Édgar Arnoldo (un año cuatro meses). Fredy Horacio Aguirre Orpinel. Luis Daniel Armendáriz Galdeán. Óscar Felipe Lozano Lozano. Alberto Villalobos Chávez. Alfredo Caro Mendoza. Juan

Carlos Loya Molina. Fernando Adán Córdoba Galdeán. Daniel Alejandro Parra Mendoza. Cristian Loya Ortiz. Luis Javier Montañez Carrasco. Sergio Griego. Pedro Griego.

SINALOA. José Alfredo Ochoa Casillas. José Alfredo Ochoa Quintero. Carlos Valenzuela Acosta. Irene Rivera Acosta. Daniel Alexis Molina López. David Villarreal Aguilar. Manuel Guadalupe Zazuela López. Dagoberto Valenzuela. Efrén González Ramos. Martín Ochoa Medina. Jesús Alfonso López Félix. José Alfredo Armenta González. Francisco Sarabia.

NUEVO LEÓN. José Humberto Márquez Compeán. Jorge Antonio Mercado Alonso. Javier Francisco Arredondo Verdugo. Sandra de la Garza Morales. Juan Carlos Peña. Rocío Emily Elías.

GUERRERO. Laura Montserrat Delgado y sus hijos: Carlos (ocho años) y Mireya (12 años).

MORELOS. Patricia Terroba Garza. Ignacio Aguilar Rodríguez.

COAHUILA. Hugo Alberto Ramírez Moreno.

TAMAULIPAS. Martín y Brian Almanza Salazar (hermanos de nueve y cinco años de edad, respectivamente). Uziel (siete años). Gamaliel (diez años). Las muertes de Martín y Bryan conmovieron al país, por su edad y por la frialdad con que los mataron; porque fueron soldados del ejército quienes los asesinaron en Nuevo Laredo.

"De repente nos empezaron a disparar; yo me quedé con mi esposa y mi bebé en la camioneta y ellos le tiraban a todo lo que se movía. Les gritábamos que traíamos familia y nos seguían tirando...", narró Carlos Alfredo, tío de los menores acribillados.

"Fue un hecho aislado", dijo sobre este caso el entonces secretario de Gobernación, Fernando Gómez Mont. Insensibilidad de escritorio y alfombra. Burla al dolor humano.

O los crímenes de Vicente de León Ramírez y de su hijo, Alejandro Gabriel, a manos de militares en Apodaca, Nuevo León. La desgracia en verde olivo cubriendo a otra familia mexicana.

Yuriria Sierra, conductora radiofónica de Grupo Imagen, le preguntó al presidente Calderón sobre este caso particularmente, a lo que él respondió:

"Se dio la orden de alto y el vehículo no se detuvo, y fallecieron estas personas..."

La Secretaría de la Defensa aseguró que la familia de León Ramírez no se detuvo cuando soldados le marcaron el alto a su vehículo. Sin embargo, Iliana de León, hija de Vicente y hermana de Alejandro, dio una versión completamente distinta a lo dicho por Calderón y la Sedena. En entrevista con Martín Espinoza, en Reporte 98.5, señaló:

"Nunca hubo un retén que nos marcara el alto. Rebasamos un convoy de cuatro vehículos militares y, minutos después, fuimos agredidos. Un militar se acercó y nos dijo: 'disculpen, fue un error'".

También está la desgracia de los brillantes estudiantes del Tec de Monterrey, Javier Francisco Arredondo Martínez y Jorge Antonio Mercado Alonso, caídos en fuego cruzado entre soldados y sicarios. Cuando descubrieron sus cadáveres, los soldados les "sembraron" armas para confundir y hacerlos parecer pistoleros al servicio del narco. La engañifa castrense pronto fue descubierta. A la brutalidad, el embuste.

Allí están las llamadas "narco-fosas" encontradas en Tamaulipas, Durango y Coahuila, ocupadas, en su mayoría, por migrantes que rechazaron formar parte de las filas de sicarios del narcotráfico.

TAMAULIPAS: 236 cadáveres.

DURANGO: 190 cadáveres.

COAHUILA: 38 cadáveres.

Y los que se acumulen…

Inocentes. Como Martín y Brian. Como Vicente y Alejandro. Como Javier Francisco y Jorge Antonio.

LOS ZETAS

El capo del narcotráfico más poderoso, famoso y rico del país —además de mediático— se llama Joaquín Guzmán Loera y le dicen *El Chapo*. Mucho se habla de sus mil millones de dólares que le permitieron ingresar a la selecta lista de millonarios de *Forbes*. De su poderío. De la presunta protección que ha recibido durante los gobiernos de Vicente Fox —sexenio del cual escapó de la cárcel de Puente Grande, Jalisco—, y del de Calderón. De sus amores. De sus gustos. De su leyenda.

Sin embargo, para la inteligencia militar, hay un cártel que por su origen —el Ejército mexicano—, su adiestramiento, sus tácticas, su alto grado de violencia y su innegable influencia en varios estados, se ha convertido, en tiempo récord, en el más importante, peligroso e influyente para la seguridad nacional.

Son "Los Zetas", llamados así "porque varios de los primeros militares que se incorporaron al 'Cártel del Golfo' estuvieron adscritos, en calidad de policías, a la base Zeta de Miguel Alemán, Tamaulipas" otra versión establece que "el nombre deriva de las claves que los integrantes de este grupo paramilitar utilizan para comunicarse y no ser detectados" (*Osiel. Vida y Tragedia de un capo*, Ricardo Ravelo), liderados por el ex militar Heriberto Lazcano Lazcano, *El Lazca*.

Fuentes consultadas para mi columna "Archivos del poder", del diario *Excélsior*, así lo confirman. Cito parte de dicha columna escrita el 2 de septiembre de 2010:

> Los Zetas son ya el cártel más poderoso de México. Su jefe indiscutible, Heriberto Lazcano Lazcano, *el Lazca*, ha alcanzado el mismo nivel de influencia que *El Chapo* Guzmán. Sus operaciones no sólo se limitan al narcotráfico, pues también mueven los engranes de la extorsión y la piratería, revelan fuentes de inteligencia militar.
>
> Los responsables del aniquilamiento de 72 migrantes en San Fernando, Tamaulipas, se han convertido en el grupo criminal más fuerte del país, por una razón fundamental: su estructura y adiestramiento militar. Hoy dominan Tamaulipas, Nuevo León, Zacatecas, Veracruz, entre otros, y pelean por más plazas.
>
> La consolidación de Los Zetas —que emergieron como escolta paramilitar de Osiel Cárdenas Guillén, cuando el *Mata Amigos* era la cabeza del Cártel del Golfo— se da en el momento más violento y grave para el país en la guerra contra el narco…

Los Zetas están por arriba de los cárteles de Sinaloa, del *Chapo* y del *Mayo* Zambada. De la Familia Michoacana. Del Golfo. Del de Tijuana, con lo que queda de los Arellano Félix. *El Lazca* se ubica en niveles similares o superiores, inclusive, en cuanto a influencia, al *Chapo* Guzmán.

Son "Los Zetas" el grupo criminal más violento y temido de México. O como lo alertó el 29 de mayo de 2011 una de las mentes más brillantes del país, Jean Meyer, en su artículo titulado "Zetas rusos" del periódico *El Universal*:

> Hace poco salió la noticia de que nuestros narcotraficantes, en el marco de su expansión internacional, pactaron con las familias rusas para tener acceso, a través de Asia Central, a la fuente afgana de la droga, y para ayudar a los rusos en la entrada y distribución en EU. Parece que conocieron a los rusos en Nueva York, Detroit y en España.
>
> En cuanto a los rusos, a los ciudadanos rusos, gente como usted o como yo, ellos también tienen a sus zetas en casa…

Zetas y mafia rusa. Combinación letal.

"EL QUE ESCRIBE MUERE"

Roberto Saviano escribe entre las paredes de una dolorosa sensación de soledad, deshabitado en su propia realidad: está amenazado de muerte tras haber investigado y redactado el libro *Gomorra, un viaje al imperio económico y al sueño de poder de la Camorra*, en el cual, desde la entraña de la mafia napolitana, del Nápoles que lo vio nacer en 1979, reconstruye, en carne propia, experiencia vivida y sufrida, "tanto la aterradora lógica económico-financiera y expansionista de los clanes napolitanos y casertano, como las febriles fantasías que a la lógica empresarial suman el fatalismo mortuorio de los samuráis medievales japoneses".

Saviano se esconde y escribe. Se disfraza y relata. Se esfuma y aparece, contundente, con textos soberbios, en la montaña rusa en que se han convertido sus días. Viaja en un tobogán desenfrenado sobre los empinados carriles del vértigo itinerante de su propia odisea.

Narrar la manera de operar del "imperio empresarial y delictivo de la Camorra", desnudado de manera cruda, bárbara, puntual, en las páginas de *Gomorra*, le canceló su libertad. Lo quieren matar por traidor, le escupen. "*Saviano, mierda*", se lee en algunas paredes de las calles de la vieja Nápoles. Sí, le pretenden arrancar la vida y pasearlo por los callejones de la maldad, lacerado su cuerpo y contaminada su alma, para exhibirlo cual trofeo como advertencia a todos aquellos que osen siquiera pensar en denunciar las atrocidades de la mafia napolitana.

Por eso Saviano se esconde. No por miedo a que lo maten. "El miedo a morir no lo siento casi nunca. El peor de los miedos, el que me acosa continuamente, es que consigan difamarme, destruir mi credibilidad, ensuciar aquello por lo que me he arriesgado y he pagado a un alto precio."

Es cumpleaños de Roberto Saviano. Cumple 30 años. Es un chaval. Y lo celebra escribiendo su segundo libro: *La belleza y el infierno*, historias de ruindades humanas, de hombres, de negocios, de guerras mafiosas. Estupendos cuentos de la vida real. De Lionel Messi a Donnie Brasco. De las andanzas mundanas a la tragedia griega. Saviano apaga velitas que tienen forma de historias.

Hay en las páginas de *La belleza y el infierno*, un capítulo que duele. ¡Carajo, cómo duele! Que le duele a Saviano, a los periodistas, a la Rusia de los buenos —que los hay— a Vargas Llosa y al mundo: el asesinato de la valiente periodista rusa Anna Politkóvskaya, autora del estremecedor libro *Chechenia*, en el que describió las atrocidades rusas "en una de las peores guerras que haya generado la especie humana, una guerra en la que las mujeres violadas y los soldados torturados debían declarar que eran los verdaderos culpables de la violencia sufrida".

Anna, la del nombre bello, también escribió la *Rusia de Putin*, en el que da cuenta de la dictadura implacable del gobierno de Vladimir —el despiadado zar contemporáneo, el espía del KGB—, en la moderna-decadente Rusia, donde el tiempo y la democracia se congelaron, al parecer, para la eternidad.

A Anna Politkóvskaya la asesinaron el 7 de octubre de 2006, cuando regresaba de comprar víveres. Saliendo del elevador para dirigirse a su departamento, un "joven, flaco, con gorra de visera calada cubriéndole los ojos", le disparó tres veces. Dos balas rompieron el corazón de Anna, y la tercera se desvió al hombro. Muerta, pero jamás silenciada.

Los libros y las columnas de Anna se siguen leyendo y admirando en todo el mundo. Si el gobierno de Putin y los asesinos de Politkóvskaya creyeron que tres balas bastaban para eliminar por siempre la valentía de Anna, se equivocaron rotundamente. Anna estará allí, siempre, crítica, osada, con su rostro inquisidor reflejado en el café que bebe el todopoderoso moderno zar ruso; en cada decisión de gobierno que tome a través de su títere, el "presidente" Dmitiri Medvédev. Putin es el poder detrás del trono en Rusia. Nadie lo duda. Todos lo saben, pero lo callan. Menos Anna.

Politkóvskaya seguirá fascinando, a pesar de su desaparición física. Sus textos —libres y valiosos, valiosos por libres— permanecerán en la memoria de quienes la admiramos. Marcadas con fuego quedarán sus denuncias periodísticas en la mente de los sátrapas, de los dictadores, de los chacales de Chechenia, de los abusivos del gobierno de Putin. De sus asesinos intelectuales y materiales: Serguéi Jadzhikurbánov, antiguo funcionario del Ministerio del Interior, y los hermanos chechenos Dzhabraíl, Ibraguim y Rustam Majmódov, absueltos por el gobierno de Putin. El crimen de Anna está impune. Ellos, sus verdugos, la verán siempre reflejada en el espejo de su propia ruindad.

Y a ella, a Anna, Roberto Saviano le dedica un capítulo titulado "El que escribe muere". Sobran explicaciones.

Anna está sepultada en el cementerio Troyekúrovo de Moscú.

Saviano sigue escribiendo en sitios secretos e itinerantes, obligado por las amenazas de muerte de la camorra napolitana.

En México, decenas de periodistas han sido asesinados por sicarios al servicio de las mafias del narcotráfico. O del poder gubernamental. O de particulares enfadados con algún reportero que husmea y escribe sobre algún asunto delicado. Lo dijo Saviano en Estocolmo:

"Hoy, por ejemplo, en México asesinan a muchos periodistas por luchar, con palabras, contra el narcotráfico. En un país donde a menudo resulta fácil sobornar a la policía, así como sobornar a la prensa; quienes cuentan los entresijos del narcotráfico, son las únicas referencias para entender lo que está pasando realmente, y por eso se vuelven muy frágiles."

¿Sabemos quién era Candelario Pérez Pérez? Confieso que como periodista lo ignoraba. Pero Saviano sí que lo sabe y hasta lo mencionó en Estocolmo: Candelario es uno de los quince reporteros ejecutados en Chihuahua, estado violento, con vacío de poder, en el que se ha infiltrado el narco hasta la médula oficial, gobernado siempre por el PRI.

El gobernador César Duarte platica que, cuando tomó posesión, se le acercó un personaje y le preguntó: "Y tú, ¿ya pactaste con algún grupo? Si no, pues hablamos…" Duarte se quedó petrificado ante la pregunta del emisario.

Desconocemos si el gobernador de Chihuahua ha pactado con algún cártel del narcotráfico, aunque sí ha tenido pacto —de eso no hay duda— con la impunidad.

El 15 de diciembre de 2010, Marisela Escobedo, una mujer valiente que buscaba justicia para detener a Sergio Barraza, asesino confeso de su hija, Ruby Marisol Frayre, y liberado por los jueces Catalina Ochoa, Rafael Boudib y Netzahualcóyotl Zúñiga en abril de ese año, fue ejecutada a unos cuantos pasos de la oficina del gobernador Duarte por un sicario solitario que la persiguió frente a Palacio de Gobierno y le metió un tiro en la nuca.

"Gobernador, ayúdeme, necesito detener al asesino de mi hija… ya andan tras de mí", le había advertido días antes Marisela a Duarte, durante un evento público, recién llegado el priísta a la gubernatura. "Luego vemos… luego vemos", respondió indolente. Poco después mataron a Marisela. Hasta hoy, ni su verdugo, ni Barraza, han sido aprehendidos.

LOS QUE MURIERON POR ESCRIBIR

Los citan como si jamás hubieran tenido vida. Como si no hubieran existido alguna vez. Incómodos sus casos para el poder, innombrables muchos de ellos, un vago recuerdo que solamente queda en el dolor de sus padres, en sus viudas o huérfanos, en la memoria de sus verdaderos amigos.

Sombras que de vez en cuando aparecen en los discursos del Presidente, de gobernadores, de comisionados de derechos humanos, de activistas, y hasta de sus propios compañeros de profesión que, en lugar de llamarlos por su nombre y apellidos, prefieren enmarcarlos en una cifra cruel y vacía, estadística fría, archivada, a final de cuentas, en la gaveta del olvido.

Son los periodistas ejecutados en los últimos once años, muchos de ellos —dice el poder político— ejecutados por estar coludidos con el crimen organizado. Que lo prueben si así fue. La mayoría, muertos por descubrir y escribir sobre los nexos de ese mismo poder político (gobernadores, alcaldes, funcionarios, policías), con los jefes del narcotráfico.

En México, a decenas de periodistas les ha costado la vida escribir sobre la manera como el narco se ha infiltrado en los gobiernos, en el ejército, en las policías federales, estatales y municipales, en las casas, en las vidas de los mexicanos, sometiendo al imperio del dinero las voluntades de niños, adultos y ancianos.

¿Quién reclama hoy algo por la vida de los periodistas honestos muertos por cumplir con su trabajo? Nadie.

¿Cuándo el presidente de la República, algún gobernador o alcalde, han ofrecido un minuto de silencio en memoria de los reporteros torturados y masacrados por desnudar las complicidades del poder político con el narco? Nunca.

¿En qué momento los cursimente llamados líderes de opinión, representantes de la sociedad civil o los propios periodistas, hemos elevado la voz de manera efectiva para exigir mayores garantías en el ejercicio de las tareas de investigación periodística? En ninguno.

Muchos periodistas o líderes de opinión prefieren sentarse a la mesa con el funcionario público o con el jefe policiaco, para tomar un buen vino y comer un jugoso corte de carne, mientras en varios estados —Chihuahua, Tamaulipas, Michoacán, Veracruz, Guerrero, Nuevo León, Sinaloa, Durango y muchas entidades más—, a esa misma hora, un reportero recibe un balazo en la cabeza, es *levantado* o amenazado por algo que escribió o que dijo.

No confundamos: una cosa es la necesidad —como algún día me dijo Vicente Leñero— de conocer, de estar cerca, de platicar, de entrevistar y de escudriñar a los representantes del poder político en México para radiografiarlos, para descubrir qué piensan, saber cómo actúan, con base en qué deciden, para enterarnos de cómo se manejan las decisiones de poder en el país y luego, procesar y transformar esa información en periodismo para consumo público, de los lectores; y otra cosa, muy diferente, es que a cambio de una relación estrictamente profesional, se solapen sus abusos, se silencie la denuncia, se disimule ante la impunidad.

Son dos posiciones que pueden entrelazarse, sí, pero sin caer en la indiferencia criminal; como periodistas estamos obligados —más por ética personal que por algún ordenamiento legal— a evitar la complicidad, la hipocresía con el poder, hipócrita éste por naturaleza.

Los periodistas mexicanos ejecutados por las mafias del crimen organizado, por sicarios al servicio de la muerte, no son fantasmas, como la historia oficial los quiere presentar. Tienen nombres. Rostros. Y una historia. Breve, si se quiere, pero historia al fin.

Seguramente no son todos los que han sido victimados. Pero de quienes hay registro, estamos obligados a conocerlos. Ellos son:

2000

Luis Roberto Cruz Martínez. Reportero de la revista *Multicosas*. Asesinado el 1 de febrero en Reynosa, Tamaulipas. El presunto asesino, Óscar Jiménez González, fue detenido y posteriormente se escapó en circunstancias extrañas.

Pablo Pineda Gaucín. Reportero Gráfico de *La Opinión de Matamoros*. Ejecutado el 9 de abril en Matamoros, Tamaulipas.

José Ramírez Puente. Reportero de Radio Net 1490. Muerto el 28 de abril en Ciudad Juárez, Chihuahua. Recibió 40 heridas con un picahielo y su cuerpo fue abandonado. La familia denunció su desaparición tres días antes del hallazgo del cadáver, en un automóvil donde además la policía encontró ocho paquetes de marihuana. Familiares y colegas denunciaron que la droga fue "sembrada" para desviar las investigaciones, ya que tenían serias sospechas de que su trabajo crítico con las autoridades locales era el móvil del asesinato. Quienes lo conocieron declararon que era un periodista honesto, sin vicios y que incluso pasaba penurias económicas, por lo que descartaron que estuviera en el negocio del narcotráfico. Las autoridades no resolvieron el caso.

Hugo Sánchez Eustaquio. Editor de *La Verdad* de Atizapán, Estado de México. Ultimado el 19 de julio. Secuestrado los primeros días de ese mes. Muerto con un balazo en el cuello. Estaba tirado a un lado de su coche, sobre la avenida Zaragoza del fraccionamiento Hacienda del Pedregal, en Atizapán de Zaragoza. El crimen no fue aclarado.

2001

José Luis Ortega Mata. Director del *Semanario de Ojinaga*, Chihuahua. Asesinado el 19 de febrero. Días después fue aprehendido Jesús Manuel Herrera Olivas, empresario de la ciudad de Presidio, Texas, como autor material del asesinato. Motivo: las denuncias que el periodista había hecho en contra del narcotráfico en la región.

José Barbosa Bejarano. Corresponsal de la Revista *Alarma* en Ciudad Juárez, Chihuahua. Ejecutado el 9 de marzo. Hasta el momento no se tiene mayor información al respecto.

Saúl Antonio Martínez Gutiérrez. Subdirector de *El Imparcial* de Matamoros, Tamaulipas. Muerto el 24 de marzo. Desde el 23 fue reportado como desaparecido. El móvil del homicidio se desconoce, pero no se descartan las posibles denuncias sobre narcotráfico que hiciera el periodista.

Valentín Dávila. Reportero. Desaparecido en agosto en Ciudad Juárez. Jamás se supo de su paradero.

2002

Félix Alfonso Fernández García. Columnista de la revista *Nueva Opción*, de Ciudad Victoria, Tamaulipas. Ultimado el 17 de enero. Fue acribillado cuando salía de un restaurante ubicado a dos cuadras de la presidencia municipal. Una de las líneas de investigación apunta a las denuncias acerca del narcotráfico presentadas por el periodista, en las cuales se involucra al ex alcalde de Miguel Alemán, Raúl Rodríguez Barrera, a quien reporteros del estado acusan como el autor intelectual del asesinato.

José Miranda Virgen. Columnista del diario *El Sur de Veracruz*. El 16 de septiembre murió tras un accidente sufrido en su departamento, en el Puerto de Veracruz, al parecer por una explosión de gas. Sin embargo, se encontraron indicios que hacen pensar en un atentado debido a las críticas y denuncias que el columnista hacía en contra de autoridades locales.

2003

Jesús Mejía Lechuga. Reportero de MS-Noticias. Desaparecido en Martínez de la Torre, Veracruz. Presuntamente fue secuestrado por denuncias que hizo en contra del diputado del PRI, Guillermo Zorrilla Pérez. Su desaparición ocurrió después de entrevistar al dirigente del Comité Municipal del mismo partido, Alfonso Alegretti. No ha sido localizado.

2004

Roberto Javier Mora García. Director editorial del periódico *El Mañana*. Ultimado el 19 de marzo en Nuevo Laredo, Tamaulipas. Recibió 26 puñaladas. La propietaria del diario, Ninfa Deandar Martínez, denunció que el periodista había recibido amenazas de muerte a raíz de las investigaciones que realizaba relacionadas con el secuestro de otro reportero. Una semana después del crimen se detuvo a los presuntos responsables del asesinato, Hiram Olivares Ortiz, Raúl Eduardo Coss García y Mario Medina Vázquez —este último, autor material del homicidio—, asesinado en el reclusorio donde se encontraba detenido, lo cual complicó el esclarecimiento del caso.

Leodegario Aguilera Lucas. Editor de la revista *Mundo Político* de Acapulco, Guerrero. Desaparecido el 22 de mayo. Jamás fue encontrado. Era uno de los periodistas más críticos y respetados de Guerrero. La LGJG presentó a Alfonso Noel Vargas Baños, Juan Carlos Salinas y Alberto Cárdenas Flores como presuntos homicidas a causa de la disputa de un predio. El presunto asesino, Vargas Baños, dijo que agentes judiciales lo obligaron a firmar documentos donde aceptaba su participación en el secuestro, además de que amenazaron con dañar a su familia si no aceptaba haber calcinado el cuerpo del periodista. La familia de Aguilera Lucas los considera chivos expiatorios.

Francisco Javier Ortiz Franco. Editor del semanario *Zeta*. Baleado en su auto, frente a sus hijos, el 22 de junio en Tijuana, Baja California. Estaba a 300 metros de la oficina de Homicidios de la Procuraduría General de Justicia de Baja California. Ortiz Franco había publicado datos reveladores, en un artículo de denuncia, con la lista y fotografías de 76 sicarios del "Cártel de los Arellano Félix", que portaban credenciales apócrifas de la PGJ de Baja California, y revisaba el expediente del asesinato del columnista Héctor *El Gato* Félix Miranda, para reabrirlo. Hasta hoy continúa impune su muerte.

Francisco Arratia Saldierna. Columnista de *El Imparcial* de Matamoros, Tamaulipas; de *El Mercurio* y de *El Cinco* de Ciudad Victoria. Fue ultimado el 31 de agosto en Matamoros. Abandonado aún con vida y con visibles huellas de tortura, cerca de las instalaciones de la Cruz Roja de la localidad, en donde fue auxiliado y trasladado al Hospital General Alfredo Pumarejo. El atentado hace suponer a las autoridades estatales que pudo haberse tratado de una venganza por algo que Arratia publicó. Las autoridades se dieron a la tarea de revisar los más recientes textos periodísticos publicados por el columnista. Entre las primeras líneas de investigación, destaca la de un ajuste de cuentas con el narcotráfico, principalmente con Raúl Castelán Cruz, del "Cártel del Golfo".

Gregorio Rodríguez Hernández. Fotógrafo de *El Debate* de Mazatlán, Sinaloa. Lo asesinaron el 22 de noviembre en Escuinapa, a balazos, mientras cenaba con su familia. El ejecutor fue un sicario del "Cártel de Sinaloa": Frausto Ocampo. Información extraoficial indica que el homicidio tiene relación con una nota publicada por Gregorio sobre la detención de Tamar Aguilar Iñiguez, hermano de Jesús Antonio Aguilar Iñiguez, ex director de la policía ministerial, prófugo y buscado por la Procuraduría General de la República (PGR), por presuntos nexos con el narcotráfico.

2005
Raúl Gibb Guerrero. Director General y Propietario del periódico *La Opinión* de Veracruz. El 8 de abril, en Poza Rica, fue asesinado

cuando se dirigía a su domicilio. Una de las líneas de investigación de la PGJ del Estado se refiere a bandas relacionadas con el tráfico de drogas en Costa Esmeralda (playa cercana a Poza Rica), pues el diario ha denunciado que en el norte del Estado se incrementó la presencia del "Cártel del Golfo", encabezado por Osiel Cárdenas Guillén. El crimen no fue aclarado.

José Reyes Brambila. Reportero de *Milenio* Vallarta. El 18 de septiembre, en Guadalajara, Jalisco, fue asesinado a cuchilladas y depositado en la cajuela de su vehículo, propiedad de la empresa que edita el rotativo.

Hugo Barragán Ortiz. Colaborador del diario *La Crónica de la Cuenca*, en Veracruz. El 1 de noviembre, en Xalapa, fue ejecutado en su domicilio

Alfredo Jiménez Mota. Reportero de *El Imparcial*, en Hermosillo, Sonora. Secuestrado en abril. El 18 de enero había publicado un reportaje titulado "Los Tres Caballeros", donde relataba nombres y acciones de tres miembros del "Cártel de Sinaloa". Se presume que ya fue ejecutado.

2006

Misael Tamayo Hernández. Director de *El Despertar de la Costa*, Guerrero. El 10 de noviembre, en Zihuatanejo, fue encontrado en el interior de un motel ubicado en la carretera que conduce a Lázaro Cárdenas. Tres días antes, había informado sobre la detonación de dos granadas en un condominio en Casa Bonita, ubicado en Ixtapa Zihuatanejo.

Enrique Perea Quintanilla. Director de la revista *Dos Caras, Una Verdad*, de Chihuahua, Chihuahua. Asesinado el 9 de agosto. La Procuraduría de Justicia estatal aseguró que detrás del homicidio están dos cárteles de la droga que operan en la entidad. El director de la Unesco, Koichiro Matsura, condenó el crimen.

Jaime Arturo Olvera Bravo. Reportero *freelance*. Ex corresponsal de *La Voz de Michoacán*. El 9 de marzo en La Piedad, fue ultimado por un desconocido que le disparó en el cuello. Llevaba a su hijo de 5 años a la escuela, que resultó ileso durante el atentado. Crimen no resuelto.

Roberto Marcos García. Reportero de las revistas *Testimonio* y *Alarma*, en Veracruz. La mañana del 22 de noviembre recibió una llamada anónima que lo amenazó de muerte. No la reportó. Horas después fue ejecutado.

Ramiro Téllez Contreras. Locutor de Exa 95.7, en Nuevo Laredo, Tamaulipas. Ejecutado.

Rosendo Pardo Ozuna. Reportero de *La Voz del Sureste* en Tuxtla Gutiérrez, Chiapas. El 29 de marzo, su cuerpo fue encontrado sobre la carretera federal. El periodista había publicado varios artículos, lanzando fuertes críticas al gobierno municipal de Tuxtla Gutiérrez, encabezado por Juan Sabines Guerrero.

Raúl Marcial Pérez. Columnista de *El Gráfico* de Oaxaca. El 8 de diciembre de 2006 falleció tras un tiroteo en las instalaciones del diario. Se habla de un probable ajuste de cuentas.

Rafael Ortíz Martínez. Reportero del diario *Zócalo*, de Monclova, Coahuila. Había recibido amenazas por parte del crimen organizado. No ha sido hallado.

José Antonio García Apac. Editor de *Ecos de la Cuenca*, en Tepalcatepec, Michoacán. Levantado en un lugar conocido como La Ruana. Sus hijos recibieron una última llamada desde su celular, cuando escucharon que alguien le ordenó: "Bájate", y él les dijo: "Tengo que colgar." Su esposa, Rosa Isela, va cada ocho días al ministerio público para preguntar cómo van las investigaciones. "Nada", ha sido la respuesta de la autoridad en los últimos años.

2007

Amado Ramírez Dillanes. Corresponsal de Televisa y Conductor en la estación Radiorama de Acapulco, Guerrero. Ejecutado el 6 de abril. Crimen sin resolver.

Saúl Noé Martínez Ortega. Reportero y editor de *Interdiario*, en Agua Prieta, Sonora. El 16 de abril fue secuestrado de madrugada por cinco desconocidos, en la puerta de la Dirección de Seguridad Pública Municipal. Siete días después, la PGJE encontró el cuerpo en un barranco ubicado en el municipio de Casas Grandes. Su hermano Erick Martínez, director del diario, dijo que hay elementos para suponer que su hermano fue asesinado debido a la investigación que realizaba sobre el rapto y asesinato de Carlos

Sánchez, policía de Agua Prieta, y por la lista de nombres de secuestradores que tenía en su poder.

Mateo Cortés Martínez. Distribuidor de *El Imparcial del Istmo*. El 8 de octubre en Salina Cruz, Oaxaca, fue ejecutado con otros dos voceadores (Agustín López y Flor Vázquez). El atentado se atribuye al crimen organizado, pues los trabajadores del diario han recibido amenazas para que dejen de investigar sobre las actividades de "Los Zetas" en la región del Istmo.

Gerardo Israel García Pimentel. Reportero de *La Opinión* de Michoacán. El 8 de diciembre, en Uruapan, intentó refugiarse en el Hotel Rúan, donde residía, al percatarse que dos desconocidos lo perseguían. Al entrar al establecimiento, le dispararon a quemarropa por lo menos veinte veces. Hasta ahora se desconoce el móvil del crimen, pero se presume que fue perpetrado por sicarios. El periodista había trabajado durante cinco años como reportero de *La Opinión* de Michoacán, diario para el que cubría información relacionada con agricultura y, ocasionalmente asuntos políticos, sociales y policiales.

Rodolfo Rincón Taracena. Reportero del diario *Tabasco Hoy*. Desaparecido en enero en Villahermosa. El día de su rapto había publicado un reportaje sobre una banda que se dedicaba al robo de cajeros automáticos, cuya casa de seguridad había sido descubierta por la Procuraduría de Justicia local, gracias a la información del periodista. En 2010, la PGJE aseguró que los restos de Rodolfo habían sido localizados, aunque científicamente jamás se pudo comprobar que efectivamente eran de él.

Gamaliel López y Gerardo Paredes Pérez. Reportero y camarógrafo, respectivamente, de TV Azteca Noreste. Secuestrados en mayo en Monterrey, Nuevo León. Durante medio año cubrieron la presencia del ejército ante la violencia desatada en la región, revelando identidades de presuntos homicidas e hicieron públicos dos mensajes de narcotraficantes. Su búsqueda se ha suspendido y la televisora jamás se volvió a ocupar del caso.

Gerardo Guevara. Reportero del semanario *Siglo XXI*.

2008

Candelario Pérez Pérez. Editor de la revista *Sucesos*.

Armando Rodríguez Carreón, *El Choco*. Reportero de *El Diario de Ciudad Juárez*, Chihuahua. El 13 noviembre fue ejecutado cuando abordaba su automóvil para ir al trabajo. Su hija de ocho años presenció el homicidio.

Alejandro Zenón Fonseca Estrada. Locutor de EXA FM en Villahermosa, Tabasco. El 24 septiembre fue asesinado a tiros cuando realizaba una campaña contra la delincuencia organizada.

Miguel Ángel Villagómez Valle. Director de *La Noticia de Michoacán*. El 10 de octubre, en Lázaro Cárdenas, fue ultimado con impactos de bala en la espalda y el tiro de gracia.

Teresa Bautista Merino y Felícitas Martínez Sánchez. Locutoras de *La Voz que Rompe el Silencio* (Radio comunitaria en Oaxaca). El 7 de abril en San Juan Copala, les dispararon en el vehículo en el que viajaban. Crímenes sin resolver.

Mauricio Estrada Zamora. Reportero de *La Opinión* de Apatzingán, Michoacán. Desaparecido en febrero. La principal línea de investigación apunta a un servidor público del ámbito federal. Poco se ha hecho.

2009

Jean Paul Ibarra Ramírez. Reportero gráfico de *El Correo*, de Iguala, Guerrero. El 13 de febrero, con la reportera de *Diario 21*, Yuliana Marchán Arroyo, viajaban en motocicleta a cubrir un accidente en Iguala, alrededor de las 22:00 horas. Un sicario armado en una segunda motocicleta comenzó a dispararles, dejando herida a Yuliana. Disparó directamente a la cabeza de Ibarra. Las autoridades detuvieron a un comerciante local, Mario Cereso Barrera, y señalaron que el crimen ocurrió debido a la transacción de un collar. Sin embargo, reporteros locales dudan de las investigaciones de la Procuraduría, toda vez que Ibarra había recibido amenazas de muerte.

Carlos Ortega Samper. Colaborador de *El Tiempo en el Oro*, Durango. El 3 de mayo, mientras regresaba a su domicilio en su automóvil, fue interceptado por otro vehículo donde viajaban cuatro personas. El reportero bajó mientras los agresores intentaron subirlo a la fuerza a otro auto. Uno de los atacantes sacó una pistola y le disparó. Dos semanas antes, había publicado una nota que denunciaba las condiciones insalubres y la corrupción del rastro municipal. El 29 de abril envió a la redacción de *El Tiempo de Durango* una carta en la que aseguraba haber sido amenazado por Martín Silvestre Herrera, Presidente Municipal de El Oro; por Juan Manuel Calderón Herrera, encargado de los Programas Federales y del Rastro Municipal, y por Salvador Flores Triana, agente del Ministerio Público, a quienes responsabilizaba de lo que pudiera ocurrirle. Tres meses antes de su asesinato, su casa fue rafagueada y su carro quemado. No hubo investigación.

Eliseo Barrón. Reportero de *La Opinión* y *Milenio*. Fue secuestrado por ocho hombres encapuchados y vestidos de negro en el municipio de Gómez Palacio, Durango, en su casa, frente de su esposa y sus hijas, obligado a subir a un vehículo Nissan Tsuru. Veinticuatro horas después del secuestro, su cuerpo apareció en una bolsa de plástico en Tlahualilco, con rastros de tortura. El reportero cubría en ese momento la historia del despido de más de 300 policías locales y el involucramiento de ocho de ellos en secuestros.

Ernesto Montañez Valdivia. Editor de la revista *Enfoque* de *El Sol de Chihuahua*. El 14 de julio fue encontrado muerto, semienterrado en un terreno baldío de una colonia popular en Acapulco, Guerrero. Tenía huellas de golpes en diversas partes del cuerpo y estaba atado de pies y manos con cinta canela. El Procurador de Justicia de Guerrero, Eduardo Murueta Urrutia, señaló que posibles sicarios contratados por particulares pudieron ser los autores del asesinato del periodista. Hasta el momento se siguen investigando los motivos del asesinato.

Juan Daniel Martínez Gil. Periodista de Grupo Radiorama en Acapulco, Guerrero. Ultimado el 27 de julio.

Norberto Miranda Madrid. Director de Radiovisión (digital), en Nuevo Casas Grandes, Chihuahua. El 23 de septiembre, al menos dos hombres enmascarados entraron a la redacción de Radiovisión y dispararon en la espalda y cuello de Miranda, frente a sus compañeros periodistas. En sus últimas entregas periodísticas, criticó la inseguridad en Nuevo Casas Grandes y sus alrededores. En su última columna informó de 25 ejecuciones seriales en el área. El periodista atribuía esta violencia al "Cártel de Juárez".

José Vladimir Antuna García. Reportero del diario *El Tiempo* de Durango. El 2 de noviembre desapareció en la capital. Doce horas después su cuerpo fue hallado sin vida, presentaba dos balazos. A su lado había un mensaje que decía: "Esto me pasó por dar información a los militares y escribir lo que no se debe. Cuiden bien sus textos antes de hacer una nota. Atentamente, Vladimir." El periodista ya había sido objeto de varias amenazas. Su casa fue atacada a principios de ese año y había recibido llamadas a su teléfono celular y a la redacción. Estos hechos fueron denunciados ante la PGR. Nadie se ocupó del asunto.

José Emilio Galindo López. Director de Radio Universidad de Guadalajara. El 24 de noviembre en Ciudad Guzmán, Jalisco, fue encontrado en su hogar, amordazado y amarrado a una cama y con impacto de bala en la cabeza. Galindo cubría principalmente temas de corrupción en Ciudad Guzmán. Conducía un programa de radio y televisión, y dirigía otros noticieros.

José Alberto Vázquez López. Director fundador de *Expresiones de Tulum*, Quintana Roo. El 23 de diciembre fue asesinado por dos hombres armados en motocicleta. Además de dedicarse al periodismo, José Alberto Vázquez López también litigaba casos relacionados a valiosos terrenos costeros en Tulum. Se desconoce el móvil del asesinato.

José Luis Romero. Reportero de la fuente policiaca del noticiario de radio *Línea Directa*, en Los Mochis, Sinaloa. Desapareció el 30 de diciembre y su cuerpo fue hallado el 16 de enero de 2010. Muerto de dos balazos en la cabeza y uno en el pecho. Los rastros de tierra encontrados en su ropa permiten presumir que su cadáver, el cual presenta lesiones en muñecas y fémur, primero fue sepultado en la zona del hallazgo y luego exhumado para ser colocado dentro de una bolsa de plástico y abandonado a la orilla de la carretera, de acuerdo con los exámenes forenses. Según la CIDH, las sospechas recaen en las organizaciones delictivas que controlan el narcotráfico en la frontera norte de México con los Estados Unidos.

María Esther Aguilar Casimbre. Reportera de *Cambio de Michoacán*. Desapareció en noviembre en Zamora. Publicó un artículo donde denunciaba los abusos de autoridad del director de Policía y Tránsito de Zamora, el teniente Jorge Arturo Cambroni Torres, quien fue sustituido poco después. Nadie sabe de ella.

Omar Gándara. Reportero independiente.

2010

Valentín Valdés Espinosa. Reportero del diario *Zócalo* de Saltillo. El 8 de enero fue ejecutado, luego de ser secuestrado la noche anterior con otro periodista del mismo medio, que posteriormente fue liberado por sujetos que viajaban en dos camionetas. Hasta hoy su crimen sigue impune.

Jorge Ochoa Martínez. Director de los diarios *El Oportuno* y *El Despertar de la Costa*, en Ayutla de los Libres, Guerrero. El 29 de enero fue asesinado de un tiro en la mejilla y encontrado dentro de un automóvil que no era de su propiedad.

Jorge Rábago Valdez. Comentarista y columnista de *Radio-Rey* y *Reporteros en la Red*, en Reynosa, Tamaulipas. El 2 de marzo fue localizado en una institución médica en la frontera de Reynosa, muy grave. Según el reporte médico del Hospital General en la ciudad, Rábago Valdez fue encontrado en estado de coma en el libramiento de la carretera Matamoros-Reynosa e ingresado en primera instancia al Hospital General en calidad de desconocido, donde permaneció por más de cuatro días en la misma situación, debido a que no había reporte oficial de su desaparición. El periodista fue "levantado" el 19 de febrero luego de salir de una fiesta donde convivió con compañeros del mismo gremio, quienes aseguran que Rábago Valdez se retiró del lugar en perfecto estado conduciendo su propio automóvil, el cual apareció en un lugar opuesto al sitio donde el periodista fue localizado sin identificación alguna. Finalmente, falleció víctima de un coma diabético, pero no se descarta que éste haya sido provocado por la tortura y el secuestro previo.

Evaristo Pacheco Solís. Reportero de *Visión Informativa* en Chilpancingo, Guerrero. El 12 de marzo fue encontrado con disparos de arma de fuego a orillas de la carretera Chichihualco-Chilpancingo, en el punto conocido como el Aserradero Forestal.

Juan Francisco Rodríguez Ríos y María Elvira Hernández Galeana. Reportero de *El Sol de Acapulco* y *Diario Objetivo de Chilpancingo*, y colaboradora del semanario *Nueva Línea*, respectivamente. Esposos. El 29 de junio, en Coyuca de Benítez, fueron tiroteados en un pequeño café-internet del que eran propietarios. Rodríguez Ríos era además dirigente local del Sindicato Nacional de Redactores de Prensa (SNRP). Según informes policiales, dos desconocidos entraron en el local y les dispararon a quemarropa. Juan Francisco recibió cuatro balazos en el tórax, mientras que María Elvira, de 36 años, fue alcanzada en la cabeza. En el lugar se encontraba también el hijo de la pareja, de 18 años, que sobrevivió al ataque.

Hugo Alfredo Olivera Cartas. Editor y director de *La Voz* y *El Día* de Michoacán. El 6 de julio en Apatzingán, fue asesinado. Lo encontraron esa madrugada. Según información de la prensa, horas antes de su desaparición, recibió una llamada a su celular en la que le solicitaron que se trasladara a un lugar donde había ocurrido un accidente, para que obtuviera más información. El periodista fue reportado desaparecido y, posteriormente, encontrado su cuerpo sin vida dentro de su camioneta. Tenía tres balazos en la cabeza. Horas después del hallazgo, la Procuraduría General de Justicia del Estado de Michoacán fue informada que las oficinas del diario *El Día de Michoacán* habían sido saqueadas y que los discos duros de las computadoras que contenían la información del periódico habían sido robados.

Marco Aurelio Martínez Tijerina. Reportero de XERN, XEDD; TV Azteca, Multimedios y W Radio, en Montemorelos, Nuevo León. El 10 de julio fue ejecutado después de haber sido secuestrado la noche anterior por un comando armado en plena calle. Horas después de que su familia denunciara su plagio, una llamada anónima informó a las autoridades que habían encontrado el cuerpo del periodista, asesinado de un balazo en la cabeza. También fue torturado.

Guillermo Alcaraz Trejo. Camarógrafo de la CEDH de Chihuahua. El 11 de julio, en la capital Chihuahua, un comando lo ejecutó cuando se encontraba en el interior de su vehículo. Se había desempeñado inicialmente como camarógrafo en diversos medios de comunicación en esta ciudad y, luego, como editor de video. Al momento de ser asesinado, dirigía la edición de segmentos en video de la página de internet de la Comisión Estatal de Derechos Humanos de Chihuahua.

Luis Carlos Santiago. Fotógrafo del *Diario de Juárez*. El 16 Septiembre, en Ciudad Juárez, Chihuahua, fue asesinado por hombres armados que viajaban en dos vehículos. Luis Carlos viajaba en un auto prestado, propiedad de un amigo, hijo, a su vez, de Gustavo de la Rosa Hickerson, defensor de los derechos humanos en riesgo. Tras la ejecución de Santiago, el *Diario de Juárez* publicó una nota en primera plana, calificando a los cárteles de la droga en Ciudad Juárez como "autoridades de facto" de la ciudad, y solicitándoles que clarificaran y definieran los límites de lo que la prensa puede o no publicar, decidiendo, al mismo tiempo, suspender sus reportajes sobre el crimen organizado. Esta postura editorial tuvo repercusión nacional e internacional, dejando en claro el alto grado de indefensión en el que viven periodistas mexicanos en varios estados del país.

Ramón Ángeles Zalpa. Reportero del *Cambio de Michoacán*. Desapareció en abril en Paracho. Cubría el ataque de un grupo armado contra una familia indígena. Nada se sabe de Ramón.

Evaristo Ortega Zárate. Director del semanario *Espacio de Colipa*, Veracruz. Desapareció en abril en Xalapa. Envió a su familia mensajes de que había sido detenido por una patrulla policiaca. También era precandidato del PAN a la alcaldía de Colipa. Nunca fue localizado.

Rafael Armando Muro. Periodista del diario en línea *Chihuahua post.com*. Fue asesinado tras haber denunciado que un comando robó armamento en las propias oficinas de la policía estatal. Es un crimen no resuelto.

2011

Miguel Ángel López Velazco. Columnista del diario *Notiver* de Veracruz. Escribía bajo el seudónimo de "Milo Vela". Fue ejecutado en su casa con su esposa, Agustina Solana, y su hijo Misael, de 21 años y fotógrafo del mismo periódico. Su presunto asesino, según el gobierno veracruzano, es Juan Carlos Carranza Saavedra, *El Ñaca*, por quien ofrecen tres millones de pesos de recompensa.

Yolanda Ordaz de la Cruz. Reportera y columnista del diario *Notiver* de Veracruz. Su cadáver fue encontrado en Boca del Río y junto a él, un mensaje escrito por los asesinos.

Humberto Millán. Director del diario en línea *A Discusión* y conductor de Radio Fórmula. Fue levantado en Culiacán, Sinaloa, en agosto. Su cuerpo fue encontrado afuera de la ciudad. Como la mayoría de los crímenes de periodistas mexicanos, el suyo continúa impune.

* * *

Desde el año 2000, alrededor de 72 periodistas han sido asesinados en México. Y el poder político también ha ordenado sus ejecuciones.

Como ocurrió con el columnista más importante y mejor informado en la historia del periodismo mexicano: Manuel Buendía. Él fue ejecutado en el centro de la ciudad de México, al salir de su oficina en la Zona Rosa, cuando se apagaba la tarde del 30 de mayo de 1984.

Buendía era autor de la columna "Red Privada" del diario *Excélsior*. Compañero en el periódico *La Prensa* y amigo cercano, el periodista Félix Fuentes, lo define así:

"Manuel era un periodista de muy elevada preparación, estricto en el manejo del lenguaje, enemigo de los calificativos y honrado a toda prueba. Yo era reportero de la fuente policiaca. Un día me dijo: «Usted más tardará en recibir un peso en la fuente policiaca, en que yo lo sepa, y cuando yo lo sepa, usted estará en la calle»."

A Buendía lo mandó matar su amigo —o supuesto amigo— y compadre, José Antonio Zorrilla Pérez, jefe de la policía política del país: la Dirección Federal de Seguridad (DFS). ¿El motivo? Buendía iba a publicar información relacionada con tratos y negociaciones que mantenían funcionarios del gobierno de Miguel de la Madrid (1982-1988) con líderes del narcotráfico mexicano, proporcionada al periodista por el propio Zorrilla. Buendía cometió el error de confiarle a Zorrilla lo que iba a escribir, y eso le costó la vida.

El entonces Secretario de Gobernación, Manuel Bartlett Díaz, supo que un agente de la DFS, José Luis Ochoa, *El Chocorrol*, iba a matar a Buendía. Ochoa disparó en tres ocasiones por la espalda a Buendía tras levantarle el faldón de su gabardina, apoyado por Rafael Moro Ávila que condujo la motocicleta en la que huyeron. Pocas semanas después del atentado mataron a Ochoa. Bartlett nada hizo por evitarlo; al contrario, lo avaló con su silencio. Imposible que Zorrilla actuara por su cuenta en el asesinato del columnista más importante del país. Bartlett, forzosamente, lo tenía que saber.

Podríamos suponer —solamente suponer— que el Presidente de la Madrid también habría estado enterado del crimen de Buendía.

Zorrilla Pérez sigue en la cárcel.

Moro Ávila ya salió de prisión.

A Manuel Buendía lo mató el poder priísta. Igual que a otro columnista: Héctor *El Gato* Félix Miranda, del semanario *Zeta*, dirigido por Jesús Blancornelas. Félix Miranda fue asesinado en abril de 1988 por Antonio Vera Palestina, escolta personal de Jorge Hank Rhon, hijo de uno de los emblemas del poder político y financiero del PRI y del Grupo Atlacomulco del Estado de México: el profesor Carlos Hank González, a quien solamente le faltó ser Presidente.

Hank Rhon fue alcalde priísta de Tijuana y siempre fue señalado como el autor intelectual de la ejecución del *Gato* Félix. Aunque jamás se le comprobó, ¿puede quedar por escrito o grabada la orden de alguien que manda matar a otra persona? Por supuesto que no.

Resulta descabellado suponer siquiera que Vera Palestina actuara "por la libre" y decidiera matar, por decisión propia y sin consultarlo con su jefe, a quien era considerado el columnista más influyente de Tijuana. Vera Palestina continúa preso.

A principios de junio de 2011, Hank Rhon fue detenido en su mansión del fraccionamiento Puerta de Hierro en Tijuana, Baja California, acusado de acopio de armas.

A Manuel Buendía y a Héctor *El Gato* Félix Miranda los mató el poder político. El poder del PRI.

* * *

La Comisión Nacional de Derechos Humanos (CNDH) informó que se ha elevado a 68 el número de periodistas asesinados en México. Hay también trece desaparecidos desde el año 2000.

Un reporte de la organización no gubernamental "The Freedom House" sostiene que México no tiene libertad de prensa. Los autores del documento califican la situación como "sorprendente y preocupante", ya que encontraron no sólo ataques, sino también autocensura y miedo a reportar en un país con una democracia sólida. Entretanto, la Organización de Estados Americanos (OEA) concluyó que México es el país más peligroso para ejercer el periodismo en América Latina.

Algunos editores de medios locales, principalmente en el norte, han optado por la autocensura debido al peligro que corren reporteros que cubren la fuente policiaca, del narcotráfico o de asuntos relacionados con el crimen organizado.

LA MUERTE DE SERGIO GÓMEZ

Sin ti yo no soy el mismo,
eres mi credo, pedazo del cielo,
abrázame fuerte,
mi trébol de buena suerte,
prefiero morir junto a ti, a no verte

"Más vale que no te presentes en Morelia", le advirtieron a Sergio Gómez, cantante, fundador y líder del popular grupo K-Paz de la Sierra, indiscutiblemente el grupo número uno en México y en Estados Unidos, que cuenta con discos de oro y de platino por sus ventas, las cuales se pueden contar por millones.

De origen duranguense pero formada en Michoacán tras la salida de algunos miembros de otra agrupación exitosa, Montez de Durango; fue en 2002 cuando se formó K-Paz de la Sierra. Su triunfo fue meteórico. En sólo dos años se consagró por sus altas ventas, por sus canciones —muchas de ellas *covers* de baladas tra-

dicionales, como "Volveré" o "Con olor a hierba"—, por el ca-
risma de su vocalista Gómez, y por ser el emblema del movimiento
musical denominado "pasito duranguense".

"Oy nomás…" y "échale K-Paz", solía decir Sergio Gómez
al inicio de sus canciones; como en "Mi credo", canción que se
volvió un fenómeno. Pegajosa, bailable. Obligada en antros y fiestas. Himno popular sin duda. Arrolladora, como el propio K-Paz
de la Sierra, escuchado en todas partes, en varios países. Estaban
en la cima. Nada parecía derrumbarlos.

Pero la madrugada del sábado 1 de diciembre de 2007, el destino se torció para Gómez y su grupo. Después de haberse presentado en un baile celebrado en el estacionamiento del Estadio
Morelos de Morelia, y a pesar de las amenazas de que no lo hiciera, Gómez y otros tres empresarios fueron interceptados. Sus
captores liberaron a todos, menos al cantante.

Durante las horas siguientes de ese sábado, nada se supo de
Sergio. Alrededor de las 3:00 de la madrugada del domingo 2, se
recibió un reporte policiaco: un cuerpo estaba en un tramo del
camino Torreón-Nuevo-Chiquimitío, del municipio de Morelia.
Era Sergio Gómez. Tenía huellas de tortura, quemados los geni-
tales, y estaba estrangulado. Fue reconocido por un tatuaje de
pantera negra con las garras hacia afuera que presumía en el brazo
izquierdo.

Hasta hoy, la pregunta es ¿quién mató a Sergio Gómez? ¿Por
qué? Información obtenida para elaborar este trabajo periodístico
y confirmada por *El Chango* Méndez tras ser capturado en junio
de 2011 por la Policía Federal, indica que Gómez —el vocalista de
K-Paz de la Sierra, el cantante que enamoraba con su voz— fue
asesinado por órdenes de uno de los líderes de "La Familia Michoacana": Nazario Moreno, *El Chayo.*

¿La razón? Sergio prestó su casa a uno de los rivales de "La
Familia": Nemesio Oseguera Ramos, *El Mencho,* líder del "Cártel
del Milenio", fundado por los hermanos Valencia, que opera en
Michoacán y Jalisco. La casa de Sergio Gómez fue utilizada por
pistoleros del *Mencho* para guardar armas. Pero, para desgracia de
Gómez, eso no fue todo.

De su casa salieron también los sicarios que mataron a Crescencio Moreno González, alias *El Chencho*. ¿Quién era este hombre? Nada menos que el hermano de Nazario Moreno González, alias *El Chayo* o *El Pastor*, una de las cabezas más poderosas de "La Familia Michoacana". El *Mencho* mandó matar al *Chencho*.

Las armas que acabaron con la vida de Crescencio salieron de la casa de Sergio Gómez, a quien el *Chayo* Moreno le hizo la advertencia: *más vale que no te presentes en Morelia*. Pero Sergio no hizo caso. Seguramente pensó: "¿Quién se va a atrever a atentar contra uno de los cantantes más famosos de México, el de moda, de los más queridos?"

Por eso, desafiando la advertencia, se presentó el sábado 1 de diciembre de 2007 en Morelia. La plaza prohibida para él. Ello le costó la vida. Lo mataron a la manera del narco: con violencia. Como al *Gallo de Oro*, Valentín Elizalde, ejecutado afuera del palenque de Reynosa, Tamaulipas, la madrugada del 26 de noviembre de 2006. Y como a tantos otros.

Crímenes sin castigo.

Otra vez: el abuso del poder. Del poder narco.

LA LEYENDA DE NAZARIO MORENO

El 10 de diciembre de 2010, el Secretario Técnico del Consejo de Seguridad Nacional (CSN) y Vocero gubernamental, Alejandro Poiré, dio a conocer públicamente:

"Diversos elementos de información obtenidos durante el operativo coinciden en señalar que el día de ayer (jueves 9 de diciembre), cayó abatido Nazario Moreno González."

El Chayo, El Pastor, El Doctor o *El Más Loco* —motes de Moreno González— es o era, para el Gobierno Federal uno de los jefes máximos de "La Familia Michoacana", con el *Chango* Méndez y Servando González, *La Tuta*, quien en los últimos meses se independizó de "La Familia" y constituyó el grupo criminal denominado "Los Caballeros Templarios".

Para el gobierno de Calderón, Moreno González estaba muerto. Pero aún dentro de la propia esfera de seguridad federal y estatal, había dudas sobre esta versión. El Procurador de Justicia de Michoacán, Jesús Montejano, aseguró que "mientras no tengamos los elementos para hacerlo, no lo podemos confirmar". Aún más, el propio Vocero de la Procuraduría General de la República (PGR), Ricardo Nájera, aseveró que "no hay evidencias" para confirmar la muerte de Moreno González.

Esta declaración provocó la furia de Los Pinos, desde donde le reclamaron, molestos, a la PGR. Sobre este asunto, me remito a mi columna titulada "Nazario está vivo" (*Excélsior*, 15 de febrero de 2011):

> Nazario Moreno González, *El Chayo*, *El Doctor* o *El Más Loco*, uno de los líderes de "La Familia Michoacana" y cuya muerte fue anunciada el pasado 10 de diciembre por el Gobierno federal, está vivo.
>
> Fuentes cercanas a la procuración de justicia nacional confirman que Moreno no falleció durante los sangrientos enfrentamientos registrados, durante tres días, en Apatzingán, Michoacán.
>
> En la supuesta muerte de *El Doctor*, hay una contradicción evidente: el vocero Poiré aseguró que en la batalla de Apatzingán, «durante la huída de los criminales, éstos han ido recogiendo a los heridos y, presumiblemente, a los fallecidos del propio grupo criminal».
>
> Esto se antoja imposible para las mismas fuentes ya que, ante el embate implacable de federales, soldados y marinos, y al calor de la batalla, resultaba muy difícil que los sicarios tuvieran el tiempo suficiente para regresar por sus heridos o muertos.
>
> ¿En qué se basó el Gobierno federal para confirmar la muerte de *El Más Loco*? El *Chayo* Moreno no murió en Apatzingán. ¿Dónde está?
>
> Aún más. En octubre de 2011, Mario Buenrostro Quiroz, abogado al servicio de "La Familia Michoacana", fue capturado. Parte de su declaración en video fue hecha pública, en ella reveló:

"A Nazario no lo mataron… Nazario es el jefe de Los Caballeros Templarios."

El Gobierno federal no desmintió lo publicado en *Excélsior*, ni lo dicho por Buenrostro. La leyenda de Nazario.

ADRIANA MORLETT

El 6 de septiembre de 2010, la brillante estudiante de la Facultad de Arquitectura de la UNAM, Adriana Morlett, de 21 años y 9.7 de promedio, desapareció cuando salía acompañada de su amigo Mauro Rodríguez, del Metro Ciudad Universitaria.

Tres meses después, restos humanos fueron hallados en la zona del Ajusco. En noviembre de 2011 se confirmó: pertenecían a Adriana Morlett.

—Sí, es mi hija… mi Adri —me dijo su padre, Javier Morlett, apagada la voz por el dolor que mata en vida, la mañana del domingo 27 de noviembre.

Durante la desaparición de su hija, Javier dio una pelea tenaz para localizarla y recuperarla. Confirmado el fallecimiento de Adriana, Javier Morlett ha prometido no descansar hasta que los asesinos de su amada hija sean detenidos y castigados.

Como periodista, podría ofrecer revelaciones o narrar cómo fue la desaparición de Adriana. Sin embargo, he pedido a Javier, el padre de Adriana que, de mano propia, cuente al lector lo que vivió, sufrió y ha enfrentado, a raíz del secuestro y muerte de su hija. Que hablen las víctimas indirectas de la violencia en México. Escribe Javier Morlett.

TODO EN ORDEN

Domingo 5 de septiembre de 2010. 14:00 hrs. Al fin estamos reunidos los cuatro: Adri, Javier, Adriana mi esposa y yo. Hacía varios días que no estábamos juntos. Adri y Javier viven el sueño de cualquier joven estudiante, están matriculados en la UNAM: Adri, de 21 años, estudia Arquitectura y Javier, de 18, Ingeniería Química. Ambos habitan un pequeño departamento adyacente a Ciudad Universitaria en la colonia Copilco, a unos pasos del acceso al campus universitario por la facultad de Medicina; comparten ese espacio con mi sobrina Anamari, quien estudia Actuación. Adriana madre vive en Chilpancingo, donde ocupa el cargo de Directora de Actividades Culturales en el Ayuntamiento de esa ciudad. A pesar de sus múltiples ocupaciones procura viajar los fines de semana a la ciudad de México para supervisar a sus hijos. Yo vivo en Acapulco, me dedico a la valuación de inmuebles y había decidido ir el sábado al D.F. para sostener una reunión con ex compañeros de la Universidad Iberoamericana donde estudié la licenciatura de Economía.

Después de comer en el departamento, aproximadamente a las 17:00 hrs, Adriana y yo nos despedimos de nuestros hijos, debíamos ir a la terminal de autobuses para trasladarnos a nuestros lugares de trabajo: Adriana a Chilpancingo y yo a Acapulco. Abordamos un taxi. Pocos metros recorrió cuando entra una llamada a mi celular. Era Adri, nos suplica que nos regresemos inmediatamente porque se siente muy mal. Así lo hacemos, en minutos estábamos con ella, la vemos muy rara, tiembla, llora y suda, parece ser un ataque de ansiedad inexplicable, como podemos la acostamos en su recámara, la abrazamos e intentamos aplicarle todo tipo de remedios caseros. La crisis de ansiedad dura aproximadamente 40 minutos, poco a poco se va tranquilizando, no logra explicarnos el origen de estos síntomas, pero por fin se siente confortada por mamá, papá y su hermano, abrazándola cariñosamente. Todo en orden.

Decido entonces irme a la terminal de autobuses para continuar mi viaje a Acapulco. Adriana decide quedarse. Instinto de madre.

Lunes 6 de septiembre. Adri, Javier y Adriana se levantan muy temprano, tenían clase ambos a las 7 de la mañana y su mamá quiso aprovechar su estancia con ellos para hacerles el desayuno. Adri había estado trabajando toda la noche en una tarea pero alcanzó a dormir una o dos horas. Ambos regresaron para comer al departamento, Javier se puso a estudiar y Adri prefirió tomar una siesta para reponer la desvelada de la noche anterior. Adriana, a las 17:00 horas, se despidió de sus hijos para regresar a Chilpancingo.

EMPIEZA EL DRAMA

A las 18:30 hrs, cuando mi esposa Adriana se disponía a abordar su autobús para Chilpancingo, le llega un mensaje a su celular del teléfono de Adri. El mensaje decía: "Arquitectura, Teoría y Diseño de Contexto. Enrique Yañez." Le llama inmediatamente para preguntarle acerca de ese extraño mensaje. Adri contesta y le dice que ese mensaje es para que quede grabado en su celular el título y autor de un libro que tomaría a préstamo de la biblioteca esa misma tarde. Era una respuesta satisfactoria para Adriana, así que se despidió de ella y abordó su autobús.

Poco antes de las 20:00 hrs de ese día recibí una llamada de Adri a mi nextel. Yo me encontraba en mi despacho en Acapulco. Ésta fue la conversación:

—¡Hola, mijita! ¿Cómo estás?

—¡Bien, papi! ¡Todo bien! La próxima semana es mi viaje de estudios a Chiapas, ya está todo listo, el profesor me pidió que le ayudara en las explicaciones, pues ya sabe que yo ya conozco las ruinas mayas. Necesito que me deposites dinero para terminar de pagar el viaje.

—Claro mijita, mañana te deposito lo restante.

—Sí, papá, espero tu llamada.

Fueron las útimas palabras que le escuché. Esa misma noche, llegando a mi casa, recordé que tenía que llamarle, le mandé una alerta a su nextel a las 20:37 pm. Ya no contestó.

A partir de entonces, tanto Adriana desde el autobús, como yo desde la casa, le llamamos repetidamente toda la noche sin tener respuesta. A las 23:00 horas sabíamos que algo grave estaba ocurriendo. Adriana y yo acordamos viajar inmediatamente a la ciudad

de México. Adriana encontró una salida de autobús desde Chilpancingo a las 04:00 am, yo desde Acapulco hasta las 07:00 hrs.

Adriana llegó a México a las 7 de la mañana, inmediatamente
se dirigió a Ciudad Universitaria, tenía la esperanza de que Adri se
hubiese quedado a dormir en casa de alguna amiga para estudiar
juntas y acudiría a sus clases temprano por la mañana.

Ya en la Facultad de Arquitectura, Adriana se dirigió al salón
de clases de Adri, no estaba y nadie sabía nada de ella. Se comunicó con Javier, quien ya estaba saliendo de su clase en la facultad
de Ingeniería Química. Se encontraron en la biblioteca central de
la UNAM, con la intención de preguntar si efectivamente Adri había estado ahí la noche anterior para sacar el libro. El responsable
de dar trámite al préstamo de libros le comprobó a Adriana y a
Javier que efectivamente, eso había sucedido. Nerviosa, Adriana
pidió orientación al personal de la biblioteca y ellos le aconsejaron
acudir a la CAPEA (Centro de Atención para Personas Extraviadas
y Ausentes), le dieron el domicilio y para allá se trasladó en taxi.

Adriana fue atendida y le aconsejaron levantar un "Acta de
Búsqueda", para difundir en áreas públicas la foto de Adri y dar
parte a las autoridades de la PJGDF de que mi hija se encontraba
desaparecida. Adriana les replicó que era necesario que la policía
la buscara, pero le contestaron que eso no se podía hacer, porque
para ello se necesitaba levantar una denuncia formal ante el ministerio público, pero que no era posible hacerlo ya que se necesitaban
72 horas de desaparición para que se pudiese levantar tal denuncia.

Adriana replicó:

—¿Qué está usted diciendo? ¿Debo esperar tres días para que
empiecen a buscarla?

—Sí —le contestaron—. Lo más probable es que su hija se
fue con su novio, siempre pasa eso, a los tres días regresan.

—Eso no puede ser —dijo Adriana—. Mi hija no tiene novio,
yo la conozco perfectamente, sé que no se fugó, mi hija fue secuestrada... ¡hagan algo por favor!

—No podemos, señora, lo sentimos, tranquilícese, ya verá que
en unos días regresa —fue la respuesta oficial.

Mi autobús llegó a la terminal de autobuses del D.F. a las
12:00 pm. Sin haber dormido, me trasladé al CAPEA para encon-

trarme con Adriana y Javier. Ellos me explicaron lo sucedido. No podía quedarme cruzado de brazos y esperar tres días, sabía que mi hija estaba en peligro y la autoridad responsable no iba a hacer nada. Regresamos a Ciudad Universitaria, pensé que podíamos pedir las grabaciones de las cámaras de seguridad de ahí, era posible saber lo que había pasado. Llegamos a CU a las 15:00 hrs, nadie nos atendía, todo mundo estaba comiendo; sin embargo, aprovechamos el tiempo para orientarnos sobre quién podría ayudarnos para recuperar las grabaciones del día anterior. Por fin, nos informaron que la Dirección General Jurídica de la UNAM era la oficina responsable de considerar nuestra petición. Fuimos atendidos hasta las 18:00 hrs por el Director General Jurídico. Atento ofreció darnos todas las facilidades y designó a dos subalternos para obtener inmediatamente los videos y que nos dieran orientación legal, yo le pedí que nos ayudara a presionar a las autoridades de la Procuraduría capitalina para que buscaran a Adri. Aceptó y le pidió a Alfredo Hernández, Subdirector de Asuntos Generales, nos acompañara en ese propósito.

Fuimos con Hernández a la Fiscalía de Coyoacán. El Fiscal nos atendió hasta las 20:00 hrs y nos dijo lo mismo que en CAPEA: "Deben esperar 72 horas." Intentamos explicarle de nuestra completa seguridad de que mi hija había sido objeto de un delito grave, pero nos contestó diciendo: "Todos dicen lo mismo… no se preocupen, señores Morlett, su hija va a regresar pronto, nuestra experiencia eso nos indica." Ante nuestra insistencia, aceptó de mala gana que se levantara la denuncia, pero nos advirtió que no esperaba frutos en el corto plazo "porque no tenemos nada, no hay elementos para iniciar la investigación". Yo pensé en mis adentros: "No me importa lo que diga este inepto insensible, yo me encargaré de pedirle a quien sea que la busquen, pero necesito la averiguación previa." Así que al fin, hasta las 21:00 hrs del día 7 de septiembre, Adriana y Javier presentaron su declaración en el ministerio público de la Fiscalía de Coyoacán, 24 horas después de desaparecida mi hija. Creí en ese momento que este hecho era un triunfo. Qué equivocado estaba.

Esa misma anoche, alrededor de las 23:00 horas, por fin estábamos en casa, pretendíamos cenar y dormir un poco. Adriana y yo no lo habíamos hecho en más de 24 horas, pero fue imposible. A pesar del cansancio, no pudimos dormir ni tomar alimento. Yo me pasé la noche en vela esperando que amaneciera para continuar la búsqueda, la noche pasaba lentamente y la angustia no disminuía.

Miércoles 8 de septiembre. Apenas amaneció, ya estaba listo para iniciar la jornada. Me había quedado de ver con Alfredo Hernández. Fuimos juntos a su oficina para hablar con la persona encargada de obtener dichos videos, nos informaron que una empresa particular se encargaría de ello —esa empresa le da mantenimiento al circuito cerrado de la UNAM—, y que sólo ellos podían obtener las grabaciones del día 6, que no me preocupara, que esa misma tarde seguramente las tendrían listas. Alfredo Hernández me sugirió recabar el registro de llamadas del celular de Adri. Excelente idea. Adri había recibido dos llamadas a las 19:25 y 19:28 pm del mismo número, pero nadie de la familia podía identificar a quién le pertenecía.

Regresamos a CU. ¡Oh, decepción! Aún no las tenían. Era evidente que la burocracia de la UNAM y la insensibilidad de algunos funcionarios estaban obstaculizando la localización de mi hija. Nos trasladamos a la Torre de Rectoría para ver al Abogado General de la UNAM.

Sin preámbulos ni cortesías le expuse la grave situación, específicamente le pedí que interviniera ante quien fuese necesario para obtener las grabaciones, sobre todo las de las cámaras de la biblioteca. Le dije que a la persona que estaba a cargo de obtener las grabaciones simple y llanamente le valía madres; también le solicité que aprovechando sus buenos oficios, nos consiguiera una cita con el Procurador de Justicia del D.F. Le dije que la Fiscalía de Coyoacán no estaba haciendo nada. ¡No la están buscando! Inmediatamente tomó el teléfono y habló con el Director General de la Biblioteca y con la persona que controla las cámaras de los espacios abiertos de CU. Después de colgar nos dijo: "Ya está, vayan a la biblioteca y al estadio de CU por las grabaciones, en unos minutos les llamo para confirmarles la cita con el Procurador."

Mientras nosotros (Adriana, Javier y yo) estábamos en CU tratando de conseguir las grabaciones, Anamari, en el departamento, hurgaba en la computadora de Adri. Encontró una conversación abierta en su Facebook, con alguien llamado Mauro Rodríguez, quien en ese momento se encontraba activo en Facebook. Anamari lo contactó y saludó, Mauro respondió sorprendido:

—¿Eres Anamari, la prima de Adri?

Anamari se sorprendió mucho, pues se dio cuenta de que Mauro le hablaba con familiaridad, como si ya se conociesen, de cualquier forma le contestó que sí, pero quería saber si sabía algo de Adriana.

Mauro contesto: "Sí, la vi en la Universidad ¿pasa algo?"

Anamari le dijo que no sabíamos nada de ella y si él podría decirnos dónde se había despedido de Adri.

La respuesta fue muy escueta: "La vi en la tarde, afuera de la biblioteca, nos despedimos y tomó un taxi." Y acto seguido se desconectó del Facebook.

A partir de nuestra visita con el Abogado General, las cosas cambiaron repentinamente. Mientras Anamari establecía esa comunicación con Mauro, nosotros ya estábamos en la biblioteca viendo las grabaciones del día 6 por la noche. Fue realmente impresionante ver a Adri en los pasillos de la biblioteca con sus *jeans* azules, sus tenis blancos recién comprados, su suéter rosa y su morralito floreado, comprobamos que hablaba por su celular mientras caminaba, vimos con claridad cuando a las 19:48 horas salía de la biblioteca con el libro prestado. Las lágrimas brotaron de los ojos de Adriana, yo temblaba; el momento fue sumamente emocionante, verla viva y feliz, haciendo exactamente lo que sabíamos que había hecho, que había ido a la biblioteca a extraer un libro y había hablado desde su celular con Mauro. Con mucha rapidez, la secretaria del Director General de la Biblioteca nos entregó una copia del video y nos trasladamos rápidamente al estadio universitario. En la parte alta de ese inmueble está el centro de operaciones de las cámaras de seguridad de todo el campus universitario. Después de permanecer por espacio de dos horas viendo diferentes videos comprendimos que nada sacaríamos de ahí. Resulta que la gran mayoría de las cámaras no sirven y las que están operando se encuentran colocadas en las partes altas de los edificios sin enfocar a las personas que deambulan por los patios y jardines, sólo se observan tomas panorámicas que no permiten identificar a nadie. Era inútil seguir ahí. Nos trasladamos rápidamente a la Fiscalía de Coyoacán, llevábamos el registro de llamadas del celular de Adri y la grabación de su estancia en la biblioteca, elementos suficientes para que la policía ministerial iniciara la búsqueda. En el camino recibí una llamada del abogado general de la UNAM: "Señor Morlett, su cita con el procurador Mancera está lista, lo esperan mañana jueves a las 17:00 hrs."

Llegamos a la Fiscalía de Coyoacán. Como de costumbre no estaba el Fiscal. Nos atendió su asistente. Recibieron las grabaciones y empezaron a analizarlas; pasaron una y dos horas y no hacían nada, otra hora y nada. Pregunté qué pasaba y me contestaron que no podían hacer nada, que siguiéramos esperando. Fue demasiado para mí, perdí el control y exploté contra la asistente del Fiscal, les reclame su ineptitud e insensibilidad: "¿Por qué no hacen nada? ¿Por qué no actúan? ¿Qué esperan? ¿Por qué no salen los policías a buscar en las bandas de secuestradores y pandillas de esa zona? ¿Esperan que aparezca mi hija muerta para empezar las investigaciones? ¿Qué pasaría si se tratase de la hija de alguien importante? ¿Dónde está el fiscal? ¿Qué no debe estar trabajando?"

Terminamos como a las 02:00 hrs. del jueves.

El jueves a las 07:00 hrs ya estaba despierto. Acordé con el licenciado Hernández que él investigaría en la UNAM los datos de este chico, Mauro, con quien mi hija se había visto la noche de su desaparición. Adriana, Javier y mi sobrino Ricardo irían a la Facultad de Arquitectura para preguntar si alguien sabía algo, yo me propuse ver al secretario de Seguridad Pública del D.F. para pedirle que su enorme ejército de policías preventivos dispersos por toda la capital buscara a mi hija.

A las 17:00 hrs de ese mismo jueves me presenté en la oficina del procurador Mancera. No estaba disponible, pero me atendió una de sus asistentes, dijo que hiciera de cuenta que el mismo Procurador me estaba atendiendo. Se sorprendió cuando yo le conteste que no le creía. "¿Por qué dice usted eso, señor Morlett? ¿Por qué no confía en mí?", me dijo. Le narré lo sucedido en la UNAM, cuando el Director General Jurídico nos había ofrecido todo el apoyo institucional y en realidad nos había conducido a la insensibilidad de la burocracia de esa Universidad. Creo que no esperaba mi respuesta porque no supo bien qué contestarme, me aseguró que ella informaría de nuestra plática al Procurador ese mismo día. Antes de salirme de su oficina, le extendí la mano, le pedí que me la tomara fuertemente y la miré fijamente a los ojos, le pregunté "¿Tiene usted hijos?" Tardó en contestarme pero me dijo que sí. Le pregunté con lágrimas en los ojos: "¿Si usted tuviera a su hija perdida desde hace cuatro días, sin que nadie haga algo, no haría lo mismo que yo?" Nuestras manos seguían entrelazadas y nuestras miradas fijas en los ojos de cada quien, noté que temblaba y que sus ojos se humedecían, me apretó más fuerte la mano y me dijo con decisión: "Deme la oportunidad de ayudarle, confíe en mí, definitivamente el procurador Mancera no puede recibirlo, pero yo le haré una cita con él." Y repitió: "¡Confíe en mí!"

Nos pidieron la computadora de Adri, y nos fuimos con la directora del CAPEA a su oficina, realmente no sé para qué. En el camino recibimos una llamada de la asistente de Mancera diciéndonos que, por órdenes del Procurador, el caso de Adri se había turnado a la Fiscalía Antisecuestros de la PGJDF, y que me esperaba al día siguiente el Fiscal Óscar Montes de Oca para iniciar las actuaciones.

En el departamento, Anamari encontró dos mensajes de Mauro en el Facebook de mi hija. En el primero, enviado el dia 6 de septiembre a las 21:00 hrs, Mauro le reclamaba: "Me cambiaste por unas pelis"; en el otro, Mauro comentaba en el muro del Facebook de Adri una foto que recientemente mi hija había colocado, en donde aparecía bajando a toda velocidad en una montaña rusa. Mauro comentó a la foto: "Te ves bien fea." Adriana y Anamari se concentraron en localizar a dos amigos que Adri había citado para ver películas, quizá ellos supieran algo.

El viernes a las 10:00 hrs nos trasladamos a las oficinas de la Fiscalía Antisecuestros (FAS). Ya nos esperaba el Fiscal. Le proporcionamos la información recabada por nosotros e inmediatamente procedió a investigar el asunto. Encontraron el domicilio de Mauro y ordenó a la policía ministerial que lo localizaran.

Por la noche, Anamari, siguiendo su trabajo en la computadora de Adri, recibió una petición de Mauro para conversar, le pedía a Anamari un número de teléfono para comunicarse con ella, mi sobrina le dio mi número celular y a los pocos segundos llamó. Contestó Anamari, Mauro quería saber si la familia de Adri había interpuesto alguna denuncia sobre su desaparición. Anamari le preguntaba sobre el paradero de mi hija, pero a este muchacho sólo le interesaba saber si lo estaba buscando la policía, y alcanzó a decir que le habían informado que algunas personas lo habían ido a buscar a la casa de su mamá y tenía miedo. Anamari le contestó que no sabía nada al respecto, pero que le pedía que nos ayudara a encontrar a Adri. Le pidió que nos viéramos para platicar, que nos dijera en dónde vivía para entrevistarnos, él no quiso dar más datos. Sólo nos dijo que "algo grueso estaba sucediendo y que sólo podía informarnos que había estado con Adri, que habían ido a su departamento y que de ahí Adri tomo un taxi". Y que era todo lo que sabía y colgó. Inmediatamente comunicamos esto al personal de la FAS, nos dijeron que no habían podido localizar a Mauro, pero que a través de un amigo de él estaban contactándolo telefónicamente; le querían decir que no había nada en su contra, sólo le pedían que se presentara como testigo para informar los detalles de ese encuentro con Adri. Mauro para entonces se había ocultado, dejó su departamento y nadie sabía dónde localizarlo. Fue por medio de su amigo que lo convencieron para comparecer, él asintió y propuso que el próximo domingo se presentaría a declarar. Nosotros nos preguntábamos: ¿por qué hasta el domingo? ¿Por qué no mañana mismo? ¿qué oculta este muchacho? ¿Por qué tiene miedo?

El domingo 11 me levanté temprano y fui a la FAS, quería estar presente durante la entrevista con Mauro. Estuvimos esperando por largo rato, pero llamó para informar que no acudiría ese día, que mejor se presentaría el lunes por la tarde.

El lunes 12 regresé a la FAS, insistía en estar presente cuando Mauro declarara, pero tampoco se presentó.

Fue hasta el martes 13 de septiembre que Mauro decidió presentarse a declarar, lo hizo acompañado de dos abogados que en todo momento no se le despegaban, insistían en estar presentes durante su declaración, pero el ministerio público no se los permitió en función de que Mauro se presentaba como testigo, no como presunto responsable. Su declaración fue muy escueta, le pidieron su teléfono celular y su computadora para revisarla, pero se negó; después le solicitaron hacer una inspección ocular en su departamento a lo que accedió. Cuando los agentes regresaron de la inspección ocular, Mauro fue dejado en libertad, yo me lo encontré cara a cara en el pasillo y aunque tenía ganas de ahorcarlo me contuve ya que iba acompañado de un agente para evitar cualquier altercado. Quise verme amistoso y le solicité que me dijera qué había pasado con mi hija, bajó la cabeza y sólo dijo: "No lo sé señor, ya le dije al ministerio público todo lo que sabía." Se dio la vuelta y se fue.

Ese mismo día decidí ver al Fiscal Montes de Oca, quería conocer esa declaración y la opinión del propio fiscal. Ahí por primera vez me enteré de la versión de Mauro, que dijo al ministerio público que efectivamente le había llamado dos veces, para simplemente saludarse afuera de la biblioteca, pero que caminaron por el patio exterior a la facultad de Derecho, pasaron por "las islas", salieron de CU por Medicina, pasaron frente al departamento de mi hija, dijo que Adri lo invitó a subir para ver películas con unos amigos, él se negó y siguieron caminando hasta la estación del metro Copilco, donde abordaron un vagón para bajarse en la siguiente estación; de ahí tomaron una pesera que los dejó a una cuadra del departamento de Mauro, en la colonia Aztecas. Según Mauro, estuvieron ahí sólo dos minutos, él dejó su mochila y acompañó a mi hija a la avenida Aztecas a sólo dos cuadras de su departamento, donde mi hija abordó un taxi porque le urgía llegar a su casa, pues había citado a dos amigos para ver películas. En resumen, eso dijo. No aportó información que ayudara a localizar a mi hija, su versión concluía en un taxi, versión por cierto que a todos nos parecía absurda, pero además molesta para nosotros porque Mauro no mostraba preocupación por la suerte de Adri. Estaba más bien preocupado por su bienestar.

El Fiscal Montes de Oca me dijo que no encontraron elementos para retener a Mauro y que su versión parecía consistente. Yo le pedí entonces que ordenara recuperar los videos del metro Copilco, metro Universidad y de la esquina de avenida Aztecas donde mi hija había tomado el taxi. No se esperó a pedirlo por medios oficiales, inmediatamente se comunicó con sus contactos en las oficinas del Metro y del centro operativo de las cámaras de seguridad de la ciudad. La respuesta fue inmediata: dichas grabaciones ya habían sido borradas, exactamente el día anterior.

Un acontecimiento importante sucedió el 18 de octubre, cuando nos enteramos de que policías ministeriales habían localizado el libro que mi hija había tomado a préstamo de la biblioteca. Alguien lo había regresado de manera clandestina y lo había colocado en el estante correspondiente. Inmediatamente nos trasladamos a la biblioteca para revisar el libro esperábamos encontrar ahí una clave o un mensaje de Adri pidiendo ayuda. Desafortunadamente, nos topamos otra vez con la burocracia de la UNAM. Personal del sindicato no sólo no permitió que viera el libro, sino que ante mis reclamos me corrieron de la biblioteca. Yo acepté salirme porque el licenciado Hernández me pidió que así lo hiciera para no complicar más las cosas, con la promesa de que él lo resolvería, pero ni él pudo. Me quedó claro que la fuerza del sindicato de la UNAM está por encima de la vida de sus estudiantes.

EMPIEZA LA DIFUSIÓN

Fue a principios de diciembre cuando en nuestra desesperación por la falta de avance en las investigaciones, decidí visitar a los jefes policiacos involucrados en la investigación. Les pedí un resumen de sus avances y todos coincidieron que no tenían nada. Analicé esta situación con el fiscal Óscar Montes de Oca y le propuse difundir en los medios el caso de mi hija, esperando con ello recibir información sobre su paradero. Don Óscar me dijo: "Haga lo que sea necesario señor Morlett, pero le advierto que una vez que esta información se difunda, recibirá un torrente de llamadas y mensajes, muchas de las cuales serán de mala fe, pero entre todos éstos, puede ser que llegue el mensaje esperado."

Llegando a mi casa inicié las llamadas a mis contactos para que me ayudaran a encontrarme con los medios de comunicación.

Una vez difundida la información del caso, en donde se hacía público nuestro teléfono particular, un *blog* y un correo electrónico, empezó otra etapa en la investigación consistente en seguir las pistas que la gente proporcionaba. Esta situación fue todavía más estresante, pues debíamos darle seguimiento a información falsa, otras de mala fe, muchas de extorsión, algunas amenazantes, pero gracias a Dios la mayoría fueron llamadas de solidaridad y apoyo.

Para febrero del 2011 teníamos un cúmulo de llamadas y mensajes que nos indicaban que Adri podría estar en cualquier parte de la República inclusive en el extranjero. Esta información se la presentamos al rector de la UNAM, José Narro, a quien le solicité que me ayudara a convencer a la PGR que atrajera el caso, ya que la investigación en manos de la FAS se había empantanado, y ellos mismos me decían que no contaban con facultades legales para realizar ciertas actuaciones.

Tras varias entrevistas, se tomó la determinación de que la SIEDO, a partir del mes de marzo, llevara oficialmente el asunto de la desaparición de Adri.

NUESTRO DOLOR

Nuestra vida cambió drásticamente desde el 6 de septiembre del 2010. Se terminó la vida común de cualquier ciudadano que lucha día a día por salir adelante. Se terminó también con la vida común de una familia que busca en su unión la fortaleza para el logro de su bienestar. Adriana, Javier y yo ya no somos los mismos, estamos partidos, desgarrados y con un vacío interior imposible de llenar. Vivimos cotidianamente con el dolor, la incertidumbre, la desesperación de no tener a Adri entre nuestros brazos, pero también con la esperanza de localizarla pronto.

Desde el primer día de su desaparición hasta ahora, el dolor no termina, a veces reflejado en forma de unas cuantas lágrimas, otras en forma de llanto, cualquier recuerdo de ella estremece el cuerpo, la mente no deja de hacer preguntas sin respuesta, comemos por necesidad y dormimos con ayuda de somníferos. La risa desapareció de nuestras caras; el silencio es el común denominador de nuestra convivencia, nuestras creencias religiosas están en duda o derrumbadas.

Javier dejó de asistir durante un mes a la Universidad, se concentró desde el primer momento en ser el soporte técnico y emocional de nuestra búsqueda; inteligente y callado, buscaba en nuestros rostros gestos de dolor o de ánimo para intervenir en lo conducente. No hacía preguntas, pero su mirada reflejaba la presión de querer ayudar y no saber cómo hacerlo. Gracias al apoyo de nuestro vecino Humberto Hinojosa, maestro de Ingeniería Química de la UNAM, lo convencimos de que regresara a sus estudios. Adri así lo hubiese deseado.

Adriana mi esposa se mantiene fuerte. Su sólida fe en la bondad de Dios no le permite aceptar los escenarios fatales, prefiere confiar en que al día siguiente Adri aparecerá sana y salva; sin embargo, yo que la conozco, sé que en su interior se alberga un profundo dolor, tan grande que teme perder la razón, permanece en cama por largo tiempo, es difícil levantarse diariamente y enfrentarse a la realidad, ha sufrido dos desmayos, trastornos digestivos y depresión profunda, no quiere alejarse del departamento y de su teléfono, segura de que en cualquier momento recibirá la llamada de Adri, diciéndole: "Mami estoy bien, ven por mí."

Yo soy un manojo de nervios, navego día a día, con información de vida y de muerte de mi hija, procuro llorar en privado, no quiero que mi hijo y Adriana me vean llorar, la estúpida cultura machista no me permite desahogarme como yo quisiera. Desde el 6 de septiembre sufro de comezón en todo el cuerpo, tengo llagas de tanto rascarme, mi cabeza está invadida por una nube gris que presiona mi cerebro y que no permite pensar con claridad ni concentrarme en los detalles. Mi voluntad, mi fuerza y mis recursos ya están debilitados, pero aún dispuestos hacia un solo objetivo: localizar a Adri lo más pronto posible. Todo lo demás es banal.

Los tres vivimos desde el 6 de septiembre en un departamento de 80 m², dormimos juntos, queremos estar en todo momento juntos, somos un familia "muégano", no salimos a ningún lado, nada de fiestas, paseos o cine, sólo la televisión es nuestro refugio para no pensar y, eventualmente, un restaurante los domingos es nuestra máxima distracción. Hemos padecido diversas enfermedades y malestares en soledad, existe un sentimiento de autoflagelación, expiación de culpas. ¡Qué se yo!

ELLOS, LOS PRIÍSTAS

Todo poder que no reconoce límites, crece, se eleva,
se dilata y por fin, se hunde por su propio peso.
Cormenin

Cuando Enrique Peña Nieto arrancó su gobierno en el Estado de México, recibió el consejo de visitar el mayor número de comunidades posibles. *Pueblear*, dirían los políticos de antaño. Hacer brecha y así estar cerca de los mexiquenses y de sus problemas.

—¿Y para qué? —respondió Peña Nieto. Si para eso está la televisión.

Y vaya que el ex gobernador mexiquense, si alguna cualidad tiene, es saber perfectamente de qué manera se debe invertir el dinero del erario público en aquellos políticos que aspiran a llegar a Los Pinos. En eso es experto.

Tan sólo durante su segundo año de gobierno (2007), el gobierno mexiquense gastó alrededor de 266 millones de pesos para promover la imagen, a través de la pantalla, de quien seguramente será el candidato del PRI a la presidencia de la República (revista *Etcétera*).

Aún más: Peña Nieto negoció con Televisa "una ambiciosa estrategia para proyectarse como futuro candidato presidencial del PRI en 2011, con miras a los comicios de 2012 por un monto anual de 742 millones de pesos" (Jenaro Villamil, *Si yo fuera Presidente*, p. 69). Se calcula que durante la primera mitad del gobierno de Peña Nieto, se destinaron más de mil millones de pesos en *spots* publicitarios en su favor ("Archivos del poder", *Excélsior*, 16 de septiembre de 2008).

¿Para qué hacer brecha, si hay televisión?… y también radio y prensa escrita.

ASTRON PUBLICIDAD, S. A. DE C. V.

Acueducto Río Hondo · 28 · PH 1   Col. Lomas Virreyes
Deleg. Miguel Hidalgo   México, D. F.   C. P. 11000
Tel.: 5250 · 9696
R. F. C. APU-980324-AA5

NOMBRE:	GOBIERNO DEL ESTADO DE MEXICO	FACTURA Nº 1216
DIRECCIÓN:	LERDO PONIENTE No. 300 COL. CENTRO C.P. 50000 TOLUCA, ESTADO DE MEXICO	MÉXICO, D. F.
R. F. C. CLIENTE:	GEM-850101-BJ3	ENERO 10, 2007

CANTIDAD	UNIDAD	C O N C E P T O	PRECIO U.	IMPORTE
		COMENTARIOS DE JOAQUIN LOPEZ-DORIGA TRANSMITIDOS DENTRO DE SU NOTICIERO "LOPEZ-DORIGA" Y EN EL NOTICIERO DE OSCAR MARIO BETETA.		$1,000,000.00

IMPORTE CON LETRA

(UN MILLON CIENTO CINCUENTA MIL PESOS 00/100 M.N.)

	SUBTOTAL	$1,000,000.00
	I.V.A.	$150,000.00
	TOTAL	$1,150,000.00

Política y medios. Buen negocio. La anterior es una factura pagada por el gobierno del Estado de México, promoviendo comentarios favorables al entonces gobernador Enrique Peña Nieto, en Radio Fórmula, en voz de Joaquín López-Dóriga.

* * *

Corrían los tiempos del esplendor salinista. Dinero. Bonanza. Bienestar. Gracias, señor Presidente.

María Elena Vázquez Nava había sido nombrada Secretaria de la Contraloría General de la Federación. Era la Fiscal del gobierno. Los ojos, oídos y la buena conciencia de una administración que entonces el mundo admiraba y que ponía al castigado México —después de las brutales crisis económicas de los ochenta de José López Portillo y Miguel de la Madrid— en el camino, según decía el capitán de la nave, "del primer mundo".

Hasta su escritorio llegó un archivo incómodo, riesgoso, pero bien sustentado con montos, lugares, fechas, personajes.

¿Mostrárselo al Presidente? Quizá.

¿Ocultárselo? Tal vez sería lo políticamente correcto. Guardarlo en la gaveta del olvido y que fuera parte del archivo enterrado de la corrupción priísta. Esconderlo bajo siete llaves y olvidar que algún día existió.

Sin embargo, Vázquez Nava conservaba una dosis de ética. Por eso pidió cita en Los Pinos. La recibió sonriente el presidente Carlos Salinas de Gortari. "Reformador de México", le agradaba escuchar que le dijeran, sobre todo, por parte de la prensa extranjera. Algo llamó su atención: un expediente grueso que la Secretaria llevaba bajo el brazo.

Salinas de Gortari comenzó a leerlo, y conforme recorría las líneas, el entrecejo se le volvió severo, inflada la vena de la ira. Hizo aquel peculiar gesto, frunció las comisuras de los labios en señal de que algo no le gustaba.

Frente a él tenía el expediente de su hermano Raúl, en el que se detallaban montos, fechas y operaciones de la extensa red de corrupción que, dentro de su gobierno, encabezaba y operaba quien públicamente sería conocido, con el tiempo, como "El hermano incómodo".

El Presidente recibió, en silencio, las pruebas de la corrupción de su hermano —hermano de sangre, hermano de aventuras—, tan comprometedoras como contundentes. Dio media vuelta y se marchó. No se despidió de la contralora.

Horas después, Vázquez Nava fue llamada a la oficina de Raúl Salinas. Al verla de frente sacó el mismo expediente que la contralora le había entregado al Presidente de la República, lo azotó sobre el escritorio y furioso le gritó:

—¡¡¡Qué es esto, hija de la chingada...!!!

Poco tiempo después, a Vázquez Nava le fue solicitada su renuncia. Y Raúl siguió haciendo negocios.

* * *

Son ellos, los priístas. Así son. Así serán. No cambian. Son los que amenazan con regresar a Los Pinos en 2012, con Peña Nieto, a los 46 años de edad, como ariete. Sin embargo, la juventud del mexiquense no es garantía ni sinónimo de que el viejo PRI haya muerto y que haya surgido un nuevo PRI durante los años que estuvo fuera del poder presidencial.

Muy al contrario. El PRI de Peña Nieto es el mismo que el de Salinas de Gortari. El PRI de Peña Nieto es el de Fidel Velázquez. El PRI de Peña Nieto es el mismo de siempre.

El PRI de las crisis económicas sexenales.

El PRI de la corrupción y el engaño.

El PRI de los crímenes políticos.

El PRI de la censura feroz a la prensa.

El PRI de la dictadura política implacable.

El PRI que reprimió y mató a estudiantes en 1968.

De ese PRI que hoy advierte con regresar. Si gana en 2012, a ver cuándo lo sacan otra vez de Los Pinos.

Son ellos, los priístas.

No cambian.

PEÑA NIETO

Es la esperanza del priato para volver al poder presidencial. Integrante de los llamados *Golden boys*, un grupo de jóvenes funcionarios mexiquenses que fueron los principales operadores políticos y financieros del gobierno de Arturo Montiel, quien después de haber perdido la candidatura presidencial del PRI en 2006 bajo acusaciones de enriquecimiento ilícito que involucraban directamente a sus hijos, y tras el abandono de su querida francesa, Maude Versini, se hundió en una profunda depresión.

"Por favor, vayan a ver a Arturo… no vaya a hacer una tontería", rogaba el padre de Montiel a los amigos cercanos al ex gobernador, arruinado, apestado.

Algunos acusan a Peña Nieto de haber abandonado a su ex jefe, mentor político y amigo Arturo Montiel. Nada más alejado de la realidad. Al arranque del gobierno de Peña Nieto, se formó una Fiscalía Especial para investigar la situación patrimonial de Montiel, tras integrarse la Averiguación Previa TOL/DR/I/1434 /2005 contra Montiel Rojas, por los delitos de peculado, enriquecimiento ilícito y tráfico de influencias.

Los Fiscales Armando Quirazco Hernández y Víctor Manuel Ávila Ceniceros determinaron, tras ocho meses de labor, que "no se encontraron elementos para ejercitar acción penal contra el ex funcionario".

"El ex Gobernador Arturo Montiel Rojas no incrementó su patrimonio antes y después del desempeño de su cargo", concluyó la fiscalía. Pero su informe es difícil de creer. Imposible validarlo. El enriquecimiento de Montiel es una bofetada insultante a la honestidad. De acuerdo con las denuncias e investigaciones respecto a casas, viviendas, terrenos y propiedades en general, atribuidas al ex gobernador del Estado de México, éstas se ubican no sólo en el Edomex. También en Jalisco y en París.

La casa de playa de la familia Montiel se localiza en Jalisco, cerca de una bahía y rodeada de palapas. Se le conoce como Costa Careyes. Se encuentra a tres horas y media de Colima y a dos horas de Puerto Vallarta. Sobre esta propiedad, Montiel aseguró: "Es un terreno que está ahí, en un lugar cercano a Careyes, se le compró a una empresa, debo decir que, lo que había ahí eran ruinas porque se estaba cayendo y ahí hay varias casas en esas condiciones. Y también se puede, desde luego, demostrar cómo se adquirió y está dentro de mi manifestación patrimonial."

Las propiedades de la familia Montiel abarcan también algunos terrenos localizados en Valle de Bravo, en el exclusivo fraccionamiento El Santuario, club náutico, deportivo e hípico, que cuenta con caballeriza, albercas y zonas recreativas.

¿También estos bienes eran "ruinas", como la casa de Careyes?

En Valle de Bravo, Maude Versini, segunda esposa de Montiel, adquirió tres terrenos por varios millones de pesos. De esto, Montiel comentó: "Este asunto es de mi esposa y está registrado en su manifestación patrimonial que tenemos obligación de hacer cada año. Yo no veo ningún problema que haya comprado tres terrenos."

Habrá que decirle al ex gobernador que el punto no es manifestar los bienes, sino explicar de dónde salió el dinero para adquirirlos.

El fraccionamiento Conjunto Residencial la Providencia, que se localiza en el municipio de Metepec, es un área de más de 14 mil metros cuadrados, que según acta notariada investigada por el Sistema de Administración Tributaria (SAT) y por la Secretaría de Hacienda, fue adquirido por Arturo Montiel Yáñez, hijo del ex Gobernador, en 21 millones de pesos. De ello, papá Montiel justificó: "Es un terreno que le compró mi hijo al señor Juan Salgado en Toluca, el monto de la operación fue por 21 millones, se han pagado 16… mi hijo debe todavía cuatro."

A unos kilómetros, dentro del mismo municipio de Metepec, se localizó otra propiedad vinculada presuntamente con Arturo Montiel. Está sobre la avenida Paseo de San Carlos, dentro del fraccionamiento San Carlos. Es una residencia con acabados de lujo y árboles podados con diferentes figuras.

En Toluca hay varias residencias que estarían relacionadas con la familia de Arturo Montiel. Una de ellas se halla en el número 151 de la calle Horacio Zúñiga. Es una casa de dos pisos. Cerca de este lugar, se localizó otra residencia más, en el número 109 de la calle Carmen Serdán.

Otro inmueble de Arturo Montiel está en París. Se trata de un lujoso departamento enclavado en el Bosque de Boulogne, de la capital francesa, de acuerdo con una investigación del diario *Reforma*.

Documentos del catastro galo en poder del diario demostraron que la pareja era dueña de un departamento en el Barrio 16, uno de los más exclusivos de la capital francesa, con un valor de mercado estimado en un millón 300 mil euros (alrededor de 20 millones de pesos a cotización actual). El inmueble pertenecía a la Sociedad Civil Inmobiliaria (SCI) Les Quatre Vents (Los Cuatro Vientos), que el matrimonio Montiel-Versini constituyó y registró en Francia el 2 julio de 2003, un año después de casarse.

Según el Registro Nacional de Comercio de Francia, Les Quatre Vents fue creada por Arturo Montiel Rojas, "que ejerce la profesión de Gobernador", y Maude Versini, "que ejerce la profesión de presidente del DIFEM" (como se define en el acta), "casados por el régimen mexicano de separación de bienes". La sociedad quedó inscrita con el número RCS 449138452, y MaudeVersini designada como su gerente. La propiedad se ubica en los linderos del Bosque de Boulogne, zona de lujo que alberga residencias de embajadas, así como de afamadas personalidades francesas e internacionales.

¿De dónde salieron decenas de millones de pesos para la adquisición de tantas propiedades de Arturo Montiel? Como gobernador percibía un sueldo promedio de 143 mil pesos mensuales. Simplemente es imposible, por muy ahorrativo que fuera, que juntara un capital multimillonario para comprar todos esos inmuebles. Tan sólo del Conjunto Residencial La Providencia y del departamento en París suman más de 40 millones de pesos. Por eso la "investigación" ordenada por el gobierno de Peña Nieto mediante los fiscales Quirazco Hernández y Ávila Ceniceros es una burla. Un engaño. Montiel jamás comprobó ni explicó cómo se hizo de tantos bienes durante su sexenio.

Esa respuesta, seguramente, jamás la dará ni Montiel ni Peña Nieto. Relación política que huele a encubrimiento, a complicidad. Como lo hizo Peña Nieto con el caso Paulette, y del cual hablaremos más adelante. Son ellos, los priístas.

***

"Es el verdadero *gober precioso*…", suele decir la directora de imagen de Peña Nieto, Margarita Neyra. Definir a Peña es describir a un dandi. Le gustan trajes hechos a la medida por sastre particular. Usa ropa interior Tommy Hilfiger. Loción Carolina Herrera. Reloj Victorinox Swiss Army. Le agrada París "porque lo conocí con mi esposa". Con la primera, Mónica Pretelini, muerta en circunstancias sospechosas, el 11 de enero de 2007.

Y decimos "sospechosas" por toda la información que rodeó su fallecimiento (y que sería ocioso mencionarlo en este capítulo). Mucho se ha escrito ya sobre el caso, aunque siempre quedará la duda respecto a las verdaderas circunstancias en que perdió la vida Mónica. Esa incertidumbre jamás desaparecerá.

¿Qué hay detrás de la figura casi robótica, inalterable y bien cuidada de Peña Nieto?

Basta un suceso para conocer un poco más sobre la personalidad política de, a quien muchos, desde ahora, ubican ya como próximo Presidente de México. En junio de 2008, durante una gira del presidente Felipe Calderón por el Estado de México, acompañado de Peña Nieto, un grupo de indígenas mazahuas que tenían ¡dos años sin agua! se acercaron a la comitiva presidencial para reclamar justicia. Pero no los dejaron llegar. Elementos del Estado Mayor presidencial y el cuerpo de seguridad del Gobernador Peña arremetieron contra los mazahuas. A golpes. A toletazos. Varios salieron lesionados. No se vaya a molestar el señor Gobernador. La agresión a los mazahuas fue evidente.

¿Qué hizo Peña Nieto? En lugar de regresar a hablar con ellos al término de la gira presidencial —a final de cuentas el problema persistía y era en territorio mexiquense— e intentar encontrar una solución, decidió irse lo más pronto posible de la región y, ya a buen resguardo, buscó a sus aliados preferidos: los micrófonos.

"No hubo ninguna trifulca, vimos a un grupo movido por uno de los diputados de esa zona, un diputado del PRD que se puso a azuzar gente…", narró a la reportera Ivonne Melgar en *Excélsior*.

Revisemos algo de conducta personal. De acuerdo con la lógica política de Peña Nieto, el simple hecho de que sea un diputado del

PRD quien encabece a los indígenas es motivo suficiente para aga-
rrarlos a golpes. Eso basta para no ser escuchados, y sí, en cambio,
para ser arrinconados. Para Peña, no hay reclamos sociales válidos,
tan sólo intentos de golpearlo políticamente. Si los mazahuas tenían
dos años sin agua, eso no debió ser motivo de protestas. Qué indios
tan delicados. El fondo —según las palabras del Gobernador— es que
fueron "azuzados" (azuzar: incitar a un animal para que embista,
según la RAE). Es decir, nuestros indígenas no tienen el intelecto
desarrollado para evaluar y decidir qué sí y qué no es motivo de protesta ante el abandono del poder. Sólo pueden ser manipulados.

Llama la atención que, durante su campaña política, Peña
Nieto buscó a los mismos mazahuas para tomarse la foto, apapa-
charlos y sonreírles a cambio de su voto en las elecciones del 2005.
Era campaña política, por supuesto. Y posiblemente en esa ocasión sí tenían agua.

Peña Nieto tiene rasgos del viejo PRI. Nada se ha moderni-
zado. En el ex Gobernador del Estado de México y candidato del
PRI a la Presidencia, se mezclan el autoritarismo de Carlos Hank
González, la demagogia de Emilio Chuayffet y la soberbia de Alfredo del Mazo. Todos ex Gobernadores del Edomex. Todos priístas. No cambian.

LAS MUERTAS DE PEÑA NIETO

En el libro *Los Suspirantes 2012*, coordinado por el periodista Jorge
Zepeda Patterson, en el capítulo "Enrique Peña Nieto, el Luis Miguel de la política", escrito por Ignacio Rodríguez Reyna y bajo el
subtítulo "Las mujeres, siempre", se lee:

> —Las mujeres. Las mujeres. Ése es el flanco débil —res-
> ponde Emilio Ulloa, ex diputado mexiquense por el PRD,
> hoy integrante de Convergencia.
>
> Y recuerda que en alguna ocasión, cuando ambos eran
> diputados locales, en un insólito acto de sinceridad, Peña
> Nieto se le acercó y le dijo que estaba desesperado. "Mi mu-
> jer me quiere acusar con el gobernador Montiel…"

Eso me dijo —recuerda Ulloa, a quien le extrañó la confidencia, pero la atribuyó a que en verdad estaba angustiado y creía hallarse ante una situación muy seria.

—¿De qué lo iba a acusar?

—Pues de que andaba de mujeriego...

Y sí, las mujeres siempre han sido un problema para Peña Nieto. De una u otra forma. Sus novias. Sus conquistas. Sus tragedias. Y sus muertas.

De acuerdo con el informe presentado por el Observatorio Ciudadano Nacional del Feminicidio (OCNF) y la Comisión Mexicana de Defensa y Promoción de los Derechos Humanos de las Mujeres (CMDPDHM), en el Estado de México 922 mujeres fueron asesinadas durante el gobierno de Peña Nieto (2005-2010). Esta cifra, dolorosa, vergonzante, coloca a la entidad en una escala superior inclusive a los crímenes femeninos en Ciudad Juárez, donde desde la década de los noventa hasta 2010, el número es menor a la mitad de lo registrado en el Edomex.

La prevalencia de feminicidios en el Estado de México fue de 3.8 por cada 100 mil mujeres entre enero de 2007 y julio de 2008, menor ciertamente a la que se observa en Chihuahua, aunque en términos absolutos ocupó el deshonroso primer lugar. Durante 2007 y 2008, de 289 asesinatos cometidos contra mujeres en el Edomex, 39 eran niñas, 44 fueron muertas por un familiar, 23 por crimen sexual, 57 victimadas por sus compañeros sentimentales, 10 eran prostitutas y 105 no se especificaron.

Con base en cifras de la Procuraduría General de Justicia del Estado de México (PGJEM), en los últimos seis años se duplicó el número de homicidios dolosos contra mujeres. En 2005 se registraron 97 crímenes; en 2010 aumentó a 200, es decir, creció en 106 por ciento en sólo un lustro.

La mitad de las muertes ocurrieron en los municipios de Ecatepec, Nezahualcóyotl, Tlalnepantla, Toluca, Chimalhuacán, Naucalpan, Tultitlán e Ixtapaluca. A la indiferencia del gobierno de Peña Nieto (anunció la formación de una "comisión" para investigar los feminicidios hasta que los reclamos le estallaron en las manos, con casi mil muertes registradas), se debe sumar la indolencia criminal de los ministerios públicos y de la PGJEM: nueve de cada diez homicidios dolosos de mujeres quedan impunes en el Estado de México.

Las cifras de la PGJEM revelan que sólo 15 por ciento de los homicidios dolosos de mujeres en el Edomex ha concluido con una sentencia condenatoria, y en el 56 por ciento de los casos se ignora la identidad del atacante, quedando en la impunidad. La indefensión para millones de mujeres mexiquenses es latente, permanente.

La confusión se deriva de que ante cualquier crítica que se le hace al gobernador Peña Nieto sobre los feminicidios en el Edomex, su respuesta es que el asunto no se debe "politizar" con la intención de minar sus posibilidades en la sucesión presidencial. Una respuesta al más clásico estilo del viejo PRI.

A pesar de las casi mil mujeres muertas, se desechó declarar a la entidad en "alerta de violencia de género". No se vaya a molestar el señor Gobernador. Las difuntitas pueden esperar.

Peña Nieto y su equipo se equivocan. O manipulan un conflicto grave. Detrás de lo que ellos llaman un "asunto politizado", está el recuerdo de cientos de mujeres asesinadas, el dolor de sus familias, de sus padres y sus madres; de huérfanos, de hombres de bien y de parientes que se tienen que morder los labios ante la indiferencia criminal de las autoridades y el desdén que mostró el ex gobernador Peña Nieto hacia la desgracia de familias mexiquenses.

"El Estado de México no es la entidad que registra la tasa más alta de *feminicidios* en el país, por lo que no había lugar para decretar una alerta de género, como exigen organizaciones civiles", declaró Peña Nieto, intentado justificar lo injustificable.

Pero lo que raya en la ofensa, en escupir a la memoria de las muertas y de sus deudos, es esa intención de Peña Nieto por convertir todo en un asunto político, ausente la sensibilidad, carente la humanidad hacia quienes sufren de la violencia de género en el Estado de México.

"Resulta sospechoso que se haga este tipo de señalamientos contra el Estado de México, justamente en el año en que se renovará la gubernatura, por lo que considero que existe un interés político detrás de ello", afirmó Peña Nieto.

Se vuelve a equivocar Peña Nieto. Las denuncias sobre feminicidios se presentaron desde el inicio de su gobierno —y antes inclusive; han sido permanentes y constantes. No son un asunto de coyuntura político-electoral. El problema es que no han sido atendidas. Por eso cree Peña que es nuevo el fenómeno.

Y mientras el entonces gobernador anunciaba la realización de "foros donde participen organizaciones de la sociedad civil, para ver qué pueden aportar", en Tenancingo, ubicado a 20 kilómetros de Toluca, se confirmaba el hallazgo de una mujer estrangulada y localizada en un terreno baldío ubicado en la calle Matamoros, en plena cabecera municipal. Ella tenía 30 años de edad y trabajaba como tesorera en una escuela primaria.

El 22 de septiembre de 2011, la prestigiada revista británica *The Economist*, acusó de mentiroso a Peña Nieto, quien apenas tenía siete días de haber dejado la gubernatura, y dos días después de anunciar públicamente su intención de buscar la candidatura presidencial del PRI. *The Economist* publicó, en su sitio web, que "el ex gobernador del Estado de México, Enrique Peña Nieto, habría manipulado las cifras de homicidios en su último Informe de Gobierno". El entonces precandidato del PRI a la presidencia mencionó, en la lectura de sus acciones de gobierno, el 5 de septiembre de 2011, que "uno de los logros más ilustrativo que hemos tenido es la reducción en la tasa de homicidios dolosos, por cada 100 000 habitantes, al pasar de 16.5 en 2005, a 7.6 en 2010. El resultado no es menor, considerando que en los últimos cinco años la respectiva tasa a nivel nacional subió de 10.6 a 21.9 homicidios por cada 100 000 habitantes". Sin embargo, el medio inglés sostiene que "la afirmación es absolutamente falsa". Peor aún, asegura que Peña Nieto mintió deliberadamente, pues manipuló las metodologías de medición para ocultar las verdaderas cifras. De acuerdo con *The Economist*.

Entre enero y julio de este año (2011), se registraron 837 asesinatos, 40% más de los 597 cometidos durante el mismo periodo de 2007, al comienzo del mandato del señor Peña. Incluso, teniendo en cuenta el crecimiento demográfico, esto significa que la tasa de homicidios en el Estado de México se incrementó considerablemente con el señor. ¿Continuará afirmando lo contrario?

Los números que aparecen en el Informe del señor Peña son en realidad las cifras oficiales, pero no hacen mención de una revisión estadística de 2007, que vio reducir a la mitad la tasa de asesinatos durante la noche. Se puede ver un desglose, mes por mes, en el sitio web del Sistema Nacional de Seguridad Pública (SNSP), un organismo federal. Si se compara diciembre de 2006 contra enero de 2007, cuando se introdujo la nueva metodología, se verá que el número de asesinatos en el Estado de México, por arte de magia, se redujo en 62% en el lapso de un mes.

Son ellos. Los priístas.

* * *

En las entrevistas de prensa que ha dado, Peña Nieto es extremadamente cuidadoso con sus palabras. Eso se entiende de él y de cualquier político del mundo. Pero en sus respuestas brinca el clásico y tradicional lenguaje evasivo y oculto de los priístas. Responder sin responder. Contestar sin contestar. Simbolismos de lenguaje. Frases hechas, lugares comunes.

Durante la entrevista concedida al periodista Jorge Ramos para el libro *Los presidenciables*, Peña fue cuestionado sobre los gastos de publicidad para promover su imagen.

—Cien millones de dólares ha sido el presupuesto para publicidad (en cinco años), le plantea Ramos a Peña Nieto.

—Ojalá fuera tanto. Es muy por debajo de lo que otros gobiernos dedican a eso. Somos la entidad más poblada del país con 15 millones de habitantes. Yo diría que somos quizá las únicas dos entidades (D.F. y Estado de México), donde la manera de llegar a esta población es valiéndose de los medios nacionales.

—Entonces, ¿cuál es la cifra (de gastos en publicidad)? Me refiero a todo lo que ha gastado hasta el momento.

—Ah, bueno, en todos los cinco años. Ojalá sumaras también todo lo que ha gastado el Gobierno Federal, el gobierno del D.F.

y los gobiernos de otras entidades. Resulta que a lo único que le prestan especial atención es a lo que el Estado de México gasta en difusión y comunicación de gobierno.

Peña Nieto eludió las preguntas. Jamás dijo cuánto se había gastado en publicidad. Respondió sin responder.

Uno de los pasivos del Gobernador mexiquense es, paradójicamente, su propio maestro en la política: el ex Gobernador Arturo Montiel. Es un tema que incomoda a Peña, que le irrita y, consecuentemente, que evade.

—¿Usted estaría dispuesto a meter a la cárcel al ex gobernador del Estado de México, Arturo Montiel?—, le cuestiona Ramos.

—Mira, he señalado que hay que aplicar la ley, y que él y cualquier otro mexicano tiene derecho a su defensa. Incluso dimos toda la información a la PGR.

—En su opinión, ¿fue Arturo Montiel un gobernador corrupto?

—Yo creo que hay una percepción sobre él en este sentido. Pero a final de cuentas ha tenido el derecho a su defensa. No me corresponde en lo personal hacer un juicio sobre él.

Peña Nieto volvió a darle vuelta a la pregunta. Con su doblez de lenguaje protege al multimillonario gobernador. Contestó sin contestar.

Es el lenguaje priísta. El decirlo sin decirlo. Vamos, hasta una pregunta tan sencilla como por qué no tenía entonces Twitter fue evadida por Peña Nieto (se dio de alta hasta octubre de 2011).

—¿Por qué teniendo su edad (44 años) no tiene Twitter?

—La tienen todos mis hijos.

Ramos no le preguntó a Peña por el Twitter de sus hijos, sino por el propio.

EL CASO PAULETTE

Después de meses de indagaciones periodísticas y de consultas confidenciales sobre un caso que se intenta sepultar de manera dolosa, se puede establecer una hipótesis: el entonces Gobernador del Estado de México hasta el 15 de septiembre de 2011, Enrique Peña Nieto, solapó —con su silencio— la actuación oscura y sospechosa de la PGJEM y, en consecuencia, la desaparición y muerte de la niña Paulette Gebara Farah.

Peña Nieto tuvo conocimiento de que los padres de Paulette —Mauricio Gebara y Lisette Farah— siempre supieron dónde estaba su hija, de cuatro años de edad; que la denuncia por presunto secuestro de la menor había sido una farsa, y que todo estuvo planeado por Mauricio. El gobernador fue enterado de esta situación, y jamás ordenó resolver el caso, investigando a los culpables confesos: los padres de Po, como le decían a la pequeña.

Guardó silencio. ¿Por qué?

¿Por qué Peña Nieto no dio la orden de llegar al fondo, investigando a los padres y revelando la verdad sobre el caso Paulette, uno de los casos más mediáticos, indignantes y sucios de las últimas décadas en México?

En mi libro *Paulette. Lo que no se dijo*, dejo claro que los padres de Paulette reconocen saber dónde está su hija y así lo declaran de manera oficial, no informal. Sus declaraciones están asentadas en la Averiguación Previa AM/HUIX/III/286/2010, en la cual, Mauricio Gebara le dice al subcomandante Juan José Granjeno Olascuaga y al policía ministerial Ricardo Arturo Prida Galicia:

—Sí, yo sé dónde se encuentra Paulette, y solamente se los diré si me ayudan, de forma legal, para que yo no tenga ningún problema con la justicia… tengo el temor de irme a la cárcel… estoy desesperado…

Granjeno y Prida enmudecieron por un instante. El propio padre de Paulette sabía dónde estaba su hija, y no quería decirlo. No se sabía si viva o muerta. Poco le importaba a Mauricio que fuera su propia familia —pero no ellos, como padres—, la que había presentado la denuncia porque habían secuestrado a Paulette.

Las declaraciones de Lisette Farah borraban cualquier duda de que la desaparición de Paulette había sido planeada, premeditada.

—Yo sé dónde está Paulette… y también sé quiénes la desaparecieron… fue mi esposo Mauricio… él lo planeó todo…

Tras escuchar a Lisette, los agentes Granjeno y Prida Galicia volvieron con Mauricio, quien confesó:

—Como les dije, yo sé dónde está mi hija, y también están involucradas mi esposa y las nanas, Éricka y Martha…

Granjeno y Prida Galicia escucharon sorprendidos las confesiones de los padres de Paulette. (Durante el caso, Mauricio y Lisette lo declararon, al menos, en dos ocasiones; una a Granjeno y a Prida Galicia, y por primera vez a los agentes ministeriales José Luis Guerrero Sánchez y Roberto Carlos García Cedillo, de la Procuraduría General de Justicia del Estado de México.)

Las confesiones de Mauricio y de Lisette fueron conocidas por el Procurador de Justicia mexiquense, Alberto Bazbaz, así como por el Fiscal del caso, Alfredo Castillo, encargado directo de las investigaciones del caso Paulette y nombrado Procurador tras la vergonzante salida del cargo de Bazbaz. Y todo ello lo supo Peña Nieto. Pero nada se hizo. Se encubrió.

El resto de la historia es conocida. Bazbaz anunció que el cadáver de la niña estuvo durante nueve días al pie de la cama… y nadie se dio cuenta.

Hasta hoy, el ocultamiento de información sobre la desaparición de la niña Paulette Gebara Farah es una explicación que Peña Nieto le debe a los mexicanos quienes, como nunca, se movilizaron en redes sociales para difundir, con un alto tono de indignación, que una pequeña de apenas cuatro años de edad había sido secuestrada. Pero todo había sido una burla. Una engañifa del poder mexiquense.

—¿Cree que el caso de Paulette Farah (*sic*) pueda ser usado para denostarlo?, le preguntó el reportero de *Reforma* Hugo Corzo a Peña Nieto.

—Al estar frente a una gestión encuentras momentos sensibles, álgidos, difíciles, polémicos. El tema Paulette fue uno de ellos y donde la actuación del Gobierno del Estado fue apegada a derecho, aun reconociendo los errores cometidos en la investigación, que llevó a un resultado puntual, abierto, dada la visibilidad que tuvo el caso.

Se equivoca, nuevamente, Peña Nieto.

No fue un resultado "puntual, abierto", como dice. ¿Por qué encubrió entonces a Mauricio Gebara y a Lisette Farah, si habían declarado oficialmente que ellos sabían dónde estaba Paulette antes de ser encontrado su cadáver, y nada se hizo? ¿Por qué Peña no ordenó una investigación a fondo si conocía perfectamente las confesiones de Mauricio y de Lisette? ¿Y a qué errores de investigación se refiere?

Para Peña, la muerte de una niña de cuatro años es "un tema". Así. Nada más. Para millones es un agravio.

Y más: ¿por qué se encubrió directamente a Mauricio Gebara? ¿Qué representa este hombre para el poder mexiquense? Para algunos periodistas, lo que realmente sucedió con Paulette no es, ni por mucho, un caso cerrado.

Son ellos. Los priístas.

LUVIANOS. TEJUPILCO. LA MARQUESA

¿En qué se parecen los poblados de Luvianos y de Tejupilco, enclavados al sur del Estado de México? En que son territorios —como cientos más en el país— controlados por el crimen organizado. Son los pueblos que no aparecen en el mapa político de Peña Nieto.

De acuerdo con un reporte de inteligencia militar de 2008, los jefes de cada plaza son ex militares y ex integrantes de "Los Zetas": Albert González Peña y otro, a quien solamente se le conoce como *Edson*. Ellos manejan a las policías bajo dos armas poderosas: el dinero y el terror.

En la praxis, tanto Tejupilco como Luvianos se han convertido en "territorios autónomos" bajo el mandato de Albert y *Edson*, quienes al desertar del ejército se integraron a "Los Zetas" y, posteriormente, decidieron organizar su propia célula. Inicialmente, secuestraron y torturaron a dos soldados y luego los liberaron para enviar el mensaje de que podían desafiar a cualquier autoridad, incluida la militar.

Los jefes de estas plazas controlaban a las autoridades municipales. Tanto en Tejupilco como en Luvianos es costumbre observar camionetas de lujo con placas de Baja California, Sinaloa o Tamaulipas. Todos saben por qué llegan, a quiénes van a ver y qué van a negociar. Pero nadie abre la boca o reclama algo, porque en ello le va la vida.

Por la tentación del dinero o por miedo, muchos han accedido a formar parte de las filas del narco. Sobre estas poblaciones, ¿alguna vez ha dicho algo Peña Nieto?

Tejupilco y Luvianos no han existido para el virtual candidato presidencial del PRI para las elecciones en 2012. Como tampoco hubiera querido Peña Nieto que existiera el 12 de septiembre de 2008, cuando se descubrió la matanza en La Marquesa, zona de esparcimiento familiar muy cercana al Distrito Federal. ¿Por qué? Porque allí ocurrió una de las masacres colectivas más escalofriantes en la historia de la criminalidad en México. Un hombre, Raúl Villa Ortega, el *R*, al servicio del "Cártel del *Chapo* Guzmán" y siguiendo órdenes de *La Barbie*, ejecutó a veinticuatro personas a sangre fría, con un balazo en la nuca, el sello de la casa. Bastó una pistola tipo escuadra calibre 5.7.

—¡De rodillas, cabrones!, les ordenó el *R*. Y de rodillas los mató, uno por uno, en hilera, a mansalva. Para ello lo auxilió un policía, Antonio Ramírez Cervantes, comandante de la Policía Municipal en Huixquilucan.

Entonces, el Procurador de Justicia era Alberto Bazbaz, nombrado en marzo de 2008 por Peña Nieto, y recomendado para el cargo por uno de los colaboradores de mayor cercanía al gobernador: David Korenfeld, ex Presidente municipal de Huixquilucan y secretario de Agua y Obra Pública del gobierno mexiquense.

A Peña Nieto es frecuente verlo en los partidos de futbol de los Diablos Rojos del Toluca, rodeado por los ex Gobernadores mexiquenses, arropado por sus paisanos, adulado por políticos y empresarios. Allí se le ve con su chamarra roja, sonriente a la menor provocación, saludando a lo lejos. El señor Gobernador está presente.

Lástima que en las horas difíciles de La Marquesa, cuando era conocida una de las ejecuciones masivas más impactantes de los últimos años, Peña Nieto no apareciera. Fue tradición política en el Edomex: cuando había momentos en que la imagen del Gobernador estaba en riesgo, lo escondían. Hay Gobernador para la foto en casa, entre amigos, con los suyos, pero se esfuma a la hora de los sucesos graves, difíciles, de alto riesgo.

Gobernador de aparador.

Como ocurrió con los feminicidios.

Como ocurrió con el caso Paulette.

Como ocurrió en La Marquesa.

Nos remitimos a la columna "Archivos del poder" del 16 de septiembre de 2008, en *Excélsior*:

> Asustado, sin saber qué hacer, el bisoño Procurador de Justicia del Estado de México, Alberto Bazbaz, simbolizó la incapacidad para enfrentar la matanza múltiple en La Marquesa. El terror inmovilizó al gobierno de Enrique Peña Nieto, quien prefirió evadir responsabilidades mediante una actitud comodina y de silencio.
>
> A Peña Nieto sólo le alcanzó para, tibiamente, rechazar que el ajusticiamiento de 24 personas en la comunidad de Atlapulco, cerca de La Marquesa —tradicional zona de convivencia familiar convertida en unas horas en centro de exterminio—, tuviera un mensaje, para él y para su gobierno, de parte del crimen organizado.
>
> ¿Dónde está el Gobernador que quiere ser Presidente de México? Escondido, cuando a unos cuantos kilómetros de su oficina en Palacio de Gobierno, se descomponían los cuerpos de lo que constituye una de las masacres más numerosas e impactantes en la historia del país. Nada menos. Y Peña optó por cerrar la puerta y enviar al matadero a su inexperto procurador. Primero la imagen, después la responsabilidad de gobierno. Las crónicas lo narran así:
>
> El procurador Bazbaz se puso nervioso, perdió la noción del tiempo y del espacio. No podía creer lo que estaba ante sus ojos.
>
> "Alguien que me diga dónde estamos, la ubicación exacta, por favor", pedía Bazbaz a su personal.
>
> Impotencia. Incompetencia. Inmovilidad. Todo eso reflejó Bazbaz ante la ejecución múltiple. Regresó asustado a Toluca y cometió un grave error: convocar a una conferencia

de prensa para el domingo pasado al mediodía con el fin de hablar de otro caso, y no de La Marquesa.

Cuando todos los medios creían que se iba a dar información sobre la ejecución múltiple, Bazbaz, ante el asombro de todos, informó sobre la detención de una célula de secuestradores que, si bien era importante, se convertía en asunto menor comparado con la ejecución de 24 personas.

Sólo ante la insistencia de los reporteros, un balbuceante procurador Bazbaz se limitó a decir que ya se había identificado a cinco ejecutados. Y nada más. No dio nombres. Prefirió, con su jefe Peña Nieto, irse a la cómoda: dejarle la matanza a la PGR.

Por cierto: el R fue liberado, en junio de 2010, a causa de un "error de procedimiento".

SALINAS: LAS PESADILLAS DEL REFORMADOR

Eran las últimas horas del gobierno de Carlos Salinas de Gortari. El abismo financiero a la vista, la debacle que se avecina.

—¿Cómo quiere ser recordado? ¿A qué aspira como ex presidente?, le pregunté al mandatario que se iba.

—Quiero caminar por las calles de Coyoacán y que la gente me salude y me reconozca…

Hoy, a diecisiete años de aquel anhelo, Salinas de Gortari no puede cumplir su sueño de andar por los queridos barrios de infancia coyoacanenses y ser reconocido. Más aún: es aborrecido, despreciado.

¿Por qué un estadista inteligente —sin duda— y brillante —demostrado— se convirtió en uno de los mexicanos más detestados y políticamente apestados cuando tenía todas las ventajas históricas para ser considerado como uno de los mejores presidentes de México?

La respuesta bien puede concentrarse en una sola frase: abuso del poder.

Abuso del poder de Carlos Salinas y del PRI al defraudar la elección presidencial de 1988. (El propio Salinas admitió parcialmente este escenario en una declaración hecha en octubre de 2010.)

Abuso del poder al negarse a amarrarle las manos —ya no digamos castigar— a su hermano, Raúl Salinas de Gortari, a pesar de las pruebas de corrupción presentadas por la contralora Vázquez Nava, como se narra al inicio de este capítulo.

Abuso del poder por su obsesión de no enmendar las distorsiones económicas que se presentaron al final de su sexenio, agravadas por los devastadores coletazos políticos tras los crímenes de Luis Donaldo Colosio y José Francisco Ruiz Massieu, y que, según sus propios colaboradores, Salinas no supo enfrentar ni corregir.

Abuso del poder —y agregaríamos enloquecimiento ante el poder— al realizar una disparatada y caricaturesca huelga de hambre en protesta por el encarcelamiento de su hermano Raúl, y por lo que Salinas llama todavía, de forma obcecada, "acción concertada desde el Estado mexicano, y una campaña de desinformación deliberadamente promovida desde el gobierno del presidente Zedillo".

Los mexicanos dejaron de creer en Salinas el reformador.

Abuso del poder. Eso acabó con los sueños de Carlos Salinas de Gortari.

1988

Veintidós años después de la elección presidencial que lo llevó a la Presidencia de la República, Carlos Salinas —tal vez impulsado por una carga moral, tal vez empujado por un *mea culpa*, tal vez agobiado por ese pecado histórico que no le permite levantar la mirada y ver de frente, solidario, a los mexicanos, o tal vez por una mezcla de todo ello— declaró por primera vez en su vida:

—Hubo una falta de aceptación en el resultado de esa elección (1988), por una parte muy respetable del electorado; se combinó con el descontento social, producto de una crisis financiera en el país a finales de 1987.

Pero resulta que esa "parte muy respetable del electorado" le daba el triunfo, en mayoría, al candidato del Frente Democrático Nacional (FDH), Cuauhtémoc Cárdenas Solórzano.

Hoy, millones aún se preguntan: ¿hubo fraude electoral el 6 de julio de 1988? Ante las evidencias disponibles, testimonios y revelaciones, como periodista no tengo duda: la respuesta es sí, Salinas de Gortari llegó a la presidencia mediante ese fraude, aquella verdadera y rotunda elección de Estado orquestada desde Los Pinos, rebotada en el PRI y triangulada por el equipo del candidato Salinas.

Sin duda, el libro más importante y definitorio sobre las elecciones de 1988, es *1988: el año que calló el sistema*, de la periodista Martha Anaya, aparecido a finales de 2008, en el que el ex presidente priísta Miguel de la Madrid Hurtado, lúcido y coherente, le explica detalle a detalle cómo se configuró el fraude electoral del 88. Aquí extractos:

MA: ¿Reitera a la fecha que usted ordenó no dar a conocer los resultados la noche del 6 de julio?

MMH: Sí, cuando yo supe que la votación venía muy contraria al PRI, pero que representaba sólo a ciertos estados, muy principalmente al Distrito Federal, Michoacán, Morelos, y que faltaba por conocer los resultados del resto de la República, yo autoricé que no se dieran a conocer esos resultados parciales...

MA: ¿Cómo se lo dijo a (Manuel) Bartlett (Secretario de Gobernación y Presidente en turno de la Comisión Federal Electoral, órgano gubernamental rector de las elecciones presidenciales), fue una orden?

MMH: No. Fue aceptar la sugerencia que él me hizo. Me dijo: "Viene tan mal la votación que si damos a conocer esos resultados, se va a afianzar la idea de que el PRI ya perdió; es mejor esperarse..."

MA: Esperar, ¿cuánto tiempo?

MMH: Yo estuve de acuerdo en que el PRI, a eso de las once de la noche, anunciara su triunfo, porque según las fuentes de información del PRI habíamos ganado...

MA: ¿La falla del PRI es atribuible a Jorge de la Vega?

MMH: Yo creo que falló más Salinas, debió haberle dado toda la autoridad a Jorge de la Vega.

MA: Se supone que (Patricio) Chirinos era el encargado de la elección.

MMH: Sí, pero no funcionó.

MA: ¿Usted se daba cuenta de eso durante la campaña de Salinas?

MMH: Sí, sí, le dije a Salinas que me preocupaba que no había coordinación; yo lo platiqué con él, pero él estaba muy confiado en que no iba a pasar nada serio.

MA: En su libro *Cambio de rumbo* usted cuenta que se reunió con su grupo de seguridad ante lo que ocurrió el 6 de julio. ¿Cómo fue esa reunión?

MMH: Fue con todo mi gabinete de seguridad: Gobernación, Defensa, Marina, las procuradurías. Les dije que había que hacer respetar los resultados.

MA: ¿Qué le dijo el Secretario de la Defensa, el general Juan Arévalo?

MMH: Arévalo siempre se mostró muy leal y muy disciplinado conmigo. Me dijo: "Lo apoyamos a usted, lo que sea necesario."

MA: ¿Estaba en riesgo la paz social?

MMH: Sí.

MA: ¿Qué signos le hacían pensar eso?

MMH. Los resultados de la votación.

MA: ¿Se hubiera atrevido a enfrentar al ejército con la gente?

MMH: En caso necesario, sí.

MA: En el mitin del Zócalo, la gente le pidió a Cárdenas que tomaran Palacio Nacional y él se rehusó. ¿Había orden de disparar y no dejar que tomaran Palacio?

MMH: Sí, di esa orden antes del mitin, el ejército estaba acuartelado y pendiente.

MA: ¿Llegó usted a enviarle ese mensaje a Cuauhtémoc previniéndolo?

MMH: No, pero él sabía que ya estaba decidido. Íbamos a defender el poder a como diera lugar.

MA: ¿Y había que destruir a Cuauhtémoc y a sus seguidores?

MMH: Sí, porque no representaban un beneficio para el país. Yo estoy convencido de que hice bien en no dejarlos llegar.

MA: Entonces, ¿fue una decisión de Estado?

MMH: Sí.

… íbamos a defender el poder a como diera lugar…. hice bien en no dejarlos llegar…. había orden de disparar… (ordené no dar a conocer los resultados) cuando supe que la votación venía muy contraria al PRI…

Un fraude electoral no consiste exclusivamente en robarse las urnas o en rellenarlas con votos ilegítimos, o en impedir el voto del contrario, o en manipular las cifras. Radica también en la actuación de los poderes establecidos: en las autoridades electorales, en los presidentes de casilla, en el Tribunal Federal Electoral, en los secretarios de Estado, y en el Presidente de la República.

En eso radicó también el fraude de 1988: en la intimidación del Presidente de la República, evitando abiertamente divulgar las tendencias de la votación, utilizando al ejército para disparar contra mexicanos en caso de que reclamaran el triunfo de Cárdenas al encaminarse hacia Palacio Nacional, en *defender el poder a como diera lugar*, y en la autojustificación histórica falaz, ofensiva: *hice bien en no dejarlos llegar*.

Miguel de la Madrid Hurtado fue el principal orquestador del fraude electoral de 1988, con Bartlett, Salinas y compañía. Dejemos a un lado las hipocresías y llamemos fraude al fraude.

Fraude, en la actuación del presidente en turno para esconder y manipular las tendencias de la votación.

Fraude, cuando se tardaron seis días para dar los resultados finales.

Fraude, cuando la mitad de las 54 mil casillas instaladas, según denunció el FDN y el PAN, no fueron contadas por la oposición.

Fraude, cuando en 1 762 casillas, hubo ¡100 por ciento de votos a favor del PRI!

¿Y realmente se cayó el sistema electoral en 1988?

"Fue una expresión pintoresca que se le ocurrió a alguien decirla", dice De la Madrid.

Lo real es que sí existió ese problema de cómputo electoral. En su libro, Martha Anaya relata:

Diego (Fernández de Cevallos) se enderezó, tomó el micrófono y soltó la frase que marcaría con hierro la elección de 1988:

—Se nos informa que se calló la computadora, afortunadamente no del verbo caerse, sino del verbo callar.

Manuel Bartlett se volvió hacia el secretario técnico (de la CFE), Fernando Elías Calles, quien confirmó:

—Efectivamente, el sistema se cayó —utilizando la idea del verbo caer, no callar, según entendimos los reporteros que nos encontrábamos ahí.

La frase de Calles se erigiría desde entonces como sinónimo de fraude electoral. ¿Qué hubo, en realidad, detrás de esa frase? Que alguien apagó, en verdad, el sistema de cómputo electoral.

—¿Cómo está eso de que se apagaron las máquinas? —preguntó Bartlett.

—Bueno, jefe (le responde Óscar Lassié, asesor del Secretario de Gobernación y responsable directo del sistema) pues mira, estábamos ahí, ¿no?, y entonces yo estoy monitoreando acá y de repente sube Rubén (Guerra Hasbún, Director General de Programación, Organización y Sistema de la Secretaría de Gobernación), y me dice: oye, licenciado, fíjate que ya estábamos empezando a soltar información, pero que se nos empiezan a meter al sistema, y cuando me dijo eso el operador de la máquina, pues no supe qué hacer y la apagué.

—¿Ya viste el desmadre que has producido?

—¡Yo no, jefe, yo no! Este cabrón se asustó, es lógico, es técnico.

La realidad es que, efectivamente, alguien (en este caso Guerra Hasbún), había desconectado el sistema de cómputo, aunque lo hizo no porque "se nos empiezan a meter al sistema", sino porque la votación registrada llegaba abrumadoramente a favor de Cuauhtémoc Cárdenas, y tuvieron miedo de dar esas primeras cifras alrededor de las 8 de la noche del 6 de julio, lo cual fue confirmado por el propio presidente De la Madrid.

El fraude del 88 estuvo en el 50 por ciento de casillas no contadas por la oposición; en las 1 762 con votación absoluta para el PRI y ningún sufragio para otro partido; en el retardo de los resultados electorales. Pero fundamentalmente, estuvo en la intervención del presidente Miguel de la Madrid, utilizando todo el poder del Estado, para manipular y dar tiempo a los operadores priístas para "enderezar" la votación y adjudicarle el triunfo a Carlos Salinas de Gortari.

En resumen, 1988 fue un ejemplo mayúsculo del abuso del poder en México. De ellos, los priístas.

1994

Luis Téllez Kuenzler fue uno de los economistas más cercanos a Carlos Salinas de Gortari. Hombre allegado a Los Pinos como Subsecretario de Agricultura durante el salinismo era mucho más que el cargo: conocía perfectamente las entrañas del manejo político-financiero del gobierno salinista. Sus fortalezas y debilidades. Sus avances y retrocesos.

Téllez, quien actualmente es presidente de la Comisión Nacional Bancaria y de Valores (CNBV), fue designado por Felipe Calderón como Secretario de Comunicaciones y Transportes de 2006 al 2009; siempre conoció de cerca a Salinas de Gortari, quien le dispensaba absoluta confianza no sólo en su trato personal, sino en su capacidad y conocimientos económicos en torno al manejo y el rumbo de las finanzas públicas.

Salinas de Gortari reconocía en Téllez Kuenzler a un economista preparado, eficaz y conocedor de los entretelones financieros del país. Por eso casi nadie duda de que lo dicho públicamente por Luis Téllez sobre el origen de la catástrofe económica de finales de 1994 se debió, fundamentalmente, a la irresponsabilidad financiera del gobierno saliente de Salinas de Gortari.

—El problema fue que al final del sexenio de Salinas se presentaba el vencimiento próximo de los tesobonos (documentos cobrables) por 50 mil millones de dólares, y Salinas no lo previno.

Las reservas apenas llegaban a 7 mil millones de dólares.

Téllez suele decir que Salinas dejó un país sobreendeudado, sin posibilidades financieras para cubrir esos pagarés. Allí radica el punto central del detonante de una de las crisis financieras más dolorosas —o tal vez la más dolorosa— que hayan vivido los mexicanos: alrededor de un millón de personas perdió casas, negocios, empresas o bienes, ante la debacle del imperio económico salinista y el sueño esfumado de convertir a México en un país de primer mundo. Lo demás fueron consecuencias.

El economista Jorge Calderón lo detalla de manera precisa en el estudio "La crisis mexicana: Neoliberalismo extremo en acción":

"A comienzos de 1994, para evitar la fuga de capitales —que finalmente se dio en proporciones dramáticas— el gobierno salinista, sin consultar al Poder Legislativo, creó los tesobonos, deuda a corto plazo indexada al dólar. Técnicamente equivalían a deuda externa. Al estallar la crisis, un porcentaje mayoritario se vencía en 1995 y eran impagables, dada la gigantesca reducción de las reservas internacionales."

María Eugenia Correa y Ricardo Calvo, investigadores de la Facultad de Economía de la UNAM, en el mismo análisis detallan:

"En 1995 se vencían 26 mil millones de dólares en tesobonos; 18 mil millones en certificados de depósito y líneas interbancarias de bancos privados mexicanos; 8 mil millones de papel privado; 6 mil millones en créditos bilaterales del gobierno. En suma: se trataba de vencimientos por 58 mil millones de dólares."

Allí está el gatillo que disparó la crisis del 94.

"Salinas dejó un país sobreendeudado, sin posibilidades de cubrir esos pagarés", asegura Téllez Kuenzler.

¿Hubo irresponsabilidad en el manejo de la crisis por parte del gobierno de Ernesto Zedillo? También, sin duda, aunque el daño mayor lo provocó Salinas y el vencimiento de los tesobonos y de otros instrumentos financieros. Si algo hubiera que reprocharle a Zedillo es su falta de control, paradójicamente, sobre el salinista Jaime Serra Puche, a quien nombró Secretario de Hacienda, y quien cometió la estupidez de entregar información confidencial a un grupo de empresarios mexicanos de que posiblemente venía una devaluación del peso ante el dólar. El resultado: fuga de capitales y reconversión de deudas de dólares a pesos.

Sin embargo, son más las herramientas de juicio que apuntan a que la irresponsabilidad histórica sobre la crisis financiera de 1994 se debió, principalmente, al manejo errado e imprudente del gobierno de Salinas.

En su libro, *México en la frontera del caos*, Andrés Oppenheimer relata:

> Zedillo había sido tan consciente de la bomba de tiempo financiera que estaba heredando que había pedido en repetidas veces al presidente Salinas, o bien devaluar la moneda o, al menos, empezar a hacer retiros del fondo de emergencia de mil millones de dólares que había ofrecido la administración Clinton.
>
> El sábado 20 de noviembre (1994), Zedillo convocó a una reunión urgente. La situación era grave, dijo. Más de mil 600 millones de dólares habían abandonado el país el viernes y era posible que el sangrado financiero se intensificara la semana siguiente. Salinas respondió: si ustedes creen que no hay más alternativa que devaluar, estoy dispuesto a devaluar… pero se echó para atrás horas después.
>
> Su secretario de Hacienda, Pedro Aspe, le había dicho que renunciaría si se seguía adelante con el plan de devaluación.

Pero había más. En febrero de 1994 (nueve meses antes de que concluyera la administración de Carlos Salinas), el subsecretario del Tesoro de Estados Unidos, Lawrence Summers, alertó que la dependencia de México respecto a inversiones extranjeras muy volátiles "sigue siendo un grave problema".

De hecho, las reservas externas de México se habían desplomado, de octubre a diciembre de 1994, de diecisiete mil millones de dólares a seis mil millones. ¿Por qué? Por una razón poderosa. Si bien la herencia salinista dejaba un fuerte sobreendeudamiento financiero, existía una mayor crisis que Salinas nunca enfrentó con eficacia: la descomposición política y el desorden social al final de su gobierno, que estaba haciendo pedazos la confianza hacia el país.

Y así lo confirma Téllez:

—Nada se hizo tras los acontecimientos del 94 (asesinatos de Colosio, Ruiz Massieu y levantamiento armado en Chiapas).

Entre los tesobonos salinistas, los crímenes políticos y la insurrección chiapaneca, el último tramo del sexenio de Salinas fue un desastre y, con ello, provocó una crisis devastadora contra millones de mexicanos y sus familias que, en unos cuantos días, perdieron prácticamente todo.

Así, crisis financiera y política llevaron a la ruina a México.

Pero Téllez no solamente puso la mano en la herida que más le duele a Salinas: su responsabilidad mayor en la crisis financiera de 1994-1996.

En febrero de 2009, la periodista Carmen Aristegui entrevistó a Diana Pando —amiga cercana a Luis Téllez— para su noticiero radiofónico en MVS, en el que presentó una grabación donde Téllez acusa: Salinas se robó la mitad de la cuenta secreta…

(Téllez se refería a la partida extraordinaria que, sin rendirle cuentas a nadie ni ser auditada por ningún poder u organismo público o legislativo, Salinas de Gortari manejó a su antojo durante su sexenio.)

Y más de Téllez para Salinas: "Tanto Carlos Salinas como su esposa, Ana Paula Gerard, al igual que el ex presidente López Portillo, creen que el país no les agradece lo que hicieron por México."

Días después, Téllez se retractó públicamente de sus acusaciones contra Salinas. "Nunca tuve ni he tenido evidencia alguna de acciones ilícitas del ex presidente Carlos Salinas de Gortari", señaló, aunque reconoció sí haberlo dicho "en una reunión informal entre amigos".

Sin embargo, en ningún momento Téllez ha desmentido que la responsabilidad de la crisis del 94 fue, efectivamente, por los tesobonos salinistas. Eso ha quedado imborrable, indeble no sólo en la historia, sino en la memoria de millones de mexicanos arruinados.

Acosado por la propia historia, en ruinas el castillo de sus sueños y apestado entre la mayoría de sus compatriotas, Salinas de Gortari se ha dedicado a defender su nombre, hoy difuminado en la memoria nacional como una mancha que lastima, que ofende.

Gabriel Zaid, uno de los analistas más prestigiados y respetados del país, escribió en el diario *Reforma* sobre el salinismo y la crisis de 1994, bajo una conclusión: Salinas era culpable, en mayor medida, de aquella catástrofe financiera.

Salinas intentó públicamente corregir a Zaid. Error.

La respuesta de Zaid al ex presidente en un artículo titulado "Ni lo ven ni lo oyen", en las páginas de *Reforma*, fue contundente e irrefutable. Aquí una parte:

> Desesperado porque le hagan un poquito de caso, Carlos Salinas de Gortari está en campaña de "Aquí 'toy". (No se olviden de mí, ahora que vamos a recuperar la presidencia. El PRI necesita intelectuales de peso.) Ha publicado dos libros de a kilo, como si el gramaje diera peso a los argumentos...
>
> El peligro fue señalado desde principios del sexenio salinista por Anne Krueger (*The Mexican program of trade and exchange rate reforms*, 1989), que llegó a ser la número dos del FMI, y en un trabajo posterior (*Nominal anchor exchange rate policies as a domestic distortion*, 1997) dice que lo más notable de la crisis de 1994 fue que no hubiera estallado antes.

Para fines del sexenio, el error de Salinas ya estaba en los libros de texto como un ejemplo de lo que no hay que hacer. En la sexta edición de *Macroeconomics*, Rudi Dornbusch y Stanley Fischer explican a los estudiantes cómo se produjo la crisis mexicana de 1982 y cómo en 1992 "muchos observadores estaban conscientes de lo destructivo que sería repetir el ciclo". Pero en México se argüía que el déficit reflejaba una fuerte inversión que generaría los ingresos necesarios para pagar los préstamos. "Según este esquema, en unos pocos años el déficit en cuenta corriente se reduciría, y mientras tanto era financiable sin mayores riesgos. Una bonita explicación, ¿por cuánto tiempo?" En la novena edición de este libro añaden: "Intencionalmente, hemos dejado lo anterior sin cambios, fuera de subrayar la frase «A good story, but for how long?» Según nuestras notas, fue escrita el 14 de octubre de 1992. La crisis de 1994 «era predecible y fue predicha» (*was both predictable and predicted*)."

Sebastián Edwards y Moisés Naím compilaron un libro sobre la crisis titulado *Mexico 1994: Anatomy of an emerging-market crash*. En él, son de especial interés las opiniones de Rudi Dornbusch (que trabajó como asesor en el equipo de Salinas), Robert L. Bartley (editor de *The Wall Street Journal* y amigo de Salinas) y Francisco Gil-Díaz (subsecretario de Salinas). Para Dornbush:

> La responsabilidad es totalmente (*squarely*) del ex presidente Carlos Salinas y su obsesiva preocupación por la inflación […] La depreciación cambiaria se mantuvo muy por debajo de la inflación; lo cual ayudaba a frenar la inflación, pero significaba una posición comercial cada vez menos competitiva […] En 1993, una devaluación era posible; y ciertamente el presidente Salinas consideró esa opción en la primavera de ese año (o al menos así lo dijo en privado) (páginas 125-140). [Pero se confió, y ya venían las elecciones de 1994.] Las reservas bajaron hasta niveles inmanejables, las deudas se dolarizaron, los vencimientos se acortaron. Había que seguir tocando la música para que nadie se diera cuenta del emperador que está desnudo. Naturalmente, todas las medidas que trataron de prolongar un año más una estrategia moribunda ayudan a entender la severidad de la crisis que siguió.

Para Bartley,

> La emisión de tesobonos resultó un error desastroso. Pagaban menos que los cetes pero estaban garantizados en dólares [para inspirar confianza]. Una gran cantidad de la deuda en cetes [pesos] fue desplazada por los tesobonos [dolarizados]. La deuda en tesobonos subió de 3.1 millones de dólares a fines de marzo a 29.2 antes de la devaluación de diciembre

[…] Al presidente Zedillo —hay que subrayarlo— le dieron una mano de naipes pésima (*was dealt an exceedingly bad hand*).

Para Francisco Gil-Díaz y Agustín Carstens, que en el sexenio de Zedillo fueron altos funcionarios del Banco de México:

> La banca fue privatizada a las carreras, y en muchos casos sin el debido respeto a los criterios de selección adecuada (*fit and proper*) de los nuevos accionistas y principales ejecutivos […] Se eliminó el encaje bancario [que dejó todo el crédito en manos de los nuevos banqueros sin experiencia, sin control de la banca central y con una extraordinaria cantidad de dinero para prestar equivocadamente] […] La capacidad de supervisar la banca era débil, y quedó rebasada por el crecido portafolio de los bancos […] México no tenía burós de crédito eficientes […] Hubo una expansión fenomenal del crédito dado por la banca de desarrollo […] Se permitió que los extranjeros compraran instrumentos domésticos de corto plazo [la entrada sin control de capitales golondrinos, que a la menor inquietud se van]. Se emitieron tesobonos a corto plazo en pesos indexados al dólar desde fines de 1991.

El informe de la comisión que cita Salinas no está centrado en Zedillo, sino en el desastre bancario. Argumenta Gabriel Zaíd en un artículo en *Reforma*: "Salinas prefiere no mencionar que los senadores lo acusan de haber privatizado la banca discrecionalmente, sin haber hecho una subasta pública." Y añade: "Y señalan que en noviembre de 1994, antes de que tomara posesión Zedillo, el saldo de tesobonos ya había subido a 16 110 millones de dólares, quintuplicando la cantidad de marzo."

Que juzgue el lector.

¿TU TAMBIÉN, MIGUEL?

Si lo dicho por Luis Téllez se convirtió en un escándalo, lo que el ex presidente Miguel de la Madrid le dijo a Carmen Aristegui para su libro *Transición*, y transmitido en su noticiero de radio en mayo de 2009, provocó la indignación de un país que durante setenta años de "dictadura perfecta" —como lo calificó el admirado Vargas Llosa— estuvo de rodillas ante los abusos, la corrupción, la impunidad y el encubrimiento muy al estilo del PRI.

En la entrevista —que coincidió con la aparición de un nuevo libro de Carlos Salinas, *Democracia republicana, ni Estado ni mercado*, con más de 900 páginas y que muy pronto, con su primer mamotreto *La década perdida*, estuvieron en los saldos literarios a mitad de precio por sus escasas ventas— De la Madrid confiesa:

—Me siento decepcionado, me equivoqué (con Salinas).

De la Madrid cumplía de esta manera el viejo adagio de la política mexicana: que el presidente saliente se arrepintiera de la decisión que tomó respecto a su sucesor, o que se diera un rompimiento entre ambos. Ocurrió con Lázaro Cárdenas y Plutarco Elías Calles. Con Gustavo Díaz Ordaz y Luis Echeverría. Con José López Portillo exiliando a Echeverría a las lejanas islas Fiji. El síndrome sexenal se repetía, inexorable, como hechizo del poder. Sí, todos priístas.

Pero De la Madrid fue más allá. Aseguró que Salinas "tuvo errores muy serios. El peor: la corrupción, y el hermano con sus negocios ilícitos. Permitió (Carlos Salinas) la gran corrupción por parte de su familia…"

—Entonces, ¿por qué lo nombró su sucesor?—, cuestiona Aristegui.

—Porque en aquel entonces no tenía elementos de juicio sobre la moralidad de los Salinas. Me di cuenta después de que es conveniente que los presidentes estén mejor informados de la moralidad de sus colaboradores…

Raúl Salinas también salió salpicado de las acusaciones de don Miguel.

—¿Desde cuándo Raúl Salinas tenía vínculos con el narcotráfico?—, preguntó Aristegui.

—Yo creo que, sobre todo, a partir del gobierno de su hermano. Raúl se comunicaba con narcotraficantes…el dinero que envió a Suiza pertenecía al crimen organizado…

La familia priísta se había fracturado. Los trapos sucios no se lavaron en casa.

Los conceptos de Miguel de la Madrid eran coherentes, bien articulados, sin lagunas gramaticales y, sí, con una lucidez innegable. Salinas, furioso por las palabras de la persona a quien le debía la presidencia de México por doble motivo —por nombrarlo candidato, primero, y luego por ser el operador político del fraude electoral de 1988— comenzó a operar a su manera: con perversidad, por detrás de la espalda, en la oscuridad.

Entonces, los priístas operaron a favor de Salinas y llegaron a una conclusión: declarar loco y senil a De la Madrid. Así de sencillo.

Con la colaboración de los hijos de De la Madrid y con Emilio Gamboa Patrón —ex secretario particular de éste—, como emisario salinista, se redactó una carta en la que Miguel de la Madrid asegura: "Actualmente me encuentro convaleciendo de un estado de salud que no me permite procesar adecuadamente diálogos o cuestionamientos... por lo que dejo en claro que después de haber escuchado la entrevista con la señora Aristegui, mis respuestas carecen de validez y exactitud."

La carta, antes de haber sido firmada por De la Madrid, fue dictada y revisada por el propio Carlos Salinas de Gortari. Esa noche, Salinas de Gortari distribuyó en todos los medios una misiva contra Carmen Aristegui, a quien acusó de "abusar de la confianza del ex Presidente, al exponerlo en su delicada circunstancia".

Pero Salinas fue más allá. De pronto se convirtió en psicoanalista del ex presidente, ya que refirió que según "familiares y amigos cercanos, desde hace varios meses, De la Madrid está somnoliento en las reuniones y casi no conversa con sus allegados. Al principio supusieron que se trataba de lo que se conoce como «senilidad prematura», cuyos síntomas principales son pérdida de la memoria y confusión, provocados por el envejecimiento de las funciones de un tejido específico, en este caso, partes del cerebro".

¿Qué tal el médico Carlos Salinas?

Otro priísta cercano a De la Madrid, Manuel Bartlett Díaz, vencido por Salinas en la carrera presidencial de 1988, declaró:

—¡Es un asesinato! Es un crimen. Ya mataron en vida a Miguel de la Madrid, ya lo declararon loco e idiota, pero lo quieren hacer aparecer como si fuera un suicidio. ¿En qué cabeza cabe esta truculencia?

Son ellos. Los priístas.

QUE HABLE SALINAS

En "Archivos del poder" de *Excélsiors* del 1 de octubre de 2009, bajo el título "¿De qué vive Salinas?", planteé:

> Salinas en Alaska. Salinas en España. Salinas en Londres. Salinas en Dublín. Salinas por todo el mundo.
> ¿De qué vive el ex presidente Carlos Salinas de Gortari? ¿De dónde saca cientos de miles de dólares para sus viajes, para costear su vida personal de magnate, pagar los caros colegios y doctorados de sus muchos hijos, trasladarse por el país, solventar propiedades en México, rentas en el extranjero y su vida millonaria? ¿De dónde salen los fondos de las cuentas bancarias de Salinas?

Mister Socialité, lo bautizó la revista de chismes *Quién* (edición 199), ante las constantes apariciones de Salinas en cualquier evento y a la menor provocación: en bodas, primeras comuniones, cafés, sepelios, visitas a estados con los entonces gobernadores priístas de Oaxaca y Veracruz, Ulises Ruiz y Fidel Herrera, respectivamente, o en simples tertulias públicas.

Cuando se le inquiere sobre el origen de sus cuantiosos gastos, o de temas escabrosos como el asesinato de Luis Donaldo Colosio, Salinas suele ofrecer frases ensayadas como respuestas. En la mayoría de las ocasiones, con sus excepciones, Carlos Salinas de Gortari tiene una fórmula con los medios: da entrevistas solamente a sus amigos periodistas, a aquellos que le son incondicionales o a los que, sabe, no lo van a cuestionar a fondo ni mucho menos a incomodar. También las concede a comunicadores que no lo critican y que, asesorado por sus colaboradores, sabe de antemano que su estilo no es inquirir, apretar o morder a personajes de su calaña.

El ex presidente tiene todavía varios pendientes históricos por los cuales responder, y evade hacerlo.

Como periodista, he solicitado entrevistarlo y, hasta hoy, se me ha negado esa oportunidad. Al menos en dos ocasiones hablé con Paulo Carreño —hijo de José Carreño, segundo jefe de prensa del sexenio salinista— para lograr la entrevista cuando Salinas ha estado en México. Nada. No ha habido respuesta. Salinas es, sin duda, hábil para responder, pero también es cobarde por no enfrentar entrevistas que lo cuestionen. En el fondo tiene miedo de ser exhibido. Es un hombre tan inteligente como frágil. Tan brillante como vulnerable.

En opinión estrictamente personal, la entrevista más completa que hasta hoy se le ha hecho a Salinas de Gortari, ha sido la del periodista Jorge Ramos, publicada en su libro *Los presidenciables*. En dicho trabajo, Ramos cuestiona y arrincona a Salinas sobre los temas que le duelen: el fraude electoral de 1988, la crisis del 94, el asesinato de Colosio, el origen de su fortuna. Con sus respuestas —cosa ya sabida, aunque siempre provocadora—, Salinas dibuja el rostro de sus pesadillas: el del ex presidente Ernesto Zedillo. A continuación cito algunos extractos de tal libro, entre paréntesis pongo algunas aclaraciones y mis propias valoraciones:

> —No me va a decir que no hubo fraude. Cuauhtémoc Cárdenas sigue diciendo que hubo fraude. Muchos mexicanos consideran que hubo fraude.
>
> —Bueno, bueno, ¿cómo no lo van a considerar si les han empujado la idea en estos años con la campaña de desinformación.
>
> —Cuauhtémoc Cárdenas iba arriba cuando se cae el sistema de computación que estaba contando los votos. Y cuando regresa el sistema, usted sale de ganador.
>
> —Ésa es la imagen que se formó. No se cayó el conteo de votos. Sí se cayó la computadora. Pues, ¿a quién se le ocurre una computadora que no tenía forma de operar?... yo lo invito a que visite usted el Archivo General de la Nación, lleve sus cámaras, filme allí las actas y vea cómo están firmadas. Y esas actas no se quemaron, Jorge, sólo unas cuantas boletas. Es la elección mejor documentada en el AGN.

Salinas y su faceta de comediante.

Sobre la crisis de 1994:

—... ¿el llamado error de diciembre fue culpa del gobierno del Presidente Ernesto Zedillo y no culpa de lo que usted dejó?

—Mire, no se trata de eludir responsabilidades que yo he reconocido, pero sí estoy diciendo con toda claridad que la responsabilidad del cataclismo económico del 95 es de la administración del presidente Zedillo.

—Muchos mexicanos sienten que usted nos engañó, que nos prometió un México que iba entrar al primer mundo... y lo que encontramos, después que usted se marchó, fue una terrible crisis económica. Luego nos enteramos de que su hermano Raúl fue acusado de corrupción y asesinato... usted nos mintió durante seis años...

—Qué bueno que utiliza usted esa palabra, porque efectivamente muchos mexicanos se sienten engañados.

—Por usted...

—Sin duda, claro que sí.

—Ni siquiera puede salir a la calle ahora...

—Cómo voy a salir a la calle si durante seis años, el gobierno del doctor Zedillo le ha dicho a los mexicanos: "Mira, tú que perdiste tu casa, fue por culpa del señor Salinas; tú que perdiste tu empleo, fue por culpa de lo que Salinas dejó." Y toda esta campaña de desinformación fue generada (por Zedillo) para encubrir su responsabilidad en la generación de la crisis.

Salinas pretende aparentar que fue un político que, sin recursos propagandísticos ni inteligencia ni recursos mediáticos, fue apabullado por la maligna maquinaria del poder zedillista. Miente. Si alguien tenía operadores, medios y recursos, ése era Salinas. Su desgracia la atribuye a la demoniaca campaña de desinformación en su contra. Dentro de su innegable inteligencia, ¿no habrá contemplado la posibilidad de que millones de mexicanos, en lugar de sucumbir, como autómatas, ante la propaganda, según él, en su contra, realmente se convencieron de que fue durante el salinismo cuando se incubó la crisis de 1994-1996?

Respecto al asesinato de Colosio, algo llama poderosamente la atención en la entrevista con Jorge Ramos: a dos preguntas directas, en ninguna de sus respuestas Salinas lo hace de manera frontal, clara o precisa. Donaldo —como le decían Salinas y sus amigos— está ahí, a la sombra de Salinas, recordándole su ejecución, rodeada de sospechas y dudas.

—Déjeme preguntárselo directamente: ¿usted mandó matar a Colosio?

—Luis Donaldo Colosio era mi amigo entrañable. Luis Donaldo Colosio y yo teníamos una relación de quince años durante la cual desarrollamos una afinidad política y una cercanía fundamental. Quienes afirman que Donaldo Colosio y yo tuvimos una diferencia no conocen los diálogos intensos, la relación directa y el trabajo político común que tuvimos a lo largo de quince años.

—Quiero volver a la pregunta: ¿usted no tuvo nada que ver con el asesinato de Colosio?

—Yo fui de los que más perdieron con la muerte de Colosio.

(Salinas evade, esquiva esa pregunta directa y quemante. Le hiere.)

Y más: es el propio Salinas quien le dice a Ramos: "Estaban preparando una acusación formal en mi contra en el caso de Luis Donaldo Colosio. A ese grado."

—¿O sea que el gobierno de Zedillo estaba a punto de acusarlo a usted por el asesinato de Colosio?

—Eso se me dijo a mí.

Y en relación a su fortuna personal, Ramos cuestiona a Salinas:

—¿Cómo puede un funcionario público ser multimillonario y vivir cinco años en Europa sin tener que trabajar?

—En primer lugar, seguí trabajando después de terminar la responsabilidad de la Presidencia de la República. Usted sabe que fui miembro del consejo de una empresa muy importante como es Dow Jones. Además, durante el ejercicio de mi responsabilidad formé mi patrimonio.

—Pero usted entiende: siempre ha sido funcionario público. Los salarios de los funcionarios públicos son muy bajos y usted es multimillonario.

—Quiero decirle una cosa, Jorge. Mi vida en el extranjero durante estos años fue en una casa rentada, viajaba yo en los medios comerciales normales y tenía una vida discreta. Sí, formé un patrimonio a lo largo de mi vida y el trabajo que he seguido desarrollando me permitió sostener la vida que he llevado fuera.

—Pero, entonces, ¿usted no es multimillonario?

—Usted lo que quiere que le diga es…

—Si tiene más de un millón de dólares o si tiene más de cien millones de dólares.

—Formé el patrimonio que me ha permitido tener una vida con mi familia, como le repito, en el exterior, en la casa que he rentado y utilizando medios comerciales de movimiento.

(Salinas en ningún momento aclara de dónde sale el dinero con el cual vive. Jamás ha dicho de qué se mantiene. Y tampoco refuta que sea multimillonario.)

—¿El Presidente Zedillo estuvo involucrado en una campaña para desprestigiarlo a usted?

—Bueno, usted me dirá: "Oiga, y dónde está la orden que firmó (Zedillo). Lo que hay aquí es una acción concertada del Estado."

Carlos Salinas reconoce no tener pruebas de que Zedillo ordenó esa campaña de desprestigio. Con esta respuesta, avala, en el subconsciente, los abusos que se cometieron durante su gobierno. ¿Por qué?

Utilizando sus propias palabras, bien podríamos decirle a Salinas de Gortari que no firmó, como Presidente, ninguna orden para disponer a su antojo de los cientos de millones de pesos de la partida secreta. Sin embargo, se los gastó.

O tampoco firmó una orden para transparentar los recursos obtenidos durante su gobierno. La opacidad marcó su administración.

En junio de 1997, el PAN en la Cámara de Diputados expuso la desaparición de siete mil millones de dólares, producto de la venta de empresas paraestatales y del proceso de privatización. Nada se investigó.

—Usted, en su sexenio, tuvo 854 millones de dólares de una partida secreta del presupuesto. ¿Cómo se gastó ese dinero? (punza Ramos).

—En todos los gobiernos, en todo el mundo, existen fondos confidenciales que se utilizan para tareas responsabilidad del Estado. En México están establecidos por la propia Constitución y reconocidos por el Congreso.

—Pero eso es motivo de abuso, porque usted se pudo gastar 854 millones de dólares como se le pegó la gana.

—Usted repite la cifra y yo lo entiendo…

—Es fuerte la cifra. Yo la repito pero usted se la gastó.

—Perdóneme, pero esos son gastos del Estado en tareas responsabilidad del Estado. Como en todo el mundo. Y en México vienen desde 1824.

Salinas responde sin responder, al estilo priísta. Salinas no ha aclarado, hasta hoy, a qué destinó los 854 millones de dólares de la partida secreta del gobierno, ni enfrentó públicamente la acusación sobre el manejo de los siete mil millones de dólares por la venta de empresas paraestatales. "Está comprobado que cada peso que se obtuvo de las privatizaciones se utilizó para pagar deuda pública", es su argumento. "Gastos del Estado", insiste Salinas. Sí, pero durante su gobierno, el Estado era él. El Estado era el Presidente omnipotente. El Estado era Carlos Salinas de Gortari.

A diecisiete años de haber dejado la presidencia, hoy por hoy, Carlos Salinas de Gortari no ha podido cumplir con su sueño: caminar por las calles de Coyoacán, su barrio en la adolescencia, y que la gente lo salude y lo reconozca. La mayoría lo detesta.

LOS MOREIRA

Humberto Moreira es un coahuilense folclórico, locuaz y bailador. A la menor provocación le pega bien y fuerte al baile, evocando sus años de juventud cuando perteneció al ballet de Amalia Hernández. Mueve las caderas, un brinquito por aquí y otro por acá, menea la cabecita, sí que sabe bailar. Y baila bien.

"Baila tan bien que así se llevó al baile a los coahuilenses", dice el destacado analista Juan Pardinas, director en jefe del Instituto Mexicano para la Competitividad (IMCO). Detrás de esta frase irónica, hay un tema de fondo: el desproporcionado y escandaloso endeudamiento que, como gobernador de Coahuila y cabeza del grupo político local, Moreira consolidó en la entidad.

En menos de seis años, la deuda de Coahuila pasó de 320 millones de pesos a... ¡33 mil 867 millones de pesos!

Moreira llegó a la gubernatura coahuilense el 1 de diciembre de 2005 y estuvo hasta enero de 2011; luego ocupó la presidencia nacional del PRI. A su paso dejó no sólo un estado endeudado de manera indiscriminada. Lo hizo de forma oscura, con presuntas falsificaciones que ya han sido denunciadas ante las autoridades estatales. Sin embargo, no nos hagamos ilusiones de justicia. Su hermano, Rubén, es el actual Gobernador y seguramente se encargará de encubrir cualquier delito.

No en balde Humberto Moreira declaró, en agosto de 2011, que antes de legislar sobre las reformas de Seguridad Nacional, Laboral y Política, el PRI exigía, primero, más recursos a los estados mediante la Ley de Coordinación Fiscal. "Antes, nada", amenazó.

Detrás de su advertencia, está una urgencia político-financiera: hacer llegar miles de millones de pesos a las arcas de su hermano Rubén, para cubrir parte de la estratosférica deuda contratada durante 2005-2011. De ahí la urgencia del dirigente nacional priísta para otorgar más dinero a los estados y a Coahuila.

¿Cómo logran los Gobernadores tapar sus abusos financieros gracias a las participaciones federales que les envían desde el centro, y borrar deudas irresponsables para evitar explicaciones legales? De manera sencilla y, a la vez, vergonzante: la primera gran franja de corrupción en el país es, precisamente, la falta de transparencia y de control de recursos en gobiernos estatales y municipales. Nadie los fiscaliza. Se gastan el dinero como quieren. Es la base piramidal de la impunidad presupuestaria. Es, a final de cuentas, abuso de poder.

Cuando señalamos "presuntas falsificaciones y fraudes", nos basamos en las denuncias hechas en Coahuila por parte de legisladores de oposición, encabezados por la diputada Esther Quintana, una de las pocas voces disidentes que se han atrevido a cuestionar el abuso de poder financiero en Coahuila.

Los casos que a continuación se presentan son presuntas irregularidades de hasta por tres mil millones de pesos. Para evitar interpretaciones en un asunto jurídico, ponemos a disposición parte de la denuncia original presentada por Quintana y legisladores del PAN, con nombres, fechas y montos, presentada ante el Agente Investigador del Fuero Común de la Fiscalía General del Estado de Coahuila, registrada el 30 de junio de 2011.

SE PRESENTA DENUNCIA DE HECHOS

C. AGENTE INVESTIGADOR DEL FUERO COMUN

DE LA FISCALIA GENERAL DEL ESTADO DE COAHUILA

P R E S E N T E.-

    MARIO ALBERTO DÁVILA DELGADO, RODRIGO RIVAS URBINA, ESTHER QUINTANA SALINAS, LOTH MOTA TIPÁ NATHAREN, JOSE MIGUEL BATARSE SILVA Y CARLOS ULISES ORTA CANALES , mexicano, mayor de edad, Diputado Local de la LVIII Legislatura del Congreso del Estado de Coahuila, en mi carácter de ciudadano y de integrante de la LVIII Legislatura del Congreso Libre Y Soberano de Coahuila de Zaragoza, designando como domicilio convencional para oír y recibir toda tipo de notificaciones el ubicado en Calle Manuel Acuña esquina con Boulevard Francisco Coss, plaza Julio Torri recinto Miguel Ramos Arizpe del H. Congreso del Estado de Coahuila, Zona Centro Saltillo, Coahuila, C.P. 25000 autorizando para que en mi nombre y representación la reciba el C. Lic. Luis Ernesto Ramos Gutiérrez, atenta y respetuosamente comparezco para exponer:

6

Con fundamento en lo dispuesto por el artículo 20 inciso C) fracciones I, II, IV; y primer párrafo del artículo 21 ambos de la Constitución Política de los Estados Unidos Mexicanos; artículo 115 fracciones V, VI y VII de la Constitución Política del Estado de Coahuila de Zaragoza, 35, 298 fracción II del Código de Procedimientos Penales de Coahuila, ocurro a presentar **DENUNCIA EN CONTRA DE QUIEN O QUIENES RESULTEN RESPONSABLES,** por hechos presuntamente delictivos cometidos en mi perjuicio, basándome para ello en los siguientes hechos y consideraciones de derecho:

HECHOS:

1.- Aproximadamente hace una semana, a la fracción parlamentaria del Partido Acción Nacional de la de la LVIII Legislatura del Congreso Libre y Soberano de Coahuila de Zaragoza, nos hicieron llegar una serie de documentos de manera anónima, documentos que en primer término no representaban nada, sin embargo al analizar los mismos, y después de realizar una serie de investigaciones y constatar ciertos datos, nos percatamos que los mismos pueden constituir una serie de delitos contemplados por el Código Penal del Estado de Coahuila.

2.- Es el caso, que mediante diversa documentación que los ciudadanos coahuilenses nos han hecho llegar, hemos constatado una serie de serias irregularidades que, una vez investigadas por los propios diputados locales del estado de Coahuila, relacionados con la altísima deuda pública contratada por el Gobierno del Estado de Coahuila.

3.- Es importante señalar, que la única forma en la que el gobierno del estado de Coahuila puede contratar deuda pública, por ley, es mediante la autorización vía decreto por parte del Congreso de Estado de Coahuila. Esto es, que solo mediante la autorización, discusión y aprobación de un decreto, es que el Gobierno del Estado (Ejecutivo) puede contratar u obligarse a contratar deuda pública.

Así las cosas, la deuda pública de corte plazo, esto es, que sea pagada en menos de seis meses, no tiene la obligación el Ejecutivo estatal de registrarla ante la Secretaría de Hacienda y Crédito Público, sin embargo, le deuda pública que sea pagadera en más de seis meses, y que además, tenga como garantía de pago las participaciones federales, por ley, esto es forzosamente debe registrarse ante la Unidad de Coordinación con Entidades Federativas dependiente de la citada Secretaría de Hacienda y Crédito Público.

4.- Es el caso, que mediante oficio no. SATEC/265/2011 de fecha 29 de marzo de 2011, el Secretario Ejecutivo del sistema de Administración Tributaria del estado de Coahuila, HECTOR JAVIER VILLARREAL HERNÁNDEZ, solicita en dicho oficio dirigido al titular de la Unidad de Coordinación con Entidades Federativas del la Secretaría de Hacienda y Crédito Público, el registro de un préstamo por la cantidad de $2,000,000,000.00 (DOS MIL MILLONES DE PESOS00/100 M.N.)

En dicho escrito, según el Secretario Técnico del SATEC, señala que dicho préstamo fue autorizado por el CONGRESO DEL ESTADO DE COAHUILA mediante DECRETO 476, publicado el mismo en el PERIODICO OFICIAL DEL GOBIERNO DEL ESTADO DE COAHUILA EL 14 DE OCTUBRE DE 2010.

Sin embargo, al investigar dicho decreto así como la fecha de la
supuesta publicación, nos topamos con lo siguiente:

En el Periódico Oficial del Estado fechado el 14 de octubre de 2010, NO
APARECE, NO SE PUBLICÓ, NO EXISTE, decreto 476.

De igual forma, el decreto de fecha 476, el que SÍ FUERA EMITIDO
POR EL CONGRESO DEL ESTADO DE COAHUILA, fue publicado el día 19
de Abril de 2011, como se acredita con el original del PERIODICO OFICIAL
DEL ESTADO DE FECHA 19 DE ABRIL DE 2011 NÚMERO 31, decreto 476
dentro del cual se designa al a C. Deyanira de la cruz Garcia como 4° regidor
del Ayuntamiento de General Cepeda, Coahuila, y no como falsamente, lo
señalo el C. HECTOR JAVIER VILLARREAL HERNANDEZ, pues dentro del
referido decreto, JAMAS SE AUTORIZO AL EJECUTIVO ESTATAL A
CONTRATAR DEUDA PÚBLICA POR LA CANTIDAD DE $2,000,000,000.00
(DOS MIL MILLONES DE PESOS, 00/100 M.N.)

Así las cosas, se evidencia que el secretario técnico del SATEC, falseo
información, falsifico el contenido de un decreto, así como la edición de un
Periódico Oficial del estado de Coahuila, ya que como se advierte, el decreto
476 que realmente autorizó el Congreso Local, y que realmente fuera publicado
en el Periódico Oficial de referencia, jamás, nunca en ninguna ocasión se
autorizo la contratación de crédito alguno, y mucho menos por tan altísima
cantidad.

Así las cosas, según el gobierno de Coahuila, se autorizó por parte del
Congreso Local mediante el decreto No. 476, publicado en el Diario Oficial del
estado el 19 de octubre 2010, un crédito por $2 mil millones de pesos, a un
plazo de hasta quince años.

Sin embargo, el decreto No. 476 supuestamente publicado el día 19 de
octubre de 2010, no fue realizado sino hasta el 8 de marzo de 2011, y dicho
decreto trata sobre la designación de un regidor en el municipio de General
Cepeda.

La publicación original del periódico oficial del estado de Coahuila del 14
de octubre de 2010, habla de un acuerdo de creación de la oficialía civil
número 40 en la ciudad de Saltillo, Coahuila, y no de ninguna autorización para
contratar deuda pública.

5.- De igual forma, según el ejecutivo de Coahuila, el 12 de julio de 2010
se publicó el decreto No. 318, supuestamente expedido por el congreso de
Coahuila, en el cual —reitero— supuestamente se autoriza a pedir un crédito
por $1,000 millones de pesos.

Lo anterior, en virtud del oficio sin número fechado el día 14 de marzo de
2011, signado de nueva cuenta por el C. HECTOR JAVIER VILLARREAL
HERNÁNDEZ en su carácter de SECRETARIO EJECUTIVO DEL SISTEMA
DE ADMINISTRACIÓN TRIBUTARIA DEL ESTADO DE COAHUILA, se solicita
el registro de deuda pública en base al decreto 318, decreto el cual, en base a
la propia manifestación del Secretario del SATEC, fuera publicado el día 12 de
julio de 2010.

Sin embargo, de nueva cuenta, se falseó, alteró, mintió y defraudó al
utilizar un decreto en el cual nunca se autorizó dicho crédito, ya que el decreto
No. 318 fue emitido con la finalidad de designar al Contralor Interno del Instituto
Electoral y de Participación Ciudadana de Coahuila, de fecha 27 de agosto de
2010, decreto que fuera publicado el día 12 de octubre de 2010 en la edición
número 82 del Periódico Oficial del Estado de Coahuila.

El 12 de julio de 2010, no hubo publicación del Diario Oficial. Esto, según lo ha constatado el propio Periódico Oficial de Coahuila, ya que en su página de Internet se acredita que no existe publicación. La publicación más próxima a ese día fue el 13 de julio de 2010, y en dicha publicación no aparece la supuesta autorización para endeudar de nueva cuenta a los coahuilenses, por mil millones de pesos.

El gobierno de Coahuila, al falsificar tanto decretos como periódicos oficiales, se ha agenciado en tan sólo estos dos préstamos, tres mil millones de pesos al otorgarse mediante la falsificación de decretos.

A efecto de acreditar los hechos narrados en la presente denuncia y con el fin de coadyuvar con esta Representación Social Federal, ofrezco de mi intención los documentos probatorios que se acompañan al presente, documentos con los cuales se acreditan la constitución, existencia, operaciones, propiedades y operaciones de la empresa aquí señaladas así como la participación directa de cada uno de los personajes señalados e identificados dentro del presente asunto.

Las anteriores conductas, pudieran encuadrar en los delitos tipificados en el Código Penal del Estado de Coahuila, en virtud que las conductas aquí denunciadas, encuadran perfectamente en los delitos de Fraude, Falsificación de Documentos, y Uso de Documentos Falsos, así como de igual forma, pudiera encuadrar en el delito de Simulación de Acto Jurídico.

Es parte de la denuncia. Ésta es, tan sólo, una muestra del abuso del poder en Coahuila. Abuso que tiene al estado en una situación financiera de crisis, jamás vista.

El 18 de agosto de 2011, la calificadora Standard & Poor's bajó el grado crediticio de Coahuila, ubicándolo en margen negativo.

Mientras, Humberto Moreira sigue bailando. Su hermano Rubén gobernando. Son ellos, los priístas. No cambian. Ni cambiarán.

CALDERÓN POR DENTRO

Cualquier poder que no se basa
en la unión, es débil.
La Fontaine

—En ocasiones me siento solo...—, ha comentado el Presidente Felipe Calderón en Los Pinos.

"El Presidente no tiene equipo... no le aguantan el ritmo", reconoce un integrante del gabinete presidencial.

* * *

Las caminatas del panista son largas, dubitativas, sobre todo en momentos en los que los conflictos parecen reventarle en las manos: la inseguridad, el narcotráfico, la economía, el desempleo, Estados Unidos. El poder.

La soledad del Presidente se acentuó tras la muerte de su más querido amigo, colaborador y confidente, Juan Camilo Mouriño, Secretario de Gobernación fallecido en un accidente aéreo en la Ciudad de México, el 4 de noviembre de 2008. El avión cayó justo cuando en Washington se confirmaba la victoria histórica en las elecciones presidenciales de Barack Obama. A partir de esa fecha, el panorama político del Gobierno Federal, del panismo, del país y del propio Calderón, cambió radicalmente.

"Ha sido el momento más difícil de mi gobierno", reconoce Calderón. En silencio añora al amigo ausente. Por su cercanía personal, por la afinidad política, por la confianza institucional, Calderón veía a Mouriño —con apenas 37 años de edad al fallecer— como un potencial candidato presidencial del PAN en 2012. Calderón lo perfilaba como su sucesor, aunque reconocía que haber nacido en España le hubiera complicado la misión a Juan Camilo. Sin embargo, ¿realmente hubiera tenido posibilidades Juan Camilo Mouriño de ganar la elección presidencial?

Cada año, al cumplirse un aniversario más de su fallecimiento, no pocos panistas hablan incesantemente del "legado de Mouriño". ¿Cuál legado? Hasta donde se recuerda, y revisando sus intervenciones políticas —tanto legislativas como partidistas y hasta burocráticas— como militante del PAN, no hay un discurso que haya cimbrado al panismo, o bien, algún mensaje brillante, pieza oratoria rescatable o doctrina enarbolada por Juan Camilo Mouriño que lleve de la mano y nos conduzca a lo que el panismo llama "el legado de Mouriño". Ese término es amorfo, vacío, de humo.

El "legado de Mouriño" más reconocido fue, como la historia lo registra, un legado cuestionado. En febrero de 2008, Andrés Manuel López Obrador denunció públicamente un presunto tráfico de influencias por la firma de contratos entre Petróleos Mexicanos (Pemex) y la empresa familiar de los Mouriño, Transportes Especializados Ivancar, justo cuando Juan Camilo era presidente de la Comisión de Energía de la Cámara de Diputados, y asesor del Secretario de Energía, Felipe Calderón.

Esa denuncia estremeció y perforó la línea de flotación del gobierno calderonista. Mouriño había sido fulminado por AMLO. Tan fue así que en su calidad de Secretario de Gobernación quedó descalificado para encabezar las negociaciones de la anhelada reforma energética. Su lugar fue ocupado por la ex profesora de Calderón, la oscura Georgina Kessel. La investigación legislativa sobre presunto tráfico de influencias fluía a cuentagotas en San Lázaro. El amigo del presidente era cuestionado en público y en privado. El tufo de la corrupción lo rodeaba.

—¿Es cierto que renunciará a la secretaría de Gobernación?—, le pregunté durante una comida a Juan Camilo Mouriño.

—Yo ya puse a consideración del presidente Calderón mi renuncia, y él lo decidirá.

Iván, como le decían sus amigos cercanos, incluido Felipe Calderón, estaba dispuesto a hacerse a un lado si su presencia en Gobernación entorpecía el trabajo político y los acuerdos del Gobierno. La realidad fue que López Obrador había neutralizado a Mouriño.

En todo caso, el "legado de Mouriño" fue ser investigado por posible tráfico de influencias. Abuso del poder.

En corto, Juan Camiño Mouriño era un personaje que escuchaba. Afable, de sonrisa fácil.

—¿Cómo ven a Andrés Manuel?—, preguntó a un grupo de periodistas.

Algunos —por mecánica mental— arremetieron contra el tabasqueño. Mouriño anotaba, asentía. "En política no hay derrota definitiva", le dije. Me miró y sonrió. Al final de la reunión me apartó del grupo tomándome del antebrazo. Hablamos. Le expliqué por qué le había dicho eso. "Vamos a tomarnos un café en la Secretaría. Ahí platicamos.", invitó. Acepté. "Te van a llamar."

Días después murió.

***

Felipe Calderón es un hombre que ha dado algunos bandazos con sus decisiones. Por dentro es influenciable, aunque famoso por su "mecha corta" o mal carácter. Maleable, como lo pudo comprobar, en dos ocasiones, un buen policía, José Luis Santiago Vasconcelos, quien tuvo la desgracia de ir también en el vuelo fatídico de Mouriño.

Cuando Calderón ganó la elección presidencial en 2006, llamó a Santiago Vasconcelos, cabeza de la Subprocuraduría de Investigación Especializada contra la Delincuencia Organizada (SIEDO) dependiente de la PGR, en la que laboraba desde 1993, para notificarle que sería el nuevo titular de la Procuraduría.

"Por fin voy a ser Procurador", comentaba José Luis a sus colaboradores más cercanos, pero Calderón le falló por primera vez. Algo ocurrió y la balanza presidencial se inclinó en favor de Eduardo Medina-Mora, un abogado ligado a los intereses de Televisa. En tanto, Santiago Vasconcelos fue nombrado Subprocurador Jurídico y de Asuntos Internacionales de la PGR. Era el arranque del segundo sexenio panista.

En octubre de 2008, Santiago Vasconcelos fue llamado a Los Pinos. Calderón le dijo, por segunda vez, que sería nombrado en breve nuevo Procurador General de la República. "Ha sido el sueño de toda mi vida y no lo voy a desaprovechar", decía eufórico.

Calderón le pidió inclusive que se reuniera con el secretario de Seguridad Pública, Genaro García Luna, para comenzar a coordinarse. Así lo hizo, a pesar de no tener una relación óptima con el jefe de la SSP Federal. Pero durante una reunión en la PGR, Medina-Mora le reclamó furioso a Vasconcelos que se anduviera promoviendo como futuro Procurador general. "Yo no me promuevo. Me lo ofreció el Presidente", fue la respuesta del Subprocurador. Sus colaboradores los dejaron solos. Quienes recuerdan el momento afirman que se escucharon gritos durante la discusión.

Medina-Mora pidió audiencia en Los Pinos, y ya ahí exigió que se le aclarara su posible relevo en la PGR. Después de una conversación privada en el despacho presidencial, Calderón se echó para atrás y decidió que Eduardo, con menor experiencia y capacidad policiaca que José Luis, continuara como titular en la PGR. Había cedido a la presión. Por segunda ocasión, Felipe Calderón le fallaba a José Luis Santiago Vasconcelos.

Era pública la animadversión que Medina-Mora le tenía a Vasconcelos. ¿La razón? El amplio reconocimiento que José Luis tenía tanto de la DEA como de otros organismos internacionales dedicados a la lucha contra el crimen organizado. Vasconcelos había sufrido también atentados contra su vida. Cuando los enviados estadounidenses visitaban México, al primero que buscaban era a Santiago Vasconcelos y relegaban a un segundo plano a Medina-Mora. De la animadversión, Medina-Mora pasó a la ruindad.

Cuando los familiares de Vasconcelos llegaron a recoger sus restos al Servicio Médico Forense capitalino, la PGR —ni a través de la oficina del Subprocurador fallecido, ni de la del Procurador o, como correspondía, de la Oficialía Mayor— jamás ordenó agilizar los trámites para la entrega del cuerpo mutilado del infortunado funcionario, con el fin de evitarle un sufrimiento mayor a la familia. Era cuestión de ética y hasta de piedad.

Aún más: el trato que recibieron fue tan denigrante que los restos del buen policía aún estaban dispersos en una de las planchas del forense. Se los llevaron en una bolsa de plástico.

* * *

Es famosa la "mecha corta" del político identificado con la canción "El Hijo Desobediente", de alguna manera su estandarte político y con el cual bautizó a su autobús de campaña. Ese carácter le ha traído desencuentros, inclusive, con sus amigos más cercanos y sus colaboradores.

Un momento del mal humor presidencial es retratado por el periodista Martín Espinoza, en su columna "Desde cabina" del periódico *Excélsior*, el 2 de diciembre de 2008:

> Sucedió en los primeros días de noviembre. La "gota que derramó el vaso" fue la ceremonia luctuosa del 6 de noviembre en el Campo Marte en el que se rindió homenaje póstumo de Estado a quienes fueran servidores públicos, caídos dos días antes en el accidente aéreo de las Lomas de Chapultepec: Juan Camilo Mouriño y José Luis Santiago Vasconcelos, entre otros.
>
> Minutos después del homenaje, el Presidente Calderón llamó a César Nava y le manifestó su disgusto por algunos detalles que "salieron mal" en esa ceremonia. Su secretario particular escuchó atento, con molestia evidente, el reclamo del jefe y ya "no aguantó más". Le pidió su cambio y manifestó su deseo de salir del círculo cercano presidencial, cuyos integrantes comenzaron aquella aventura —en mayo de 2004— con la precandidatura panista a la Presidencia de la República, cuando nadie o casi nadie daba "un peso" por Felipe Calderón.
>
> Había un acuerdo, tras la muerte de Santiago Vasconcelos, para que César Nava ocupara la Secretaría Técnica de la Instancia de Coordinación para la Implementación de las Reformas en materia de Seguridad Pública y Justicia Penal. De hecho, todavía hasta hace una semana había quienes lo

daban por hecho. Pero el acuerdo se "cayó" y Nava Vázquez recurrió a su partido para "darle un giro" a su carrera política e incorporarse al equipo que, encabezado por Germán Martínez, se encargará de "palomear" a los candidatos del PAN a diputados y senadores con miras a las elecciones federales del año próximo.

Todavía, hace unos días, el joven michoacano aseguraba que sería el Coordinador de las Reformas de Seguridad Pública y Justicia Penal. Pero de pronto apareció como Coordinador, sí, pero de la Comisión de Planeación Estratégica de la Campaña 2009 del blanquiazul. La razón: el enojo y la "ruptura" con el Presidente de la República...

Son los humores del presidente. Su "mecha corta".

EL EFECTO JAZZ

La crisis inmobiliaria de 2008 en Estados Unidos era algo que no estaba en la agenda del Presidente Calderón y, para ser justos, en ninguna de cualquier mandatario del mundo. El brutal quiebre de la economía más poderosa del orbe se desencadenó en tiempo récord, implacable, dándole un coletazo dramático al orden financiero mundial y, por supuesto, a México.

La crisis en Estados Unidos fue conocida como "el efecto jazz", superior aún a la depresión de 1929. De ese tamaño. Para la economía mexicana, como para todo el mundo, sin excepción, "el efecto jazz" fue inevitable y doloroso. Lo fue aún más por la inexperiencia y la falta de previsión de los novatos colaboradores del presidente Calderón en la Secretaría de Economía, y por el soslayo irresponsable del entonces secretario de Hacienda, Agustín Carstens, el hombre con experiencia y reconocimiento a nivel mundial —había sido Director Ejecutivo del Fondo Monetario Internacional (FMI)—, quien calificó de "catarrito" lo que pudiera ocurrirle a México ante la crisis que venía del Norte.

En Economía, Calderón nombró al arranque de su sexenio, como titular, a Eduardo Sojo, coordinador de Asesores de Políticas

Públicas del gobierno de Vicente Fox, un guanajuatense con escasa experiencia en el servicio público cuyo nombramiento fue interpretado como una "herencia" de Fox a Calderón. Intrascendente Sojo, funcionario de papel.

En agosto de 2008, un amigo de Calderón entró al relevo: Gerardo Ruiz Mateos. Si bien Sojo tenía escasa experiencia, el *brother* presidencial carecía de las credenciales necesarias para ocupar el cargo: antes de incorporarse al equipo de Calderón como coordinador de Finanzas, había sido ingeniero automotriz y apenas registraba año y medio de experiencia dentro del servicio público. "Revisaba y vendía chasises en empresas automotrices", comentaba. Ése era el nuevo Secretario de Economía.

Con excepción de Carstens, el sello del gobierno de Calderón fue rodearse de amigos en puestos clave: Mouriño en Gobernación, Ruiz Mateos en Economía, Ernesto Cordero en Desarrollo Social, Javier Lozano en la Secretaría del Trabajo, Guillermo Valdés en el Centro de Investigación y Seguridad Nacional (CISEN), cuando, durante la campaña del panista, se había encargado de las encuestas, un área que nada tenía que ver con la seguridad nacional. El amiguismo, de la mano de la improvisación y haciendo a un lado a profesionales de la economía y de la política, fue uno de los factores que caracterizaron al gobierno de Felipe Calderón.

Durante los días en los que la crisis inmobiliaria de EUA causaba pánico en todo el mundo, Ruiz Mateos parecía no entender —o tal vez no entendía— la gravedad del asunto:

Japón, la segunda economía más fuerte del globo, perdió en su bolsa nueve por ciento en un solo día. En Rusia, fue necesario suspender operaciones financieras. En Alemania, la canciller Ángela Merkel hacía esfuerzos desesperados por garantizar la estabilidad bancaria y bursátil de su país. La Unión Europea y los poderosos tigres asiáticos, Hong Kong, Singapur, Corea del Sur y Taiwán, esperaban ya "la bala que salió de Wall Street", como lo definió el presidente de Francia, Nicolas Sarkozy. En Nueva York, *The Wall Street Journal* alertaba en su cabeza principal: "Los mercados están en duda."

En México, Carstens decía que la emergencia financiera mundial apenas iba a ser un "catarrito". En la cima de la ignorancia o de la irresponsabilidad, Ruiz Mateos diagnosticaba: "Tomar medidas extraordinarias sería anticiparnos a algo que todavía no pasa…"

De eso se trataba precisamente, de anticiparnos a algo que —ahora sí lo sabía ya el mundo, menos Ruiz Mateos— inevitablemente iba a ocurrir: una crisis financiera internacional de dimensiones catastróficas. La situación era tan grave que el presidente del Banco Mundial (BM), Robert Zoellick, pronosticaba ya un nuevo orden mundial y le encargaba al ex presidente mexicano Ernesto Zedillo —quien enfrentó el desastre financiero heredado en 1994 por Carlos Salinas de Gortari— la nada fácil tarea de reformar al BM y lograr, entre otros puntos, ampliar a 14 al Grupo de los Siete (integrado por las naciones más industrializadas), incluyendo a México, Brasil, China, India, Rusia, Sudáfrica y Arabia Saudita, a fin de pulsar el tacto económico de los países en desarrollo, ante la crisis que ya estaba encima.

Todo el mundo se preparaba para la tormenta, mientras el confiado secretario de Hacienda mexicano y el atribulado titular de Economía parecían no hacerlo. Y por supuesto que ni Carstens ni Ruiz Mateos fueron culpables de la crisis que, como el presidente Calderón ha señalado y especialistas han reconocido, fue externa. En 2008, la recesión económica vino de fuera. Ahora no hubo un López Portillo o un Salinas de Gortari que metieran la mano.

Sin embargo, sí fue su responsabilidad no haber tomado las prevenciones económicas necesarias para amortiguar el efecto financiero nocivo contra la economía, empresas, empleos y salarios. Su exceso de confianza o falta de pericia aceleró e hizo crecer las consecuencias nocivas del "efecto jazz".

Si bien ahora no fue un millón de mexicanos el que perdió casas, empresas, negocios, autos o bienes, como sí ocurrió con la crisis económica gestada durante el gobierno salinista, detrás de la frialdad de las cifras está la angustia y zozobra de cientos de miles que perdieron su trabajo entre 2008 y 2009.

El 14 de mayo de 2009, Carstens aseguró: "Superamos la peor parte de la crisis financiera." Calderón lo corrigió una semana después: "Estamos en el punto más delicado y grave de la recesión económica." Y las cifras hablaron.

Decenas de miles de empresas cerraron en esos dos años. Para tener una idea de la magnitud recesiva, al concluir el segundo semestre de 2008 ya habían cerrado 273 mil 722 empresas y negocios que no habían cumplido siquiera un año de operación. En agosto siguiente, quebraron 885; en noviembre y diciembre se perdieron otras 5 188 empresas, dejando sin empleo a 413 282 trabajadores, según datos del IMSS.

En 2009, de acuerdo a estimaciones del Banco de México (BM), se perdieron entre 160 mil y 340 mil plazas. Hasta julio de 2009, se estimó que un millón de mexicanos habían perdido su empleo tras el "efecto jazz".

El envío de remesas de compatriotas que trabajan en EUA, la tercera fuente de ingresos más importante del país, después del petróleo y del turismo, cayó, de 21 mil millones de dólares, a 15 mil millones.

El Producto Interno Bruto (PIB) registró una caída histórica: 8.2 por ciento durante enero, febrero y marzo de 2009, no vista desde 1995.

La inversión extranjera se desplomó 55 por ciento en el primer trimestre de 2009.

Las tasas de interés que pagaban los usuarios de tarjetas de crédito, cuyo consumo se disparó ante la carencia de un empleo y la obligada utilización del dinero de plástico, llegó a ser del... ¡60 por ciento!, en un nivel tan histórico como vergonzante.

Los ingresos petroleros se redujeron 17.6%.

La recaudación de impuestos se desplomó: el IVA, 21.2 por ciento; el ISR, 11.3 por ciento.

Las exportaciones manufactureras, en abril de 2009, registraron una caída récord, más del 30 por ciento.

En Estados Unidos, ante la pérdida de casi seis millones de empleos y alrededor de tres millones de familias que perdieron sus casas, se tomaron medidas emergentes y drásticas en beneficio de los afectados y de los trabajadores: 95 por ciento dejó de pagar impuestos ante la recesión financiera.

¿Calderón, Carstens o Ruiz Mateos tomaron alguna decisión para contrarrestar esas dimensiones, que realmente beneficiara a millones de desempleados y de empobrecidas familias? No.

Era dramático ver las filas de trabajadores mexicanos esperando por su liquidación… cuando había. Hombres y mujeres llorando la pérdida de su trabajo; profesionistas haciendo chambas o manejando un taxi para sobrevivir; para entonces, el comercio ambulante creció desmesuradamente. La palabra era una: sobrevivir.

Los funcionarios del Gobierno Federal ni siquiera eliminaron sus bonos especiales ni mucho menos recortaron sus sueldos ante la crisis generalizada. Carstens y Ruiz Mateos siguieron en sus cargos. Calderón justificaba la situación —con cierta dosis de razón—, argumentando que la crisis venía de Estados Unidos y afectaba al mundo, sin excepción. Pero su administración no tuvo la grandeza de dictar algo equivalente a lo que sí ordenó Barack Obama: no pagar impuestos durante la recesión. O alguna otra medida que paliara los efectos de la crisis, de fondo, útil, sensible. En México no se hizo.

A finales de julio de 2011, el Consejo Nacional de Evaluación de la Política de Desarrollo Social (CONEVAL), reportó que la población en situación de pobreza pasó, de 2008 a 2010, de 44.5 a 46.2 por ciento, lo que representó un incremento de 48.8 a 52 millones de personas. Cifra que duele y que fue atribuida por el gobierno de Calderón a la crisis hipotecaria que, precisamente en esos años, reventó en EUA.

"La caída generalizada del ingreso fue motivada por la crisis internacional", fue la explicación que dio el Secretario de Desarrollo Social, Heriberto Félix.

La ineficacia impera cuando se gobierna con amigos, con los cuates con los que el presidente juega futbol. Con los cercanos para contar chistes. Con los *brothers*, pues, dejando de lado a los profesionales de las finanzas. Y eso, el *amiguismo*, también es otro rostro del abuso del poder.

JULIO 2009: LA DERROTA ES AZUL

La noche del domingo 5 de julio de 2009 no tuvo madrugada para el presidente Calderón Hinojosa. Fue una extensión de tiempo cuya oscuridad se fundió repentina con el amanecer del día seis.

Horas de derrota, de caras largas. El mal humor del Presidente se escuchaba en Los Pinos.

Horas antes, durante la elección intermedia, el Partido Acción Nacional (PAN), partido en el poder presidencial, era quebrado a golpe de votos por millones de mexicanos que cobraban dos facturas dolorosas para ellos: las consecuencias de la crisis económica gestada en Estados Unidos, y la guerra contra el crimen organizado que, a esa fecha, había provocado la muerte de alrededor de 16 mil personas. Economía y seguridad fueron los detonantes de la derrota del PAN y de Calderón en julio de 2009.

"Ahora estamos más cerca de Los Pinos", festinaba la Presidenta Nacional del PRI, Beatriz Paredes.

En Los Pinos, Calderón quería sangre. Y la encontró. Llamó a Germán Martínez Cázares —otro amigo del alma—, a quien había colocado como Presidente Nacional del PAN, y le pidió su renuncia ante la debacle electoral panista. Germán obedeció. No era para menos.

Tras la derrota electoral del 5 de julio de 2009, Calderón se había convertido en el Presidente más débil y acotado política y legislativamente, ya que el gran ganador de la jornada electoral, el PRI, había obtenido la mayoría en la Cámara de Diputados, añadiendo, por si eso fuera poco para la desgracia blanquiazul, que su alianza con el oportunista Partido Verde Ecologista de México (PVEM) ratificaba esa supremacía legislativa. Escribí en "Archivos del poder" del *Excélsior*, el 7 de julio:

> La aplastante derrota del PAN y de su jefe máximo, Felipe Calderón, los enfrentará a una pesadilla para los próximos tres años. Con el PRI y el Partido Verde dueños de la Cámara de Diputados, podrán aprobar o rechazar presupuestos, entre otras cosas. Sin contrapesos panistas y con una izquierda arruinada, el PRI y sus aliados serán los mandones.

Con el transcurrir de la segunda mitad del gobierno calderonista, nuestro vaticinio se cumplió. Reformas claves para el gobierno pero, sobre todo, para el país: la de Seguridad Nacional, la Reforma Laboral y la Reforma Política —que incluye la figura de candidaturas independientes a puestos de elección popular, incluida la Presidencia de la República, y que no era bien vista por el PRI por miedo a la competencia político-electoral ante la virtual candidatura presidencial de Enrique Peña Nieto—, fueron frenadas por los priístas aunque, en el caso de esta última, fue aprobada por el Senado con el aval del partido tricolor, liderado por Manlio Fabio Beltrones, rival político del gobernador del Edomex.

Un golpe certero al corazón electoral del PAN, sí, pero fundamentalmente a lo que caracteriza a toda elección intermedia: la evaluación del gobierno en turno. Fue una calificación reprobatoria contundente contra el segundo gobierno panista de la historia. No fue poco lo que el PAN perdió.

Aparte del control legislativo, el PRI le arrebató estados bastión del panismo, como Querétaro y San Luis Potosí, así como ciudades emblemáticas, Guadalajara, Cuernavaca, o municipios tradicionalmente azules, como Naucalpan y Tlalnepantla. Era evidente que los candidatos panistas tampoco habían hecho bien su trabajo.

Sonora, que se contemplaba como triunfo seguro para el PRI, fue el único estado en el cual el PAN ganó la gubernatura. Sin embargo, pocos lo festejaron porque sabían el origen de esa victoria: la muerte de 49 niños en la guardería ABC en Hermosillo, tragedia que fue manejada de manera insensible y ofensiva por el Gobernador priísta, Eduardo Bours, a quien le cobraron la factura de su estupidez en las urnas. "Dormí como bebé", llegó a decir Bours al referirse a la noche de la tragedia.

Calderón no entendió el mensaje de las urnas, y siguió sin modificar la estrategia contra el narco. Nadie le pedía dejar de luchar, pero el consenso era unánime: cambiar de estrategia. Pero siguió igual.

EL PRESIDENTE INCOMPRENDIDO

Una de las frases más escuchadas durante el presente sexenio en boca del presidente de México ha sido: "En el pasado se dejó de luchar contra el narco."

Es una crítica abierta a los sexenios priístas. Sin embargo, el mejor aliado y respaldo de la acusación de Calderón contra el PRI fue, paradójicamente, un priísta. Aún más: uno de los Gobernadores consentidos de Carlos Salinas de Gortari. El novoleonés Sócrates Rizzo dejó boquiabiertos a maestros y estudiantes de la Universidad Autónoma de Coahuila —con sede en Saltillo—, cuando aseguró que durante su régimen el PRI controlaba al narco.

Rizzo ni estaba senil ni loco —calificativos imputados a Miguel de la Madrid cuando denunció los nexos de los Salinas de Gortari con el narco— al momento de hablar en esa Universidad. Lúcido, claro y contundente. Esto es parte de lo que dijo:

"La violencia del crimen organizado apareció en el país cuando desaparecieron los acuerdos de los gobiernos federales priístas con el narcotráfico, en los que se establecían rutas de trasiego y se limitaban otros espacios.

De alguna manera se tenía resuelto el conflicto del tránsito (de drogas); yo no sé cómo lo hayan resuelto otros gobiernos, pero había un control y había un estado fuerte y un Presidente fuerte y una Procuraduría fuerte y había un control férreo del Ejército y entonces de alguna manera decían «tú pasas por aquí, tú por aquí, pero no me toques aquí estos lugares»; algo pasó.

Todo se definía desde la Presidencia de la República. Todo se decidía desde la capital y los Gobernadores eran menos independientes. El control del narcotráfico se perdió con la llegada al Gobierno federal de mandatarios emanados de Acción Nacional. El surgimiento de la narcoviolencia se dio cuando la droga ya no sólo iba de paso por el país hacía otras regiones, sino que se quedó en México para el consumo interno.

Con la alternancia del poder, la falta de oficio político, el rompimiento se dio, yo supongo que había una estrategia que hacía posible que hubiera tranquilidad, que cuando menos no hubiera balaceras en las calles, tampoco extorsiones o secuestros. Se perdió con la sucesión presidencial, el PAN no dio continuidad a la estrategia del PRI."

* * *

Las críticas de Calderón por lo que se dejó de luchar en el pasado contra el crimen organizado alcanzan también a su antecesor: Vicente Fox, el primer Presidente panista del país.

"Si este problema se hubiera tocado cuatro o cinco años antes, estaríamos en una situación mucho mejor", dijo Calderón en agosto de 2010, en franca alusión a lo que el gobierno de Fox dejó de hacer en contra del narcotráfico.

"Durante mi sexenio no se vivieron los niveles de violencia que se expresan hoy", reviró Fox.

La realidad es que la estrategia de la batalla contra el narcotráfico emprendida por Calderón y su equipo —encabezado por el Secretario de Seguridad Pública Federal, el intocable Genaro García Luna— ha sido duramente criticada dentro y fuera del país. Estrategia cuestionada periodísticamente desde Washington.

El 18 de mayo de 2010, la emisora *National Public Radio* (NPR), con sede en la capital de Estados Unidos, aseguró que el gobierno de Calderón favorece a los traficantes del "Cártel de Sinaloa" "en la cruenta guerra por rutas y negocios que ha dejado miles de muertos en México".

La cadena radial —financiada por contribuciones de ciudadanos, fundaciones y el Gobierno— divulgó una investigación elaborada por el periodista John Burnett y la productora Marisa Peñaloza, en la que se concluye que "las fuerzas de seguridad federales favorecen al Cártel de Sinaloa" (liderado por Guzmán Loera).

"La investigación examinó cómo hay elementos del Ejército de México que trabajan con los sinaloenses para sacar del camino a sus rivales y controlar las lucrativas rutas de la droga hacia Estados Unidos", cita.

NPR analizó los boletines oficiales y las noticias del gobierno mexicano, que muestran que el grupo Sinaloa "es blanco de esas acciones con menos frecuencia que otras bandas". Y en México, no es poco frecuente escuchar que el *Chapo* Guzmán es "el capo del panismo".

En algunos círculos gubernamentales corre una versión. Varios ataques en contra de la población civil por parte de los cárteles de la droga —principalmente los poderosos Zetas— tienen un origen: el hartazgo de que el gobierno no toque al *Chapo* Guzmán, y solamente haya aprehendido a unos cuantos "lugartenientes" del "Cártel de Sinaloa", fácilmente reemplazables.

En ciudades del norte, han aparecido mantas colgadas en puentes peatonales, como la que se transcribe textualmente a continuación:

ESTA CARTA VA A LA CIUDADANIA PARA QUE SE DEN CUENTA O PARA LOS QUE YA TIENEN CONOCIMIENTO, EL GOBIERNO FEDERAL PROTEGE AL CHAPO GUZMAN Y SU GENTE QUE SON LOS CULPABLES DE LA MASACRE DE GENTE INOCENTE... VIERON EN TORREON, PARA EL GOBIERNO FEDERAL SOLO HAY Z EN TODO EL PAIS Y CÁRTELES QUE SON ENEMIGOS DEL CHAPO GUZMAN QUE ES PROTEGIDO DE LOS PANISTAS DESDE K VICENTE FOX ENTRO AL PODER Y LO SOLTO Y TODAVIA SIGUE EL COMPROMISO HASTA LA FECHA A PESAR DE LAS MASACRES QUE HACEN DE GENTE INOCENTE EN LAS DISCOTEKAS... "LA PREGUNTA ES POR K LO HACEN"... Y QUE NO SE PUEDEN DEFENDER POR QUE NO PELEAN CON NOSOTROS DE FRENTE A FRENTE, INVITAMOS AL GOBIERNO FEDERAL QUE ATAQUE A TODOS LOS CARTELES X IGUAL HASTA A SU PROTEGIDO Y QUE METAN GOBIERNO EN DGO Y CULIACAN QUE ES DE DONDE VIENEN LAS ORDENES...

El 24 de febrero de 2010, Día de la Bandera, en inusual conferencia de prensa en Los Pinos, el presidente Calderón respondió —severo el tono, la mecha corta prendida—, a las críticas. "Mi gobierno ataca indiscriminadamente a todos los grupos criminales en México."

Pero lo evidente es que las detenciones o muertes más importantes registradas durante el gobierno de Calderón —como los Beltrán Leyva, el *Chayo* Moreno (desaparecido o fallecido), o el

Chango Méndez, así como *La Barbie*— no pertenecían al primer círculo del *Chapo* Guzmán. La caída de *Nacho* Coronel se dio en un momento en el que se había distanciado del *Chapo* y de su brazo derecho, el *Mayo* Zambada.

En la edición 1761 de la revista *Proceso*, los reporteros Alberto Osorio, Gloria Reza y Felipe Cobián, detallan la caída de *Nacho* Coronel:

> Aparentemente protegido en las altas esferas de la política, Ignacio *Nacho* Coronel, tercero en la jerarquía del "Cártel del Pacífico" —después de Joaquín *El Chapo* Guzmán e Ismael *El Mayo* Zambada, a quienes habría desafiado—, vivió aquí durante años (Guadalajara) a sus anchas y traficó sin tropiezos… hasta que el gobierno lo eliminó.

El semanario, en la introducción de la nota, señala: "*Nacho* Coronel había conseguido vivir y operar durante años en Jalisco, territorio panista, y lo hizo en plena libertad, integrado a la alta sociedad zapopana en particular y jalisciense en general, y sin ser molestado ni por autoridades estatales ni por las federales."

Al menos públicamente, nadie le ha pedido a Calderón que deje de luchar contra el narco, con excepción del ex Presidente Vicente Fox, quien planteó "tregua y amnistía" justo horas después de que un comando incendió el Casino Royale de Monterrey, el 25 de agosto de 2011, matando a 52 personas. (Prácticamente todas las fuerzas políticas del país, desde Calderón, el PAN, hasta legisladores y partidos de oposición, rechazaron y criticaron la propuesta de Fox.)

Sin embargo, es permanente la demanda para que se revise la estrategia anticrimen porque, hasta hoy, siguen matando a mexicanos inocentes en la enloquecida batalla contra la delincuencia. Por dentro, Calderón explica, en público y en privado, sus razones para iniciar esta guerra; en una entrevista con Javier Alatorre, de TV Azteca, sostiene:

> En México le dimos mucho tiempo y mucho margen a las organizaciones criminales, y se fueron expandiendo como

una plaga, como un cáncer, como una mala hierba. Lo que nos pasó también es que se pensó que si uno no se metía con ellos, no pasaba nada. Y fue un gran error. ¿Qué fue lo que pasó? Penetraron, tomaron el control territorial, corrompieron policías, alcaldías, y luego comenzaron a apoderarse de nuestra gente, a secuestrar y a extorsionar. Eso fue lo que nos pasó.

Calderón explica, se muestra incomprendido:

Muchos decían, ¡oiga, que los Zetas… o que los del Golfo…!, y nosotros a no hacer nada y decir: no, pues ése es un asunto allá de Monterrey, de Sinaloa, de Tamaulipas, de Michoacán o de Guerrero, ¿no? Que era un asunto entre ellos, y el gobierno no debe intervenir. Pero decidí mandar al Ejército, enviar a la Marina, aceptar las críticas, la incomprensión, y también el abuso de mucha gente "porque de todo quieren sacar raja política"; pero ir a defender a las familias, ¡por supuesto que son decisiones difíciles!

Calderón por dentro. El de la mecha corta. El incomprendido.

EL FALSO IZQUIERDISTA

Con un poder absoluto, hasta a un burro
le resulta fácil gobernar.
Lord Acton

Nelson Vargas es uno de los miles de mexicanos que ha enfrentado la tragedia de perder un hijo tras ser secuestrado. Silvia Vargas Escalera fue plagiada en septiembre de 2007, y su cadáver encontrado un año después. Durante esos meses, el "Profesor", como le dice la mayoría de la gente, vivió los momentos más dolorosos de su vida.

—Hasta hoy, a diario, no dejo de pensar en mi pequeña…, me dice Nelson consternado, abatido, los ojos empañados por el recuerdo que duele.

No hay dolor más grande en la vida que perder a un hijo.

Arranca 2008. Silvia ausente, secuestrada. Nelson recibe una llamada telefónica del Jefe de Gobierno del D.F., Marcelo Ebrard. Le dice que es respecto a su hija. Que algo hay.

Nelson Vargas sale de su oficina sureña en Camino a Santa Teresa y enfila hacia el centro de la ciudad de México, a las oficinas del Gobierno del Distrito Federal (GDF). El tráfico intenso, hirviente, como siempre. Quería volar, estar ya con Ebrard para conocer qué se sabía de Silvita, como acostumbraba decirle.

Al llegar al GDF, jadeante, agitado, el profesor pidió ver a Marcelo. Minutos después estaban los dos solos. Ebrard comenzó a hablarle de lo que, según él, estaba haciendo su gobierno contra la criminalidad agobiante de la ciudad de México, en cada delegación, en cada colonia, en cada esquina. Marcelo hablaba y hablaba.

A Vargas le consumía la ansiedad, le quemaba la entraña. De pronto, quiso interrumpir a Ebrard, sacudirlo y decirle: "¡Dime qué sabes de mi hija…!", pero tuvo paciencia.

Repentinamente, Ebrard se levantó y salió de su oficina. Minutos después, un asistente fue por Nelson. "Por acá, Profesor." Lo siguió. Atravesaron algunas puertas y casi al llegar a un salón repleto, el ayudante le dijo a Vargas:

—Le pide el señor Jefe de Gobierno que si lo puede acompañar a la presentación de un programa contra la inseguridad que…

Nelson Vargas se detuvo en seco. De la indignación pasó a la furia. Ebrard lo había citado con la engañifa de que tenía información de su hija secuestrada. Realmente Marcelo lo quería a su lado para que lo acompañara a un evento oficial, y se enviara el mensaje de que el profesor respaldaba la lucha contra la inseguridad del GDF.

Por un momento, Nelson vio a Marcelo y con los ojos le reprochó el engaño. Nada, absolutamente nada justificaba aprovecharse del dolor de un padre por el secuestro de su hija, para beneficio político personal de un gobernante. Ruindad del poder. Nelson dio media vuelta y se marchó de inmediato.

—Eso no se hace, de veras que no se hace… ¡qué poca madre!…—, lamenta el profesor, aún molesto por la canallada sufrida. Por la ruindad. Por el abuso del poder.

***

—¿Cuándo decidió hacerse un político de izquierda?—, le preguntó la reportera del diario *Reforma*, Carolina Pavón, a Marcelo Ebrard Casaubón. Era mayo de 2006. Días de campaña electoral rumbo a la Jefatura de Gobierno del Distrito Federal.

—Siempre he militado en la misma idea, esa posición no es nueva.

—¿Y su paso por el PRI?

—Ahí me decían populista…

Marcelo Ebrard es hijo político de Manuel Camacho Solís, brazo derecho del ex presidente priísta Carlos Salinas de Gortari y frustrado candidato del PRI a la presidencia de México. Ambos salinistas de cuño y cepa.

Camacho y Ebrard siempre han corrido de la mano, juntos, hasta hoy, en un maridaje político que tiene un origen innegable y público: el salinismo priísta de los años ochenta e inicio de los noventa.

Manuel Camacho era Secretario General del PRI cuando las elecciones presidenciales de 1988. Él y Ebrard fueron parte del aparato oficial que consumó el fraude electoral de 1988 que permitió a Carlos Salinas de Gortari ser Presidente.

Colaboradores cercanos de Ebrard en el GDF, como Óscar Argüelles, ex Director de Apoyo Logístico de Salinas de Gortari en Los Pinos, justifica y confirma la intervención de Camacho y de Ebrard en las maniobras para legitimar la entronización de Salinas en la presidencia, tras el fraude electoral.

> La realidad es que el equipo de Salinas en la campaña le falló. El coordinador de la campaña era Luis Donaldo. ¿A quién recurren para tratar de legitimar la elección? A Camacho y a su equipo que, de ellos, una parte fundamental es Marcelo. Y ellos lograron legitimar hasta donde fue posible la elección. Salinas mete como Secretario General del partido a Camacho y vuelve a salvar la situación... (Alejandro Páez Varela, *Los suspirantes 2012*, p. 179.)

Integrantes de la verdadera izquierda mexicana —Salvador Martínez de la Roca, Pablo Gómez, entre otros—, aún recuerdan a Ebrard como operador del fraude salinista. No lo olvidan.

Marcelo Ebrard fue Secretario General del PRI del D.F. en 1989-1990; diputado federal priísta en la LVIII legislatura; en 92-93, Secretario General de Gobierno del todavía Departamento del Distrito Federal (DDF), cuya cabeza era Camacho Solís, designado directamente por el Presidente de la República.

Tras el berrinche de Camacho porque Salinas favoreció a Luis Donaldo Colosio como candidato del PRI para las presidenciales de 1994, Ebrard y su maestro renunciaron al PRI un año después, más por una decisión visceral que por un intento de reforma democrática al entonces invencible priiísmo. Fundaron una cosa llamada Partido del Centro Democrático (PCD).

Hasta entonces, ni Camacho ni Ebrard habían mostrado síntomas de pertenecer a la izquierda mexicana. De hecho, nunca formaron parte de sus filas. Eran priiístas reconocidos y resentidos, tránsfugas de un PRI que los había desviado de su camino a Los Pinos. De ahí el berrinche mutuo.

Como cabeza del fugaz PCD —también había sido diputado por el Partido Verde Ecologista de México (PVEM)— Ebrard se lanzó como candidato a la jefatura de Gobierno del D.F. Imposible ganar, y Marcelo lo sabía. Su partido solamente era apoyado por algunas organizaciones de tianguistas, de taxistas y de vendedores ambulantes. No le alcanzaba para ganarle ni a Andrés Manuel López Obrador, candidato del PRD, ni a Santiago Creel, del PAN.

Astuto, Camacho le ordenó a Ebrard que declinara en favor de AMLO, y así se colgara de una victoria ajena. Marcelo obedeció, pero la primera advertencia que le hizo a López Obrador, por medio de la carta de declinación, fue:

"Ni yo ni el PCD somos de izquierda. Nos diferencia que nosotros creemos en una economía moderna, con garantías de legalidad a la propiedad y a la actividad del capital."

Entonces, ¿por qué Marcelo Ebrard se asume como izquierdista, si no lo es, y él mismo lo reconoce en esa carta? ¿Cuál izquierdista? Por eso el término "falso izquierdista" le queda a la perfección. Un falso izquierdista que ha privilegiado el gasto en imagen y publicidad para su gobierno, en lugar de utilizarlo, como lo haría un izquierdista legítimo, para las clases más pobres.

Un falso izquierdista obsesionado con las encuestas.

Un falso izquierdista que ha abusado de su poder con decisiones arbitrarias que han sometido a la ciudad de México.

Un falso izquierdista que cierra Paseo de la Reforma —la avenida más emblemática del D.F.— cuando se le antoja, a la menor provocación.

Un falso izquierdista con ribetes dictatoriales.

Un falso izquierdista que pretende ser candidato de una izquierda a la que nunca ha pertenecido y sí, en cambio, reprimió durante el salinismo. Salinista él mismo.

Ebrard es priísta de formación, entraña y corazón.

"Esos son los principios de Marcelo, que flaquean según la camiseta que se ponga, pues ha sido priísta, pecista, verde ecologista y, ahora, *líder* de la izquierda perredista", lo definió el periodista Adrián Rueda en su columna de *Excélsior* en septiembre de 2006.

IMAGEN Y DINERO

Desde el inicio de su gobierno en el D.F. en 2006, Marcelo Ebrard ha sido un personaje obsesionado por su popularidad; no ha reparado en invertir millones sobre millones de pesos, salidos de los bolsillos de los capitalinos, vía impuestos, o del generoso presupuesto asignado anualmente al D.F., para promover su imagen.

"Cada siete días, sin falta, Pedro Valencia, encargado de las encuestas, entrega a Ebrard los resultados de la percepción de los capitalinos sobre distintos rubros: nacionales, locales, calificación y nivel de aprobación", escribieron el 17 de septiembre de 2008 los reporteros de *Reforma*, Mariel Ibarra y Manuel Durán.

Las obsesiones que tiene Ebrard como gobernante cuestan, y muy caro.

En 2008, Ebrard autorizó un gasto por 105 millones de pesos en televisión para autopromoción. Es decir, del presupuesto oficial se gastó alrededor de 300 mil pesos diarios para su imagen tras la pantalla.

En el 2007, prácticamente el primer año de gobierno de Marcelo, el gasto programado originalmente para promoción de imagen era de cien millones de pesos, pero en el último informe a la Asamblea Legislativa del D.F., el gobierno capitalino reportó que la cifra aumentó a… ¡204 millones de pesos! (alrededor de 550 mil pesos diarios). Tan sólo hasta mayo de 2009, su gasto publicitario llegaba ya a 200 millones de pesos, todo lo que se había destinado a 2008.

Manuel Durán escribió en el suplemento *Enfoque*:

> Ebrard tiene a su maquillista personal. Una veterana en los camerinos de Televisa y con la cual el mandatario capitalino se siente a gusto. Siempre carga una maletita negra con el maquillaje especial para el rostro y piel de Ebrard, lleno de brochas, sombras, polvos, cremas... [...] nada comparado con López Obrador, quien antes de salir a sus conferencias matutinas se arreglaba con un peine y, cuando se hacía tarde, hasta se ponía las camisas de su hijo mayor José Ramón.

Ebrard abusa del presupuesto oficial, y quiebra, de paso, la ley.

El Artículo 134 de la Constitución, reformado el 13 de noviembre de 2007, señala: "La propaganda, bajo cualquier modalidad de comunicación social, que difundan como tales los poderes públicos, los órganos autónomos, las dependencias y entidades de la administración pública, y cualquier otro ente de los tres órdenes de gobierno, deberá tener carácter institucional y fines informativos, educativos o de orientación social. En ningún caso esta propaganda incluirá nombres, imágenes, voces o símbolos que impliquen promoción personalizada de cualquier servidor público."

¿Tendrá algo de informativo, educativo o de orientación social, que Ebrard aparezca horneando galletitas con Galilea Montijo, o bromeando con Andrea Legarreta o Ernesto Lagüardia? Entrevistas a modo, de lucimiento personal y a cuenta gotas, los objetivos constitucionales de estos gastos.

Para 2010, la ALDF autorizó a Ebrard 388 millones de pesos para sus gastos de publicidad. Un millón —y poquito más— de pesos diarios.

Al dispendio financiero le sigue la falta de transparencia, el *maquillaje* de cifras surgido durante el gobierno de Marcelo Ebrard. En diciembre de 2008, Mariel Ibarra, en *Reforma*, reveló que en el portal de Transparencia del GDF se revelan cifras menores en la contratación de espacio publicitario y usos de tiempo aire, en comparación con las copias de los contratos de gobierno.

"De acuerdo con el listado de las adjudicaciones directas o invitaciones restringidas de la Dirección Ejecutiva de Administración de la Jefatura de Gobierno, el monto total de los tres contratos ascendería a 36.5 millones de pesos, en tanto que en la copia de los contratos el monto es de 105.3 millones de pesos", señala Ibarra.

El dinero siempre ha sido una herramienta política, utilizada de manera prioritaria y convenenciera, por el falso izquierdista. Ejemplo:

Cuando, durante el sexenio salinista, López Obrador encabezaba sus "éxodos por la democracia" de Tabasco al D.F., recibía "subsidios" por parte del entonces regente Manuel Camacho Solís, con tal de que el tabasqueño desocupara la plancha del Zócalo, sobre todo cuando estaban próximas las celebraciones del 15 de septiembre.

¿Quién era el encargado de entregar el dinero, personalmente, a López Obrador? Marcelo Ebrard, en su calidad de Subsecretario de Gobierno.

Fernando Gutiérrez Barrios, primer Secretario de Gobernación del sexenio de Salinas, lo llegó a explicar de la siguiente manera: "Hoy por la noche, Ebrard le va a entregar siete mil millones de pesos (de los viejos, actualmente siete millones de pesos) a López Obrador."

(Ahí surgió la conexión AMLO-Camacho-Ebrard, recompensada con la candidatura a la Jefatura de Gobierno de Marcelo, apoyada por López Obrador en 2006. Era tan fuerte el control y presencia política de Andrés Manuel en la ciudad de México, que cualquiera que hubiera sido designado —Armando Quintero, Martí Batres u otro—, habría ganado la elección. En realidad, fue AMLO, y no Ebrard, quien ganó esos comicios.)

No en balde la corriente denominada "Nueva Izquierda", encabezada por *Los Chuchos*, Ortega y Zambrano, hicieron un acuerdo en 2006 para "amarrarle las manos" a Marcelo Ebrard en el manejo de los recursos públicos. Ya lo conocían. Pero, por lo visto, la intención fracasó. Abuso del dinero. Y del poder.

DISTRITO FEDERAL: CIUDAD INSEGURA

Hay varios rostros del abuso del poder en México. Uno de ellos es la simulación del propio poder.

En el caso de Marcelo Ebrard —diseñado en la vieja escuela priísta con bases populistas, demagogas y más deslumbrantes que útiles para el grueso de la población— se han privilegiado las pistas de hielo en el Zócalo, las playas artificiales, los desfiles domingueros que provocan el cierre completo de Paseo de la Reforma, el apadrinamiento de quinceañeras y hasta el árbol navideño "más grandote del mundo", que le valió a la ciudad de México entrar al Récord Guinness.

Todos esos ribetes populistas podrían caber en una ciudad cuyos estándares de inseguridad son bajos, o bien, que no enfrenta mil problemas más urgentes que los que registra el Distrito Federal. Pero no ha sido así.

La ciudad de México es una de las más inseguras del país. De acuerdo con la Encuesta Nacional Sobre Inseguridad 2010, realizada por el Instituto Ciudadano de Estudios Sobre la Inseguridad (ICESI), un organismo serio y riguroso que anualmente aplica esta encuesta y que está respaldado por la UNAM, el ITESM, la Fundación Este País, el CCE y la Coparmex, dirigido por Luis de la Barreda, prestigiado académico e investigador del Instituto de Investigaciones Jurídicas de la UNAM y miembro del Sistema Nacional de Investigadores, fundador de la Comisión de Derechos Humanos del D.F. (CDHDF), la Ciudad de México se ubica entre los primeros lugares de inseguridad a nivel nacional.

Las cifras son duras, inobjetables (se citan las entidades con casos más elevados). Del porcentaje de personas de 18 o más años víctimas de algún delito, el D.F. registra 21 por ciento, por encima de estados como Chihuahua, con 12 por ciento, o Nuevo León con 8 por ciento. Otras cifras reveladoras:

- Porcentaje de hogares con alguna víctima: Distrito Federal, 28 por ciento; Estado de México, 21 por ciento; Chihuahua, 16 por ciento.
- Porcentaje de hogares con menores de edad víctimas de algún delito: Distrito Federal, 9 por ciento; Quintana Roo, 7 por ciento; Sonora, 7 por ciento.

- Tasa general de incidencia delictiva por 100 mil habitantes, de acuerdo con encuestas de victimización: Distrito Federal, 26 500; Aguascalientes, 19 800; Quintana Roo, 15 900.
- Tasa diferenciada de robo total de vehículos por cada mil hogares: Tijuana, 53 por ciento; Ciudad Juárez, 52 por ciento; Chihuahua, 52 por ciento; Distrito Federal, 32.1 por ciento.
- Delitos a mano armada: Estado de México, 58 por ciento; Distrito Federal, 44 por ciento; Guerrero, 43 por ciento.
- Porcentaje de la población de 18 años o más que considera su estado inseguro: Chihuahua, 88 por ciento; Distrito Federal, 85 por ciento; Sinaloa, 83 por ciento; Nuevo León, 82 por ciento.
- Porcentaje de la población de 18 años o más que considera inseguro su municipio o delegación: Chihuahua, 81 por ciento; Distrito Federal, 73 por ciento; Durango, 72 por ciento.
- Porcentaje de personas que dejaron de hacer al menos una actividad por temor a ser víctima: Distrito Federal, 86 por ciento; Chihuahua, 83 por ciento; Nuevo León, 78 por ciento.

Otras cifras que elevan al D.F. a un rango inseguro y peligroso son las aproximadamente cinco mil narcotienditas distribuidas en toda la ciudad, sin que Ebrard, el Procurador de Justicia del D.F., Miguel Ángel Mancera —aspirante a relevar a Marcelo en el GDF— o el iracundo Jefe de la Policía capitalina, Manuel Mondragón y Kalb —ex priísta también, formado durante los años dorados del priato, hechura política de uno de sus símbolos más emblemáticos y corruptos, Carlos Hank González— ataquen a fondo este grave problema.

Y más: en agosto de 2011, el Índice de Víctimas Visibles e Invisibles de Delitos Graves —elaborado por México Evalúa, organismo confiable y apartidista encabezado por la investigadora Edna Jaime— reveló cifras preocupantes para el D.F. Entre los gobiernos de Alejandro Encinas y Marcelo Ebrard, se registran aumentos en los índices de extorsión (de 2.18 pasó a 4.31 por ciento), y de secuestro (que creció 18 por ciento al pasar de 2.92 a 3.45 por ciento). Además, el robo con violencia aumentó 11 por ciento y el de homicidio 8 por ciento.

"En el D.F., el promedio mensual de víctimas directas e indirectas de todos los delitos aumentó en el último periodo de gobierno (de Ebrard)", detalla el informe de México Evalúa.

En la ciudad de México (*Ciudad en movimiento*, es su eslogan oficial; *ciudad sin movimiento*, la rebautizó el periodista Sergio Sarmiento, ante los constantes plantones, marchas y cierres viales, principalmente de Paseo de la Reforma), hay una broma recurrente: de madrugada es más fácil encontrar coca en polvo que coca líquida.

Cuando Ebrard es cuestionado por estas cifras, muestra molestia y las descalifica. Se descompone. Por ello, públicamente, ha mostrado desdén hacia Luis de la Barreda. Marcelo es un político que, abusando de su posición, desoye cuando de crítica se trata. Es intransigente ante el inquirimiento ajeno, y sordo a los reclamos. A fin de cuentas, fue formado en el PRI dictatorial.

Un episodio lo retrata —bajo un rasgo recurrente, la intolerancia— y marca la conducta política de Marcelo Ebrard. El 30 de junio de 2011, durante la reunión del Consejo Nacional de Seguridad Pública, la valiente Isabel Miranda de Wallace —reconocida internacionalmente por su cruzada antisecuestro tras haber investigado, detenido y encarcelado a los plagiarios y verdugos de su hijo Hugo Alberto Wallace Miranda; presidenta de la organización Alto al Secuestro, y que en enero de 2012 aceptó ser candidata externa del PAN a la Jefatura de Gobierno del D.F.— reclamó públicamente a Ebrard y a los Gobernadores (en particular al de Chihuahua, César Duarte), por la lentitud para crear unidades antisecuestro, retraso marcado en el D.F.

En su calidad de dirigente en turno de la Conferencia Nacional de Gobernadores (CONAGO), Ebrard tomó la palabra y, furioso, intentó regañar a Isabel. "Parece que no estamos haciendo nada", respondió el falso izquierdista. "Las afirmaciones de Isabel son graves y preocupantes para cualquier ciudadano", dijo Ebrard.

La señora Wallace —como le dice y la conoce la mayoría— le aclaró que la información provenía de los propios gobiernos estatales y del D.F., y del Instituto Nacional de Estadística, Geografía e Informática (INEGI). Pero Marcelo ya no quiso escucharla, y ante la sorpresa de todos, se levantó y abandonó el salón, de manera grosera. Soberbio.

La crítica por la inseguridad en el D.F. desquicia a Marcelo, lo enloquece, y lo convierte en un gobernante de oídos sordos.

DESCOMPOSICIÓN SOCIAL

A las cifras que ubican a la ciudad de México como insegura, habrá que sumar otro factor negativo: la falta de orden en la vialidad, aunado a otro síntoma de abuso del poder, las marchas y plantones permitidas a aliados políticos del GDF, pero reprimidas a toletazos contra los vecinos que se oponen a la construcción de la Supervía Poniente. Al amigo, gracia; al enemigo, garrote.

Durante el gobierno de Ebrard, alrededor de ¡150 personas! han muerto debido a accidentes causados en forma directa por microbuses —verdaderos bólidos de la muerte que operan a la velocidad que quieren, que por la noche transitan sin luces, con la música a todo volumen, sin licencia de conducir la mayoría de sus choferes, muchos de ellos menores de edad y, en no pocas ocasiones, acompañados de rufianes que tratan como animales a los pasajeros, cuando no son socios de delincuencia— o camiones del transporte público que corren por toda la ciudad.

El gobierno de Ebrard modernizó, por decirlo de alguna manera, las corridas sobre Paseo de la Reforma, sustituyendo a los microbuses por autobuses caros, que cobran de 4.50 a 5 pesos por persona, pero ello tampoco garantizó la seguridad, ni del pasaje ni del automovilista ni del peatón, ya que se negoció con las rutas de microbuseros para que éstos fueran "adiestrados" y manejaran los nuevos camiones. Por eso siguen los accidentes. Valiente solución.

Un rasgo del GDF, en cuestiones de transporte público, es ocuparse solamente de algunas zonas y abandonar las de alto riesgo.

Para Marcelo Ebrard, el D.F. sólo es Paseo de la Reforma, Polanco y la colonia Condesa, donde vive rodeado de escoltas.

Para Ebrard, no existe Ermita-Iztapalapa, con sus graves problemas viales, con choferes desaforados que ponen en riesgo la vida de pasajeros o con asaltos constantes y mortales a bordo de las unidades.

Para Ebrard no existe la calzada Ignacio Zaragoza, donde hay 161 baches. El presupuesto es para imagen, no para tapar hoyos.

Para Ebrard no existen "Las Minas", zona al oriente en la que no entran patrullas y está dominada por la criminalidad.

Para Ebrard no existe Tláhuac, donde fueron linchados tres policías, quemados y muertos dos de ellos, cuando Marcelo era Secretario de Seguridad Pública del D.F. Se sabe que Marcelo fue avisado de lo que ocurría, pero no hizo nada porque se encontraba brindando con el dueño de un medio informativo. La palabra "Tláhuac" le provoca pánico.

—Usted tenía (abierta) una averiguación previa por omisión. ¿En qué estado se encuentra?—, le preguntó la reportera Nayeli Torres de *Newsweek*, a propósito de su responsabilidad en los linchamientos policiacos en Tláhuac.

—Bueno, ya sabes que en México no hay plazos. No tienen elementos, si no, ya la hubieran procesado...—, respondió Ebrard.

(A Ebrard lo corrió del cargo, por incompetente, el entonces presidente Vicente Fox. Lo de Tláhuac pudo no haber acarreado responsabilidad legal mayor contra Marcelo, pero hay una cosa que se llama ética, la cual no es característica del falso izquierdista.)

Para Ebrard no existen decenas de colonias de la delegación Iztapalapa o Gustavo A. Madero, centros de narcomenudeo y de alta delincuencia.

Para Ebrard no existen las zonas de alto riesgo en el D.F., aquellas que se inundan con cada lluvia y que se han resignado a escuchar de voz del jefe de Gobierno que eso ocurre "porque cayó una lluvia atípica", o porque es responsabilidad de Conagua, dependiente del Gobierno Federal. Si es lo primero, pues que las autoridades capitalinas se preparen para "lluvias atípicas", y no sólo para chubascos.

Para Ebrard no existen los basureros y los canales de aguas negras que polucionan de manera criminal el ambiente, sin obras que lo impidan. El presupuesto es para la imagen, no para el drenaje.

Para Ebrard no existen los camiones públicos del GDF altamente contaminantes —incluido el Metrobús—, mientras a los particulares se les obliga, a un grado de hostigamiento, a someterse a reglas anticontaminantes que no se le aplican a los vehículos oficiales del gobierno capitalino: si se deben multas, no se puede verificar el vehículo en los corruptos Verificentros, y si no se trae la calcomanía verificadora, simplemente no se puede transitar. Todo eso es simulación. Abuso del poder. Como ocurrió en el caso News Divine.

ALFREDO MAYA, PRESO POLÍTICO

Lo ocurrido después de la desgracia en un antro juvenil llamado News Divine, enclavado en la populosa delegación Gustavo A. Madero (GAM), es un ejemplo clásico del abuso del poder en el D.F.

No por la tragedia propiamente, sino por la actuación posterior del Gobierno del Distrito Federal, de la Secretaría de Seguridad Pública capitalina (SSPDF), y del Ministerio Público y Juez locales que llevaron este caso.

Como se sabe, el viernes 20 de junio de 2008, durante una *tardeada* donde se les vendió alcohol a menores de edad —según acusaron las autoridades— se desarrollaba un reventón sin freno. En ese lugar se realizó un operativo encabezado por el jefe policiaco Guillermo Zayas, que provocó la muerte de 8 jóvenes y de 3 policías.

Zayas fue detenido y encarcelado bajo la acusación de homicidio doloso, pero muy pronto —dos meses después— fue liberado bajo fianza. "Al filo de las 14:30 horas, el Secretario de Acuerdos del Juzgado 19 leyó el dictamen por el cual fue reclasificado el delito. Tras escuchar que la agravante de dolo fue desechada, Zayas sonrió", escribieron los reporteros Agustín Salgado y Ángel Bolaños, de *La Jornada*.

"No significa exoneración", dijo tibiamente Marcelo Ebrard al comentar sobre la liberación de Zayas.

Hasta hoy, el ex Jefe de la Unipol en la delegación GAM sigue libre, sin responder por la muerte de doce personas en el News Divine. Quien era titular de la SSPDF, Joel Ortega, fue prácticamente obligado a renunciar, pero en ningún momento se le fincó responsabilidad legal alguna.

Los policías que bloquearon las salidas para evitar que los jóvenes escaparan del lugar, provocando con ello su muerte por asfixia, fueron detenidos pero, hoy, todos están en la calle, impunes.

Los funcionarios delegacionales involucrados en la expedición de licencia del News Divine y vinculados al caso por sus responsabilidades públicas, Ángel Nava Rojas, Director Jurídico y de Gobierno; María Teresa Vicenteño Ortiz, Directora Jurídica; Eunice Sierra Ocampo, Subdirectora de Verificación y Reglamentos, y Ricardo Trujillo Herrera, Subdirector de Protección Civil, dimitieron en sus cargos "para no entorpecer las investigaciones".

Todos en la calle. Libres, sin responsabilidad penal. Apenas sancionados administrativamente, como si sólo se hubieran pasado la luz roja del semáforo.

Todos libres, menos uno: el dueño del News Divine, Alfredo Maya, quien es el único que permanece encarcelado.

Por supuesto que si Maya tuvo alguna responsabilidad en la tragedia, que se le castigue conforme a la ley. Pero es imposible que haya sido el único culpable. Qué casualidad: los involucrados del lado del Gobierno o de la Policía, libres; el dueño del antro, en el reclusorio. Típico del poder en México: no asumir responsabilidades ante una tragedia, la complicidad latente.

Maya es, se quiera o no, otro preso político del gobierno de Marcelo Ebrard. Como ocurre con Lorena González, del caso Martí.

¿Por qué?

Debido a que el proceso penal contra Alfredo Maya ha sido ensuciado, manipulado. Basta un dato: se le han dictado ¡cinco autos de formal prisión!, a causa de pruebas endebles que han obligado al MP a corregir sobre la marcha, hasta llegar al auto que más le conviene a las autoridades. Justicia a modo. Al estilo de la PGJDF. La escuela de Miguel Ángel Mancera: fabricación de culpables.

Los peritajes externos en el News Divine señalan que los policías que participaron en el operativo no mataron a golpes a los jóvenes. Empero, ésta es una manipulación, porque la razón de fondo de la tragedia es que los propios elementos policiacos bloquearon las salidas del lugar y ello causó la masacre.

"No abrieron las puertas. Los policías no nos dejaban salir. Nos golpeaban muy feo con las pistolas. Echaban gas. Se reían de nosotros. Se burlaban. Ya tirados, nos empezaron a pegar y nos decían: se los va a cargar la chingada…", fueron los testimonios recogidos por la reportera Yohali Reséndiz, transmitidos en mi noticiero dominical del 22 de junio de 2008, transmitido en Reporte 98.5 FM.

Aún más: el expediente de la Comisión de Derechos Humanos del Distrito Federal (CDHDF), asienta, de manera detallada y estremecedora, los abusos de los policías a cargo de Zayas, durante el operativo y en las horas posteriores, cuando los jóvenes fueron detenidos, inclusive algunas chicas fueron hostigadas sexualmente. De ello, algunos extractos:

> De las y los jóvenes desalojados de la discoteca, 102 fueron trasladados por elementos de la Secretaría de Seguridad Pública (SSP) a sus cuarteles y agencias del Ministerio Público, supuestamente con el carácter de víctimas o testigos del delito; sin embargo, en las instalaciones de la SSP se les retuvo, se les marcaron números con plumón en el dorso de la mano, se les fotografió y se les recabaron sus nombres y domicilios, entre otros datos. Además, algunas mujeres señalaron haber sido desnudadas en la Agencia del MP ante un médico y otros hombres para certificar su estado físico.

> La CDHDF recibió la queja por parte de 'Persona 6', quien vio a dos jóvenes tirados en el suelo, al parecer desmayados, por lo que solicitó a paramédicos del Escuadrón de Rescate y Urgencias Médicas que se encontraban en el lugar los atendieran; en respuesta, uno de ellos le indicó que tenían órdenes de sus superiores de no atender a nadie.

Pese a todo ello, ningún policía está en la cárcel, empezando por el jefe Guillermo Zayas. En el juicio contra Alfredo Maya, la PGJDF ha actuado bajo el *modus operandi* favorito: fabricar delitos. Ha hecho y rehecho los alegatos jurídicos, endebles de origen, para dar pie a los diferentes autos de formal prisión. Del cargo de "corrupción de menores" en la modalidad de "proporcionar o facilitar bebidas embriagantes", Maya pasó de "autor" a "coautor".

A decir de su defensa, Maya ya debería estar libre, debido a que el Juez de amparo dejó sin efecto el primer auto de formal prisión. Además, el Juez ha suplido indebidamente las deficiencias de la Sala Penal del Tribunal Superior de Justicia del D.F., induciendo su actuación. Aún más: de los siete cargos por corrupción presentados contra Maya, cinco de ellos han sido manipulados o imprecisos, señala la defensa. Algunos de los testimonios de sobrevivientes apuntan que en el News Divine no se les vendió alcohol directamente, y que lo consiguieron a través de amigos mayores de edad. ¿Por qué no se tomaron en cuenta esos testimonios?

A Alfredo Maya se le mantiene prácticamente incomunicado en el Reclusorio Oriente. Las autoridades penitenciarias, por órdenes del GDF, le impiden dar entrevistas a medios informativos. Yohali Reséndiz, como reportera de la televisora CadenaTres Noticias, ingresó al penal y pudo llegar hasta Maya, quien con pavor respondió a prisa: "Me siento un preso político." El futuro es sombrío para Maya.

Con toda su carga de culpabilidad, es el único que ha dado la cara tras la tragedia del News Divine. Los demás, Jefe Delegacional, funcionarios, jefe policiaco y policías, están libres. Otra vez: abuso del poder.

OTRA HISTORIA DE FAMILIA

Guillermo Vázquez Rossi es un ciudadano mexicano. Empresario. Genera empleos. Paga impuestos. Tuvo la desgracia de enfrentarse al abuso del poder de los Ebrard Casaubón, al amparo de la posición de Marcelo como Jefe de Gobierno del D.F.

Vázquez Rossi adquirió una camioneta Nissan Armada SE 2005 a la arrendadora Lanz Duret Consultores S. A. de C. V. que, a su vez, dispuso blindarla mediante la firma Auto Safe, cuyo director es Esteban Hernández López. Sin autorización por escrito, la unidad llegó a la empresa blindadora. Ahí empezó la pesadilla para Guillermo.

Resulta que Auto Safe incurrió, primero, en presunto fraude, al falsificar la firma de Vázquez Rossi para respaldar una supuesta autorización personal de blindaje que jamás fue solicitada. Ello quedó comprobado cuando, dentro de la investigación del caso, la PGJDF envió a la grafóloga Isabel Martínez Hernández a comprobar si, efectivamente, había una falsificación de por medio. El resultado fue que se presentó una rúbrica falsa, que no correspondía a la de Vázquez Rossi. Así lo certifica el dictamen número 5996 de la Procuraduría de Justicia capitalina.

Con tal de evitar más problemas, Vázquez Rossi aceptó todavía pagar el costo del blindaje, pero el trabajo de Safe fue una porquería: problemas en los frenos y en los amortiguadores, rechinidos, no bajaban los vidrios y algunos desperfectos más, inadmisibles para una camioneta nueva. La regresó.

Un peritaje externo le indicó que la unidad fue blindada con "retazos de acero" y no con piezas completas. El caso llegó a los tribunales ante denuncias penales y civiles presentadas por ambas partes. Durante el proceso, uno de los abogados de Auto Safe, de nombre Alejandro Pascal Cabral, llamó a Vázquez Rossi y lo amenazó:

"Ya bájale de huevos porque el tesorero y socio de Auto Safe es Fabián Ebrard Casaubón, hermano del Jefe de Gobierno. Nunca nos vas a ganar…"

(Fabián Ebrard es dueño de la empresa Blindajes Alemanes que, de acuerdo con una investigación del diario *Reforma*, proveyó de vehículos blindados al equipo del presidente electo, Felipe Calderón, cobrando un millón 675 mil pesos. Curioso: mientras Marcelo se unía a López Obrador declarando "espurio" a Calderón, su hermano Fabián hacía negocios con el panismo. El dinero no tiene ética.)

Extrañamente, la denuncia penal 1539/0705 presentada por Guillermo contra Auto Safe, radicada en la agencia del MP CUH-8, delegación Cuauhtémoc, cuando se abría por petición de partes, no está bajo el rubro "Vázquez Rossi" o "Safe", sino que se ventila, sospechosamente, bajo la palabra "Ebrard". El MP que llevó el caso reconoció que tanto el Coordinador de los ministerios públicos como el Fiscal correspondiente han ordenado favorecer al hermano del Jefe de Gobierno del D.F. Abuso del poder.

* * *

A principios de diciembre de 2008, Pablo Hiriart, columnista entonces del diario *Excélsior*, publicó:

> De manera directa, sin mediar licitación, el GDF le otorgó (a la Comercial Mexicana) dos mil cien millones de pesos por concepto de compras de vales de fin de año para sus trabajadores. La adjudicación constituye, en los hechos, un rescate de la empresa del pelícano.

La Comercial Mexicana (CM) estaba en graves aprietos financieros: prácticamente en quiebra técnica debido a manejos financieros en entredicho. La firma de "Julio Regalado" vendía sus activos y trataba de entrar al esquema de "concurso mercantil" para así reestructurar su deuda, recurso legal que en dos ocasiones le fue negado por un juez.

¿Por qué tanta benevolencia con los centros comerciales por parte del Gobierno del Distrito Federal? Resulta que Fabián y Alberto Ebrard Casaubón (fallecido este último en noviembre de 2010) siempre estuvieron ligados a las grandes firmas comerciales de abarrotes y domésticos. El primero es director de Wal-Mart México. El segundo fue vicepresidente *senior* de Bodega Aurrera (propiedad de Wal-Mart).

Con Wal-Mart, Marcelo también fue muy generoso, al adjudicarle, a través del programa "Adultos Mayores", tres mil 600 millones de pesos mediante tarjetas de pensión alimentaria, que se aceptaban exclusivamente en esas tiendas.

Marcelo le daba a Fabián esa fortuna para reforzar las finanzas de Wal-Mart, de donde éste era alto funcionario. Es un claro caso de tráfico de influencias. Por ello, en septiembre de 2008, la diputada local, Margarita Martínez Fischer, presentó una denuncia contra el jefe de Gobierno del D.F. por haber beneficiado, sin licitación, a Wal-Mart. El delito: tráfico de influencias. La PGJDF nada hizo.

Los vínculos de los hermanos de Ebrard con las poderosas firmas comerciales siempre han estado vigentes. Desde el GDF, el caritativo Marcelo los ha apoyado comercialmente con miles de millones de pesos. Buen hermano.

¿Alguna vez explicó públicamente el titular del GDF el evidente tráfico de influencias con sus hermanos Fabián y Alberto? Jamás.

Fueron alrededor de 5 mil 700 millones de pesos —hasta donde se sabe— la fortuna con la que Marcelo apoyó a sus hermanos Fabián y Alberto, por medio de vales y tarjetas alimentarias para beneficiar a Wal-Mart y a la Comercial Mexicana, cuando ésta más lo necesitaba.

Por supuesto que Ebrard —recurriendo a la máxima del poder salinista— no firmó ningún documento oficial ni ordenó por escrito otorgar estos multimillonarios apoyos financieros a sus parientes. Una máxima del *vox populi* reza: "Son transas, no tontos." Pero el tráfico de influencias es innegable.

Sin duda, Marcelo ha sido un hermano estupendo. Y también un ex esposo maravilloso.

(Como periodista, he tratado de no cruzar una línea: la vida privada de los hombres públicos. Sin embargo, cuando sus asuntos se convierten en cuestiones relacionadas a gobiernos y recursos oficiales, entonces dejan de ser privados para volverse públicos.)

Francesca Ramos Morgan, primera esposa de Marcelo Ebrard, tiene un alto cargo en el GDF. La segunda, una actriz de nombre Mariagna Pratts, es recordada únicamente porque en 2007, durante una gira de Ebrard por Tláhuac, se subió al templete y visiblemente borracha soltó una serie de incoherencias: "Aparte de ser Jefe de Gobierno, es mi amor y eso nos ayuda", dijo, y confundió mayo con ¡noviembre!

Ramos Morgan se ha desempeñado como Secretaria de Asuntos Internacionales del gobierno capitalino, con un salario de 71 mil pesos mensuales, y los beneficios y bonos a los que todo funcionario tiene derecho.

Aún más: a su actual esposa, Rosalinda Bueso, ex funcionaria del gobierno de Honduras, tras salir de su país por conflictos políticos internos, la incluyó en la nómina del GDF durante ocho meses, con un sueldo de 53 mil pesos mensuales. Después se casó con ella. Qué generoso.

Marcelo Ebrard es buen hermano y maravilloso ex esposo y esposo. Aunque ello implique abuso del poder.

* * *

A mediados de mayo de 2011, Marcelo Ebrard fue nombrado el "Mejor Alcalde del Mundo". Pocos, fuera de Marcelo y de su equipo, creyeron la legitimidad del reconocimiento. Sólo algunos lo festejaron, en privado, entre amigos.

La revista *Emeequis* (núm. 221) publicó parte de los gastos que el GDF destina para mejorar la imagen de la ciudad de México. Tan sólo a una empresa —Weber Shandwick, una de las firmas de relaciones públicas más importantes del mundo—, le pagó alrededor de19 millones de pesos con ese propósito.

En noviembre de 2010, se realizó en el D.F. la Cumbre Climática Mundial de Alcaldes, con los gastos pagados a los gobernantes y a sus equipos, por cortesía de las arcas del gobierno capitalino. De los impuestos de todos.

El GDF ha gastado decenas de millones de pesos en la promoción de Marcelo Ebrard con fines políticos.

El nombramiento del "Mejor Alcalde del Mundo", otorgado por un membrete llamado Fundation City Mayors, es un premio decidido exclusivamente por "un grupo de expertos en asuntos urbanos" que nada saben o ignoran deliberadamente, de la alta delincuencia e inseguridad que se vive en el D.F. Hay delegaciones como Iztapalapa o Gustavo A. Madero donde prácticamente hay "territorios autónomos" en manos de la criminalidad. Pero qué decir de las inundaciones frecuentes; los muertos por el transporte público; las miles de narcotienditas; la fabricación de culpables: Lorena González en el caso Martí, o *Charly* del caso Bar-Bar; los presos políticos como ocurre con Alfredo Maya; del tráfico de influencias con los hermanos de Ebrard; de un lugar llamado Tepito que sigue siendo centro de venta de drogas a pesar de las tan cacareadas como inútiles expropiaciones ordenadas por el GDF; de la ciudad tomada como rehén con marchas y plantones; de una metrópoli con innegable descomposición social y vacío de autoridad; de los abusos del poder de Marcelo Ebrard... ese premio es tan verosímil como que México está en Europa o que Gadaffi era un demócrata. Es, a final de cuentas, el abuso del poder. No falla.

FINANZAS. SUPERVÍA. DERECHOS HUMANOS

En septiembre de 2007, el Secretario de Finanzas del GDF, Mario Delgado —burócrata mediano—, anunció la reestructuración de la deuda de la administración capitalina, equivalente a 39 mil millones de pesos, con los bancos privados Goldman Sachs, Dexia y Bancomer, así como con Banobras.

Festivo, Delgado daba a conocer algo que, en el fondo, resulta preocupante: la renegociación de la deuda capitalina, que inicialmente debería pagarse en ocho años para limpiar a corto plazo las finanzas locales, contemplaba que ahora se pagaría en los próximos 30 y 40 años. Dos generaciones de capitalinos endeudados por adelantado.

Delgado quiso disfrazar lo que a todas luces significaba endeudar por cuatro décadas a los habitantes del D.F., argumentando que "el ahorro será de mil 600 millones de pesos y, aunque la disponibilidad anual será variable, es de aproximadamente dos mil millones de pesos, lo que usaremos para obras de transporte, agua y drenaje".

Lo que no amplió Delgado es que 70 por ciento de los recursos de la deuda del GDF —la más elevada entre los estados de la República— quedaría a tasa variable, a capricho de las tasas de interés que, como es condición de mercado, suelen subir intempestivamente e incrementar, de manera considerable, el monto de cualquier deuda. Sólo un 30 por ciento quedó a tasa fija.

El lenguaje de los funcionarios está diseñado para intentar explicar lo inexplicable. Para Delgado, tras esta renegociación "les estamos dejando, a las generaciones futuras, una carga menor porque tenemos ahorro".

Sí, una carga financiera que antes se iba a pagar a ocho años. Ahora, el endeudamiento, que será cubierto vía impuestos de los capitalinos, se alarga hasta cuarenta años más. ¿Habrá que agradecerlo?

* * *

La polémica construcción de la Supervía Poniente ha sido rechazada por grupos vecinales de las delegaciones Magdalena Contreras y Álvaro Obregón. Se estima que costará alrededor de seis mil millones de pesos al GDF a liquidar en 30 años a la empresa controladora Vía Rápida Poetas y que será una vía de peaje, con cuota de 28 pesos (casi cinco pesos por kilómetro recorrido).

No es la intención analizar la conveniencia o inconveniencia vial de la obra, o sus ventajas o desventajas, sino revelar los abusos del poder en los que ha caído el Gobierno capitalino durante la expropiación de 126 predios: 51 en Magdalena Contreras y 73 en Álvaro Obregón, así como el hostigamiento contra los vecinos afectados.

La obra —que se adjudicó de manera directa, sin licitación de por medio y sin que la Asamblea Legislativa del D.F., dominada por el PRD, protestara ni mucho menos exigiera una investigación al respecto—, afectará principalmente a personas de clase económicamente baja.

Inicialmente, la Supervía estaba proyectada para construirse en línea recta; sin embargo, de esta manera se afectaban casas de ricos e influyentes —como la del escritor Carlos Fuentes—, por lo que Ebrard no quiso problemas, y por ello se decidió "desviarla", afectando a familias de recursos escasos.

(En agosto de 2011, Fuentes devolvió el favor a Marcelo, declarando que era "el mejor candidato de la izquierda para 2012". Amor con amor se paga.)

Durante un recorrido que realicé por las colonias dañadas, el sentir casi generalizado fue: el gobierno capitalino nos está obligando, de manera arbitraria y con el uso de la fuerza pública, a abandonar nuestras casas, bajo amenazas, a la mala. Los testimonios son de vecinos que prefieren omitir sus nombres por miedo a las represalias del GDF:

"Llegan a nuestras casas muy temprano, como si fueran a detenernos; tocan nuestras puertas de manera ofensiva."

"Al recibir el cheque (de indemnización), advierten que no podemos decir nada a nadie porque, si no, nos quitan no sólo el dinero, sino también la casa, y amenazan con que nos van a mandar a la policía para desalojarnos."

Durante los días de furia vecinal por la construcción de la Supervía, Ebrard fue invitado a un programa de radio, donde convocó a menores a hablar con él, en su oficina, con motivo del Día del Niño. La cita se cumplió. Pero cuando uno de los menores le dijo a Ebrard que su familia se oponía a la construcción de la Supervía, el Jefe de Gobierno se irritó y soltó: "Se acabó la reunión." Otra vez la intolerancia.

El 21 de abril de 2010, un grupo de vecinos supo que Ebrard iría a un programa radiofónico en W Radio, sobre Calzada de Tlalpan. Hubo organización para reclamarle por el hostigamiento que estaban sufriendo, pero en el trayecto fueron reprimidos, a toletazos, por granaderos.

La represión contra quienes se oponen a la Supervía ha sido constante, violenta.

La madrugada del 18 de octubre de 2010, cientos de granaderos arremetieron contra vecinos reacios a la demolición de sus casas en la colonia La Malinche. A macanazos, con el escudo por delante, los dispersaron, dejando a varios heridos en el camino.

Al opositor, palo. Al amigo, la gracia. Como a los contingentes del Frente Popular Francisco Villa (FPFV), aliados del Gobierno capitalino, que cuando quieren bloquean Paseo de la Reforma o desquician a la ciudad. Para eso es el poder. Para explotarlo.

* * *

Han sido múltiples las recomendaciones que la Comisión de Derechos Humanos del Distrito Federal (CDHDF) le ha hecho al gobierno de Marcelo Ebrard por las constantes violaciones a las garantías individuales y derechos humanos, como ocurre frecuentemente en los Reclusorios del D.F.

Por la intolerancia mostrada, su gobierno siempre ha estado bajo la lupa, acusado de violar derechos humanos. Vaya paradoja para un gobierno que se dice de izquierda.

Tan sólo durante el bienio 2007-2008, la CDHDF emitió 79 recomendaciones al GDF, de las cuales 45 fueron aceptadas, 30 más de manera parcial, y cuatro rechazadas. Solamente se han concluido once.

Las cifras de violaciones a derechos humanos durante el gobierno de Ebrard son más que alarmantes. Preocupa la impunidad de la policía de Joel Ortega, primero, y luego la de Manuel Mondragón y Kalb, quien nada ha hecho para evitar estos abusos a ciudadanos.

De acuerdo con los informes anuales de la CDHDF, de 2007 a 2010, el total de quejas calificadas en tendencia a violaciones a los derechos humanos cometidas por servidores públicos del GDF asciende a 8 225; quejas por violaciones a la integridad personal a 3 589; expedientes por violaciones graves, 509.

En cuanto a expedientes abiertos en contra de servidores públicos del D.F., son 385 en caso de torturas; 89, en desaparición forzada; 33, en ejecuciones extrajudiciales.

En su número 709, la revista *Milenio Semanal* publicó un reportaje titulado en portada "Ebrard, ¿defensor de derechos humanos?". El trabajo del reportero Héctor Villarreal consigna lo siguiente:

> En su informe anual de labores, presentado en abril de este año (2011), la CDHDF afirma que en el Distrito Federal no se han erradicado las ejecuciones extrajudiciales, la desaparición forzada y la tortura debido a que permanecen enclaves de autoritarismo.
>
> Lo que hace más evidente esta falta de compromiso de parte de las autoridades para abatir las violaciones a los derechos humanos de las que son responsables, es que de su parte hay un franco desdén para aceptar las recomendaciones que les dirige el Ombudsman de la capital, así como para cumplir los puntos que de cada recomendación han aceptado atender...
>
> ... el jefe del GDF ni siquiera asistió a la presentación pública del informe anual de la CDHDF el 30 de mayo pasado.
>
> Los pendientes y negativas (del GDF) llegan a tal punto que el 26 de abril (de 2011), el propio Consejo de la Comisión exhortó a diputados y diputadas de la ALDF a que, a su

vez, soliciten a las autoridades correspondientes del GDF que acepten todos los puntos de las recomendaciones que les ha dirigido, y no sólo una parte.

El trabajo periodístico de Villarreal incluye casos de homicidio por parte de policías, como ocurrió con Rodrigo, asesinado a golpes por no querer "mocharse" con la autoridad, o el del ciudadano de origen nigeriano Isaac Chinedu Nwachukwu, fallecido el 11 de mayo de 2011 tras haber sido atacado por seis policías.

"Su viuda ha iniciado una campaña para dar a conocer que Isaac fue víctima de discriminación y de brutalidad policiaca por el color de su piel —*pinche negro*, le decían mientras lo golpeaban—, pues continuamente era detenido por su aspecto físico", señala el reportero. Abuso del poder.

SME: EL DRAGÓN DE DOS CABEZAS[4]

El poder es como un explosivo:
o se maneja con cuidado, o estalla.
Enrique Tierno Galván

—Recibimos muchas quejas por el mal servicio que se le proporciona a los usuarios, por el trato a los clientes, por las grandes filas en las oficinas comerciales, por los recibos de cobro, por la comercialización de energía, por las pérdidas de electricidad...

El rostro severo del Presidente de México, Felipe Calderón Hinojosa, reflejaba molestia. Comenzaba a marcársele el ceño fruncido, la grieta marcada partiendo en dos su frente, la ceja izquierda engallada, como punta de flecha, signo de enojo; ese mismo gesto que mostraría en innumerables ocasiones en eventos públicos, o a través del televisor.

El reclamo se hacía en Los Pinos. Principios de 2007. Sus interlocutores eran Martín Esparza, Secretario General del Sindicato Mexicano de Electricistas (SME), así como algunos integrantes del Comité Ejecutivo del SME. Sindicato integrado por alrededor de 66 mil trabajadores (44 mil en activo y 22 mil jubilados) y cuya función era clave y estratégica: suministrar y garantizar, a través de 489 centros de trabajo al servicio de la empresa descentralizada

---

[4] Para elaborar este capítulo, se le pidió, de manera personal, al entonces Secretario del Trabajo Federal, Javier Lozano, una entrevista. Inicialmente aceptó. Sin embargo, después cerró su puerta sin ninguna explicación. Aun así, están incluidas las razones del Gobierno.

Luz y Fuerza del Centro (LyFC), el abasto de energía eléctrica al centro del país-Ciudad de México, la mitad del estado de México y de Hidalgo, tres municipios de Morelos, tres de Puebla y la Hidroeléctrica Lerma en Michoacán.

Era la primera vez que se reunían, en privado, con el presidente Calderón, tan sólo meses después de las conflictivas elecciones presidenciales del 2006. Era público —y justificado por pertenecer a la izquierda—, que el sindicato hubiera apoyado a Andrés Manuel López Obrador, el candidato.

Entre la clase política y los medios periodísticos se hablaba de que el gobierno calderonista le "cobraría factura" al SME por haber respaldado política y económicamente al movimiento encabezado por López Obrador. Viendo a futuro, el sindicato electricista sería un dolor de cabeza permanente para el entrante régimen de una derecha que gobernaba al país desde el primer día de diciembre del nuevo milenio, con Vicente Fox a la cabeza.

Del otro lado estaban los usuarios, furiosos en su mayoría por el maltrato que se les brindaba a la hora de intentar pagar un recibo de luz y, sobre todo, cuando se hacía un reclamo por cobros injustificados. Al estar frente al mostrador de cualquier oficina de LyFC, la historia se repetía de manera grosera e inequívoca:

"¡Primero pague y luego revisamos!" era la frase clásica e indolente de los trabajadores de Luz y Fuerza, sindicalizados del SME. Para los usuarios del D.F., Edomex, Hidalgo y Morelos, tratar de aclarar una factura eléctrica cobrada en exceso, significaba un trámite tortuoso, con un final invariable y seguro: la majadería e indiferencia de quienes estaban detrás del mostrador. Era una fórmula que no fallaba.

O bien cuando los empleados de la compañía llegaban, a petición de algunos usuarios —no de todos, por supuesto—, a revisar los medidores de luz porque el cobro bimestral llegaba muy caro, igualmente se repetía, como un círculo vicioso, el "entendimiento" entre ambas partes, que no era otra cosa que darle una "mordida" a los revisores a cambio de "arreglar" el medidor y así lograr que disminuyera la tarifa. Todos ganaban. Todos contentos.

O los famosos "diablitos", vulgares robos de luz que realizan cientos de miles de ciudadanos, tianguistas, vendedores informales o todos aquellos que, simplemente, no quieren pagar el servicio. Se calcula que hay pérdidas por alrededor de 30 mil millones de pesos anuales por robo de energía eléctrica. Unos tres mil millones de dólares.

Un ejemplo innegable de cómo este servicio estratégico se ha utilizado, inclusive, para apoyar movimientos políticos, se dio durante los meses posteriores a la elección presidencial del 2 de julio de 2006, cuando irritado por lo que consideraba un "complot para robarse la elección" por parte del Instituto Federal Electoral (IFE), del gobierno de Fox, del PAN y de las grandes televisoras como Televisa y TV Azteca, Andrés Manuel convocó a la insólita toma de Paseo de la Reforma, la avenida más emblemática de la ciudad de México.

Miles de casas de campaña, campamentos e improvisados albergues que recibieron durante semanas a los simpatizantes del tabasqueño, se mantuvieron, en gran medida, porque se les permitió "colgarse" de los transformadores de luz y así la tuvieron las 24 horas del día. Nadie protestó. Nadie hizo nada.

La anarquía, el maltrato, la indolencia y, sobre todo, la corrupción entre los trabajadores electricistas, combinados con la conveniencia de usuarios y empresas, tenían hundido al mercado eléctrico en la zona centro del país.

Era un lastre que los gobiernos del PRI jamás se atrevieron a tocar porque el sector obrero —incluidos sindicatos oficiales e independientes— era una de sus piedras angulares para mantenerse en el poder, con la popular Comisión Nacional de Organizaciones Populares (CNOP) y la Confederación Nacional Campesina (CNC). De ahí que se tejiera una red de conveniencias para protegerse, y ayudarse, mutuamente.

Con Vicente Fox tampoco pasó nada. Con Calderón, el asunto reventó: minutos antes de la medianoche de lo que sería ya el domingo 11 de octubre de 2009, cuando el país festejaba la calificación de la selección mexicana de futbol al Mundial de Sudáfrica al ganarle, horas antes, a El Salvador en el Estadio Azteca; justo durante la euforia y la borrachera triunfalista —y etílica— por estar nuevamente en el gran evento deportivo, y celebrando la actuación soberbia del ídolo popular, Cuauhtémoc Blanco, el golpe llegó directo al corazón del SME.

198   Abuso del poder en México

Alrededor de 500 elementos de la Policía Federal llegaban sorpresivamente a las instalaciones centrales de LyFC, ubicadas en avenida Marina Nacional y Circuito Interior.

La información llegó rápidamente a las redacciones. Los reporteros de guardia se enteraban con incredulidad de la noticia, y trabajaban a marchas forzadas durante el tradicionalmente tranquilo sábado por la noche. Era una noticia bomba: el gobierno ocupaba las instalaciones de Luz y Fuerza. ¿Qué pasaría con el SME?

Con el paso de los días, de las semanas y de los meses, el conflicto se interpretaba, por algunos, como "un golpe artero del gobierno de derecha al sindicalismo independiente". Otros opinaban que era un cobro de facturas de Calderón al SME por haber apoyado a López Obrador en las elecciones de 2006.

Tal vez de manera inesperada, más no sorpresiva, la reacción de la opinión pública, de aquellos usuarios maltratados cuando llegaban a solicitar alguna aclaración por su recibo de luz, de los ciudadanos que, de alguna u otra forma, fueron víctimas de la prepotencia electricista, fue de simpatía con la toma de instalaciones de Luz y Fuerza. "Les dieron una sopa de su propio chocolate", se decía en las calles.

Una encuesta realizada el 11 de noviembre de 2009 por el portal del diario *Excélsior*, lanzaba la siguiente pregunta: ¿Es la causa del SME digna de su apoyo? 95 por ciento respondió con un NO rotundo.

Para el grueso de la población capitalina, mexiquense, morelense y poblana, la acción de gobierno debería contribuir, principalmente, a dos cosas: eficientar el servicio sin aumentar las tarifas, fundamental, y a tener un mejor trato con los usuarios. Millones aplaudieron la decisión del gobierno.

¿Cuáles eran los motivos de Calderón para extinguir a Luz y Fuerza del Centro?

Citamos los puntos más ilustrativos de las causas de extinción incluidas en el decreto publicado el 11 de octubre de 2009 en el *Diario Oficial de la Federación*:

... el organismo descentralizado subsiste por las transferencias que hace el Gobierno Federal para mantenerlo y que lejos de alcanzar los índices equivalentes respecto del sector nacional, el funcionamiento de Luz y Fuerza del Centro hoy en día representa un costo tan elevado que no resulta conveniente ni para la economía nacional ni para el interés público...

... los costos de Luz y Fuerza del Centro casi duplican a sus ingresos por ventas; de 2003 a 2008 registró ingresos por ventas de 235,738 millones de pesos, mientras que sus costos fueron de 433,290 millones de pesos...

...el organismo registra un pasivo laboral de 240 mil millones de pesos, de los cuales solamente 80 mil millones corresponden a trabajadores en activo y 160 mil millones al personal jubilado...

En 2008, Luz y Fuerza del Centro perdió 32.5% de la energía que compra y genera para vender. El valor estimado de estas pérdidas totales ascendió a casi 25 mil millones de pesos, lo que representa el 52% de los ingresos totales por ventas del organismo...

...la comprobada ineficiencia operativa y financiera del organismo descentralizado en cuestión, permite llegar a la conclusión de que, siguiendo el principio de ejercicio eficiente del gasto público, Luz y Fuerza del Centro debe extinguirse; ello fundado en que su funcionamiento ya no resulta conveniente desde el punto de vista de la economía nacional y del interés público.

Eso argumentó el gobierno. Pero, ¿realmente eran estos los motivos que llevaron al Gobierno a tomar Luz y Fuerza y deshacerse, de paso, del incómodo sindicato electricista?

Martín Esparza me recibió en su oficina de avenida Insurgentes y soltó:

—Acabaron con Luz y Fuerza debido a los compromisos que el gobierno de Calderón contrajo con intereses particulares; para darle oportunidad de negocio a empresas transnacionales y privatizar la fibra óptica de Luz y Fuerza.

—¿Qué intereses?

—Particularmente privatizar, explotar y comercializar mil cien kilómetros de la red de fibra óptica de Luz y Fuerza del Centro en favor de la empresa WL Comunicaciones S. A. de C. V., dejando fuera a Luz y Fuerza y, en consecuencia, al sindicato. ¿Quiénes están detrás de WL? Dos ex Secretarios de energía del gobierno panista de Vicente Fox: Ernesto Martens (diciembre de 2000 a septiembre 2003), y Fernando Canales Clariond (septiembre 2005 a noviembre 2006). La generación de electricidad —Esparza se remueve en su asiento— es un gran negocio para el Gobierno y las transnacionales. Un solo dato: de 2000 al 2008, se les han pagado a empresas extranjeras 268 mil millones de pesos en permisos para generar electricidad. Tan sólo a la empresa Iberdrola (el grupo energético español más grande y uno de los más importantes del mundo), se le han otorgado quince mil millones de dólares mediante esos permisos. Para eso quieren explotar la red de fibra óptica de LyFC, para hacer más negocios—. Esparza avienta su pluma sobre el escritorio.

* * *

El 11 de abril de 2011, uno de los periodistas mexicanos más reconocidos y mejor informados, Miguel Ángel Granados Chapa —fallecido en octubre de ese año— publicó en su columna "Plaza pública" en el diario *Reforma*, bajo el título "LFC: causas verdaderas de la extinción", un texto que en su parte medular señala:

> Un estudio sobre el sector energético dedicado por la Auditoría Superior de la Federación al examen de dicha franja administrativa de la Cuenta Pública 2009, arroja luces sobre la verdadera situación de LFC, y sobre la pertinencia que su liquidación tenía a fin impulsar todavía en mayor medida la privatización del sector eléctrico.
>
> LFC, desde su creación, había recibido transferencias presupuestales cuantiosas y que entre 2001 y 2009 se incrementaron en más de 200%, ya que pasaron de 13 mil millones de pesos en el primer año, a 42 mil millones en el segundo. Sin embargo, debe aclararse que eso no fue ex-

clusivo del organismo liquidado; también la CFE recibió cuantiosas transferencias que se mantuvieron altas, al incrementarse de 46.6 miles de millones de pesos a 98.3 miles de millones durante ese mismo periodo.

Los costos casi duplicaron sus ingresos por ventas. De 2001 a 2008 la entidad registró ingresos por ventas de 282 mil millones de pesos, mientras que sus costos ascendieron a 524 mil millones de pesos, es decir, 186% sus ingresos. Debe reiterarse que la inversión en proyectos de infraestructura autorizados por los coordinadores sectoriales, SHCO y Sener, para la entidad, fueron insuficientes para generar la electricidad que demandaba la zona centro del país y en consecuencia esta provenía de compras a la CFE. Los altos costos de la energía comprada a CFE implicaron que estos aumentaran 90.8% como proporción de los ingresos totales de 2001 a 119.5% en 2008.

Estas cifras derrotan el argumento político central de la extinción, que atribuían a onerosas prestaciones de los trabajadores el estado ruinoso de Luz y Fuerza. Lo cierto es que se colocó en posición precaria a la empresa, en un marco descrito por la ASF como notorio desplazamiento que está sufriendo el servicio público de generación, transmisión y distribución de energía eléctrica en el país por los Productores Externos de Energía (PEE) y el alto grado de desocupación de la planta productiva del SEN (Sistema Eléctrico Nacional) en propiedad del Estado. No sólo es LFC, que por decreto se extinguió, sino también CFE está perdiendo progresivamente participación de mercado y los PEE detentan alrededor de 50% de la capacidad de generación de la CFE.

En 2007, Unión Fenosa, productor privado independiente de origen español, vendió el KWh (quilovatio hora) a CFE a 59 centavos y CFE lo vendió a su vez a LFC a 1 peso 93 centavos. En 2008, las compañías eléctricas en su conjunto aumentaron el KWh a 93 centavos y CFE lo transfirió a LFC a 1.50 pesos, y la SHCP obligó al organismo liquidado a vender al usuario a 1.18 centavos (sic, por pesos). Ello originó que los costos de explotación de la CFE fueran absorbidos por LFC generando un sobreprecio de cerca de 13 mil millones de pesos en 2009. La energía comprada a CFE tuvo un costo que se incrementó de 41.5 miles de millones de pesos en 2001, a 108.4 miles de millones de pesos en 2008; así, los costos de explotación se integraron 65% de electricidad comprada a CFE y 26% de pasivo laboral principalmente. Los altos costos de energía eléctrica que la CFE adquiere de los PEE fueron transferidos a la propia LFC, deteriorando aún más su situación financiera.

Saque usted conclusiones.

Un informe interno de LFC revela también que tres de cada diez kilowatts que se generan en el país corresponden a las centrales operadas por empresas privadas que se financian con recursos propios para la construcción de las plantas, pero que adquieren la garantía de compra de la energía que generan de la parte de la Comisión Federal de Electricidad por periodos de hasta 30 años, prorrogables a su vencimiento.

Un total de 22 centrales privadas operan en el país, según los registros de la Comisión Reguladora de Energía, a un costo de 41 mil 915 millones de pesos anuales, cantidad que erogó la CFE en el 2011 para el pago de energía a particulares. Además, 57 mil millones de pesos anuales están comprometidos por la CFE a los productores independientes de electricidad por concepto de cargos fijos y variables. La frialdad de las cifras.

CALDERÓN-SME: LUNA DE MIEL

La desaparición de Luz y Fuerza del Centro (LyFC) y el golpe al consolidado Sindicato Mexicano de Electricistas (SME) constituyen, hasta hoy, el conflicto sindical más relevante del gobierno de Felipe Calderón quien, para muchos, dictó esta medida para legitimar de alguna manera su conflictivo y accidentado arribo a Los Pinos.

Algunos compararon el golpe del calderonismo al SME con el embate del priísta Carlos Salinas de Gortari —presidente de México de 1988 a 1994, gracias al último gran fraude electoral del siglo XX, mediante el cual, unidos, el presidente Miguel de la Madrid, la Secretaría de Gobernación a cargo de Manuel Bartlett (erigida en autoridad electoral de gobierno) y el PRI, arrebataron un triunfo legítimo a Cuauhtémoc Cárdenas Solórzano, como he señalado en el capítulo anterior—, al entonces todopoderoso sindicato petrolero encabezado por Joaquín Hernández Galicia, *La Quina*, y Salvador Barragán Camacho, a quienes presentaron como *gangsters* sindicales ante la opinión pública, acusados de homicidio y acopio de armas.

Salinas de Gortari estaba urgido de una legitimidad no ganada en las urnas electorales y, por ello, a poco más de un mes de haber tomado protesta como presidente, decidió la ofensiva contra una dirigencia sindical que si bien era emblema del sindicalismo corrupto mexicano, también era cierto que sus abusos los cometió siempre al amparo de los gobiernos priístas y de los directores de Petróleos Mexicanos (Pemex) en turno, nombrados directamente por el presidente.

Décadas después, el panista Felipe Calderón Hinojosa tomaba la decisión de liquidar otro sindicato, fuerte y económicamente bien armado. Tras escuchar en Los Pinos las quejas de Calderón por el mal servicio que se le proporciona a los usuarios, por el trato a los clientes, por las grandes filas en las oficinas comerciales, por los recibos de cobro, por la comercialización de energía, por las pérdidas de electricidad, el Secretario General del SME, Martín Esparza, le hizo una propuesta al presidente.

—Pues aquí le presentamos un proyecto elaborado por técnicos del Instituto Politécnico Nacional (IPN), precisamente para mejorar el servicio, para evitar pérdidas, blindando la red de distribución; para reformar la Ley del Servicio Público de Energía Eléctrica para que se fijen las tarifas con la participación del Congreso de la Unión a partir de los costos de producción de kilowatt-hora que requieren una tarifa social, eliminando así la tarifa doméstica de altos consumos que le ha venido haciendo mucho daño a los usuarios (tarifa creada en el 2002, mediante la cual se cobra hasta el triple si se rebasan los 250 kilowatts -hora de consumo mensual, con un kilowatt hora que se agregue); para modificar la tarifa de usuarios de altos consumos. Es un plan integral que modernizará y hará más eficiente a Luz y Fuerza…. estamos en condiciones de firmar un convenio… Entre todos, señor presidente…

Desde finales de 2006, el SME se había incorporado a la Junta de Gobierno de la Comisión Federal de Electricidad, integrada por la dirección de la CFE a cargo, entonces, de Alfredo Elías Ayub —hermano de Arturo, yerno a su vez de Carlos Slim y uno de sus hombres de mayor confianza—; por las secretarías de Hacienda, de Economía, de la Función Pública, del Medio Ambiente y de Desarrollo Social. Tres representantes del sindicato —Secretario General, del Interior y del Trabajo— tenían asiento ya en la junta. Era un buen augurio para el SME y sus 66 mil integrantes.

En esa primera reunión en Los Pinos estaba el Secretario del Trabajo, Javier Lozano. Ante la propuesta sindical entregada por escrito, el presidente Calderón respondió:

> —Pues le entramos, siempre y cuando el Sindicato se comprometa a mejorar los indicadores de productividad, a incorporar nuevas tecnologías en todos los procesos de trabajo, empezando por el área comercial, revisando los convenios sindicales para incorporar esas tecnologías…
>
> —Pues nosotros también estamos de acuerdo, señor Presidente, y traigo el mandato del sindicato de firmar un convenio de productividad, y en el año 2012 haríamos un balance, auditando cada uno de los compromisos adquiridos bajo el seguimiento de la Junta de Gobierno e informar así sobre los avances del convenio.

Un apretón de manos selló el compromiso.

"Salí confiado de Los Pinos", recuerda Esparza. "Creímos en el presidente."

El Convenio de Productividad plasmado en doce cláusulas se firmó el 16 de marzo de 2008. Fue celebrado entre LyFC, representada por su director general, Jorge Gutiérrez Vera; por los líderes sindicales encabezados por Martín Esparza y, como testigos de honor, los secretarios del Trabajo, Javier Lozano; de Energía, Georgina Kessel, y de Hacienda, Agustín Carstens.

Todo pintaba de maravilla para el SME y sus agremiados. Nada parecía empañar la relación con el segundo gobierno de derecha encabezado por Acción Nacional. Paralelamente, había concluido también la revisión del Contrato Colectivo de Trabajo (CCT) 2008-2010. "Con esto salvamos el sexenio", comentaba Esparza a los sindicalizados.

Entonces, ¿qué pasó entre marzo de 2008 y octubre de 2009? ¿En qué momento se torció esa buena relación?

UN CONVENIO OCULTO

En 2009, hubo una segunda reunión, nuevamente en Los Pinos, entre el presidente Calderón y la dirigencia del SME. Pero ésta fue muy diferente a la primera celebrada a inicios del sexenio.

¿Cuál fue la manzana de la discordia? Los mil cien kilómetros de red de fibra óptica que pertenecían a Luz y Fuerza del Centro. La cláusula X del Convenio de Productividad establecía que:

> Con el propósito de facilitar el acceso a la Sociedad de la Información, a precios y calidad competitivos en la zona de influencia de LyF, las partes se comprometen a realizar de forma conjunta los estudios de factibilidad técnica, jurídica y económica para gestionar ante la Secretaría de Comunicaciones y la Comisión Federal de Telecomunicaciones, la obtención de una concesión de red pública de telecomunicaciones para la prestación de servicios de transmisión de voz, datos y video, a través de una filial de LyF creada para ese fin, aprovechando la infraestructura del organismo.
>
> El desarrollo de este proyecto supone el compromiso de las partes para mejorar en forma sustancial la capacidad técnica, operativa y financiera del organismo.

El 1 de julio de 2009, el secretario de Comunicaciones y Transportes, Juan Molinar Horcasitas —uno de los panistas más cercanos y de mayor confianza del presidente Calderón— recibió la solicitud firmada por el director general de Luz y Fuerza, Jorge

Gutiérrez Vera, con base en la cláusula X del Convenio de Productividad, para "la obtención de una concesión para instalar, operar y explotar una red pública de telecomunicaciones interestatal para una filial de LUZ Y FUERZA DEL CENTRO, misma que, en su caso y de ser aprobada su creación por autoridad competente, aprovechará los activos e infraestructura de esta Entidad para lograr su cometido".

Los detalles técnicos de la solicitud a Molinar Horcasitas habían sido revisados y aprobados por el secretario Lozano, y por la Junta de Gobierno de la CFE. Todo parecía estar en orden. Pero en ese momento fue cuando inició la batalla.

De emergencia, a Martín Esparza se le convocó a una reunión en las oficinas del director de Luz y Fuerza. Al llegar, encontró en su oficina a Gutiérrez Vera y a tres personajes inesperados: el ex secretario de Energía, Fernando Canales Clariond; al director de la empresa WL Comunicaciones S. A. de C. V., Salvador Canales, y al representante jurídico del consorcio, el ex titular de la PGR durante el sexenio de Ernesto Zedillo, el panista Antonio Lozano Gracia, primer procurador de Justicia de la oposición en la historia.

—Necesitamos hablar, Martín..., lo recibió, en tono sombrío, Gutiérrez Vera. Los Canales y Lozano Gracia sólo observaban.

Allí se le comunicó que en diciembre de 2007 —tres meses antes de la firma del Convenio de Productividad firmado entre LyFC y el SME—, se había signado otro contrato entre Luz y Fuerza y WL Comunicaciones.

—Yo no sabía nada de este contrato, dijo Esparza de entrada.

Hubo un jaloneo verbal. Gutiérrez Vera llevaba la batuta. Algo no le gustaba al secretario general del SME. Pronto lo confirmaría.

—¿Por qué te opones a este convenio?

—No sé de qué me hablas...

—... de oponerte a este convenio para que WL pueda ocupar fibras oscuras de la red de fibra óptica de la compañía...

—... pues le digo que yo no sé nada de ese convenio. Y si Gutiérrez Vera les firmó, pues entonces que Gutiérrez Vera se los cumpla—, subió la voz Esparza, dirigiéndose a los Canales y a Lozano, quienes únicamente lo miraban.

—… además —repuso Esparza—, hay un compromiso público, firmado, para concesionar la red a Luz y Fuerza del Centro y utilizar esta fibra óptica para dar servicios a la sociedad de la información con la participación del Sindicato…

Gutiérrez Vera jamás informó nada sobre este convenio a la Junta de Gobierno de la CFE, cuando legalmente era su obligación hacerlo.

"Allí es donde salen los intereses de estos grupos", asegura el dirigente sindical.

Sobre el escritorio de la oficina de Gutiérrez Vera ya se encontraba el documento mediante el cual se autorizaba a WL utilizar toda la red de fibra óptica para vender capacidad a empresas privadas y públicas, mientras el sindicato mantendría la continuidad de la red, a cambio de una cuota mínima para Luz y Fuerza. En caso de que fallara la red y hubiera daños a los usuarios, entonces LyF sería la responsable. "Era un convenio leonino de una infraestructura pública al servicio de una empresa privada", considera Esparza.

—Hay suficiente capacidad instalada para que participemos todos—, replicaba Gutiérrez Vera.

Sin embargo, el contrato con WL especificaba que Luz y Fuerza estaba impedida para comercializar su fibra óptica a los usuarios. Prácticamente era un negocio de la empresa privada.

—Yo no tengo nada que hacer aquí…—, dijo molesto Martín Esparza, dando un portazo y abandonando la oficina de Gutiérrez Vera.

Esparza salió profundamente preocupado. Ese convenio, mantenido en secreto por Gutiérrez Vera, era una pésima señal —pensaba— para el futuro del mercado eléctrico central. Días después recibió la llamada de Los Pinos.

—El Presidente de la República lo quiere ver, señor Esparza.

Al día siguiente, Calderón lo recibió con el gesto duro, implícito el reproche:

—¿Por qué se oponen al convenio de Luz y Fuerza y WL?

—Ignorábamos ese convenio, señor presidente. Ni Gutiérrez Vera ni nadie informaron de ello a la Junta de Gobierno.

—Yo también estoy un poco desconcertado... no sabía de la existencia de esto—, reconoció Calderón.

En la oficina presidencial se encontraba el secretario del Trabajo, Javier Lozano. Calderón prometió inicialmente que iba a cancelar la concesión a la empresa WL. Pero tiempo después se le exigió al SME que aceptara la transnacional. "Hay un compromiso firmado para que se nos dé la concesión. Podemos operar la fibra óptica entre los dos. WL podría utilizar dos pares de fibra oscura y nosotros el resto para ofrecer servicios", propuso Esparza.

En esa segunda reunión con Calderón, Esparza se quejó de que la Secretaría de Energía estaba retrasando las reuniones periódicas de la Junta de Gobierno de la CFE. El presidente escuchaba sin decir nada. Se estaba frenando el Convenio de Productividad deliberadamente, a pesar de haber sido revisado, aceptado y firmado por todos los involucrados.

Detrás de esta discusión había una funcionaria clave: la Secretaria de Energía, Georgina Kessel —discreta mujer, ex profesora de maestría de Felipe Calderón—, quien, en público, mostraba un rostro apacible y hasta bonachón, pero en privado, era una furiosa crítica del SME, al que acusaba directamente de oponerse al desarrollo del compromiso firmado con WL.

Fue la opinión de Kessel la que más influyó en la decisión de Calderón para no dar cumplimiento al convenio pactado con el SME. A ello siguió frenar el avance del Convenio de Productividad. De ahí que ya no se realizaran las reuniones periódicas de la Junta de Gobierno, de la cual ya era parte el Sindicato de Electricistas.

A la luz de los hechos, el Gobierno había decidido no cumplir con el Convenio de Productividad firmado en marzo de 2008 con el SME, y validar, en cambio, el de diciembre de 2007, que autorizaba a WL a explotar y comercializar mil cien kilómetros de red de fibra óptica de Luz y Fuerza.

—¿Los traicionó el presidente?

—Sí. Es un presidente que ya después nos fuimos enterando de su personalidad, la cual definió muy bien Carlos Castillo Peraza en las cartas que le legó a Julio Scherer. Un tipo voluble, insensible, fundamentalista y, además, represor y autoritario.

"Confiamos en Calderón y no nos cumplió", se lamenta Esparza.

SME: UN JUDAS EN LA FAMILIA

La luna de miel con el gobierno de Calderón había concluido para el SME. Esparza y su gente se preparaban para lo que ellos llamaban "la embestida oficial". Y muy pronto les llegó el primer aviso.

Una noche, hasta la oficina de César Nava, secretario particular del presidente Calderón, llegó un visitante peculiar: Alejandro Muñoz, nada menos que el tesorero del Sindicato Mexicano de Electricistas.

Las versiones recogidas para reconstruir esta historia indican que, para debilitar al SME, Nava le ofreció a Muñoz encabezar una corriente opositora en el Sindicato para las elecciones internas que se realizarían en la segunda semana de julio del mismo año, para el bienio 2009-2011.

Fue el propio Muñoz quien le comentó a Esparza que Nava le había ofrecido apoyarlo para crear una corriente disidente que le disputara el poder sindical. "Y lo voy a analizar", advirtió Muñoz. Inclusive, hubo una tercera reunión entre Calderón y Esparza, ríspida, incómoda.

—Su secretario particular le está ofreciendo a nuestro tesorero apoyarlo para crear una disidencia interna, señor presidente...

—Nosotros no nos metemos en la vida de los sindicatos. Lo voy a checar, pero le doy la seguridad de que no vamos a intervenir...

La disidencia encabezada por Muñoz, bajo el lema de "Transparencia Sindical", le disputó la Secretaría General a Martín Esparza. La división crecía en el SME. Los secretarios de Actas y Acuerdos, y el de la Comisión Autónoma de Justicia se unieron a Muñoz.

Fue la contienda más dura y cerrada en la historia del SME. Hubo transferencias al Sindicato, a través del tesorero Muñoz, por alrededor de 60 millones de pesos por concepto de "adelanto de cuotas sindicales", procedimiento que jamás se había practicado por estar prohibido. ¿La intención? Cooptar votos opositores, denunció Esparza.

La dirigencia encabezada por Esparza se tambaleaba. Fue llamado a la Procuraduría General de la República (PGR), demandado por Muñoz, por presuntamente falsificar su firma en un documento que, curiosamente, ingresó a Los Pinos, solicitando recursos económicos al presidente para construir desarrollos habitacionales y deportivos. El proceso judicial contra Martín se abrió en plena jornada electoral sindical. En esos días, Esparza se reunió con el secretario del Trabajo, Javier Lozano, a quien exigió:

—¡No se meta en el proceso electoral del sindicato!

—¡Yo no me he metido… somos institucionales… respetamos la autonomía del sindicato!

Esa votación para elegir dirigencia del SME fue la más alta registrada en su historia: más de 55 mil sufragaron. La corriente "Unidad y Democracia Sindical" ganó por apenas 350 votos. Esparza seguiría al frente del SME, con papeletas contadas frente a los propios sindicalistas. Era julio de 2009.

"Unidad y Democracia Sindical" solicitó entonces la llamada "Toma de Nota" a la Dirección General de Registro de Asociaciones, dependiente de la Secretaría del Trabajo y Previsión Social (STyPS). Allí inició un proceso tortuoso para otorgar la toma. Paralelamente, "Transparencia Sindical" pidió la anulación del proceso electoral ante la Junta Federal de Conciliación y Arbitraje, bajo el argumento de que habían sufragado más de los existentes en el padrón electoral.

Sin embargo, llama la atención que dicho padrón está integrado por alrededor de 66 mil trabajadores en activo y jubilados con derecho a voto. Sufragaron alrededor de 55 mil.

El 5 de octubre, la STyPS negó la "Toma de nota" al SME porque, argumentó, no se había cumplido con lo que marcaban los estatutos. El sindicato estaba dividido. Al negarse la "Toma de nota", Esparza encabezó una marcha de protesta hacia Los Pinos el viernes 9 de octubre. Los recibió el nuevo secretario privado del Presidente, Luis Felipe Bravo Mena, sucesor de César Nava. Se exigió que cesara la persecución contra el gremio.

—Todo lo que han planteado se lo transmitiré al presidente. Tendrán una respuesta el lunes próximo…

Pero la respuesta llegaría antes del lunes 12 de octubre.

Durante la última hora del sábado 10 y las primeras del domingo 11 de octubre, la fuerza del Estado ocuparía las instalaciones de la Compañía de Luz y Fuerza del Centro.

LA TOMA

Martín Esparza nació en el estado de Hidalgo. El sábado 10 de octubre de 2009 viajó a Pachuca para atender asuntos familiares. Se mantenía en contacto, vía telefónica, con sus colaboradores. Así estuvo gran parte del día. Pasaban ya las once de la noche.

Del otro lado de la línea estaba Humberto Montes de Oca, secretario del Interior del SME y uno de los colaboradores más leales a Esparza.

—¡Martín, Martín, ya tomaron las instalaciones los cabrones del Gobierno!

La autopista México-Pachuca se le hacía eterna a Esparza. Por la radio —contados programas estaban en vivo—, trataba de obtener más información. En el trayecto pensaba en el presidente Calderón. En Lozano. En los acontecimientos de los últimos días. "Se nos estaba despojando de nuestras fuentes de trabajo. Así de sencillo. Usted ¿qué cree que hubiera hecho cualquier sindicato del mundo. No es fácil, eh?"

De la furia pasó a la preocupación. Casi dos horas más tarde llegó a Marina Nacional y Circuito Interior. Hasta donde pudo, porque cientos de federales habían rodeado las oficinas centrales de Luz y Fuerza.

Una de la mañana. Miles de electricistas se reunían en su sede sindical en la Avenida Insurgentes centro. Junto a Esparza llegó Alejandro Muñoz, líder de la disidencia sindical. Varios compañeros intentaron golpearlo. "Traidor… vendido… Judas", le gritaban. Esparza se interpuso para evitar una batalla campal. "Luego arreglamos nuestros problemas; ahorita es momento de estar unidos", le dijo a Muñoz. Los ánimos se calmaban de momento. Cerraron filas.

Al día siguiente, domingo 12 de octubre, hubo un mitin en el Monumento a la Revolución. Varios oradores. Esparza, por supuesto. Y también Muñoz. Todos coincidieron: no permitiremos que se nos quite nuestra fuente de trabajo. Marcharon, desde allí, rumbo a la Secretaria de Gobernación. Cerraron calles. Lanzaron consignas contra el Gobierno. Juraron que no habría tregua contra el gobierno de derecha. Algunos pedían ir a Los Pinos a exigirle una explicación al Presidente de la República. Durante la marcha, los automovilistas, cuya mayoría ya estaba enterada de que Luz y Fuerza había sido tomada, celebraba, en número considerable, la acción del Gobierno, recordando las ocasiones de maltrato recibido tras el mostrador por parte de los trabajadores del SME en las sucursales. Bien merecido se lo tenían, opinaron muchos ciudadanos.

Poco después de las once de la mañana de aquel domingo, los recibió el secretario de Gobernación, Fernando Gómez Mont, uno de los abogados más influyentes del país, el cual meses después renunciaría al PAN por diferencias políticas con el gobierno de Calderón. No hubo saludos de cortesía.

—¡Exigimos que se respete nuestra fuente de trabajo, el contrato colectivo, la autonomía sindical!—, lanzó Esparza a la figura adusta de Gómez Mont, que lo veía sin pestañear con las manos entrelazadas.

—Se tomó esta decisión por el bien de la economía del país y del interés público, señor Esparza. El Gobierno federal está dispuesto a mantener un diálogo con ustedes para encontrar alternativas de reinserción laboral productiva para los trabajadores y…

Esparza lo interrumpió.

—¡Hay un contrato colectivo de trabajo firmado! No aceptaremos otra cosa más que la devolución de nuestro trabajo. ¡Ustedes contrataron a esquiroles para suplir nuestras funciones!

Gómez Mont intentaba mantener la calma.

—¡Exigimos respeto a la autonomía sindical…!

—Estamos dispuestos al diálogo, señor Esparza…

Salieron de Gobernación furiosos.

De regreso a su sede sindical, informaron a los trabajadores que el Gobierno estaba en la postura de no dar marcha atrás en la ocupación de las instalaciones. Los sectores más radicales exigían tomarlas por la fuerza, pero Esparza sabía que siquiera intentarlo generaría violencia y sangre contra los sindicalizados.

En los medios no se hablaba de otra cosa, más que de la toma de instalaciones de Luz y Fuerza y, consecuentemente, del golpe al SME. El sindicato se declaraba en "estado de emergencia". En cadena nacional, el presidente Calderón aseguraba que "la ineficacia de Luz y Fuerza había provocado la pérdida de miles de empleos en la zona centro del país, donde proveía el servicio de energía eléctrica", y advertía que, de mantenerse esta situación, se hubieran aumentado las tarifas eléctricas y hasta los impuestos.

"Quiero ser muy enfático en esto: el servicio eléctrico no se privatiza, de ninguna manera; ni en el centro del país ni en ninguna otra parte", señaló Calderón.

"Muchas empresas preferían instalarse en otros estados y regiones del país, o de plano en otros países, donde el servicio eléctrico fuera más eficiente y confiable. Esto impidió la creación de miles de empleos en el Centro de México. Era urgente que el Gobierno federal corrigiera estos problemas", justificaba el Presidente.

"Por corrupción, robo o ineficacia, se pierde una tercera parte de lo que distribuye Luz y Fuerza", decía públicamente Gómez Mont.

El Gobierno prometía treinta y tres meses de sueldo como indemnización a los electricistas que aceptaran firmar su liquidación. Esta misión recayó en el secretario del Trabajo, Javier Lozano, un ex priísta de reciente afiliación a las filas del PAN.

De la noche a la mañana, Lozano se convertiría en el principal blanco de ataques de Esparza y compañía. La propaganda mediática oficial se escuchaba día y noche, machacando en un mensaje insistente, filoso: Luz y Fuerza y el SME le costaban a los mexicanos alrededor de 42 mil millones de pesos anuales en subsidios. Se filtraba, sin hacerlo de manera directa, que gran parte de ese dinero se iba a las arcas del SME.

"Ese dinero no era para los trabajadores. Ni un peso era para los salarios de los sindicalizados. Se utilizaba para mantener vigente la política tarifaria impuesta por las secretarías de Hacienda y de Energía. Se obligaba a comprarle la energía cara a la CFE, y a venderla barata. Por eso tenía un enorme déficit financiero", asegura Martín Esparza. "El sindicato no recibía un solo peso en subsidios."

A pesar de su solidez financiera, el SME no estaba preparado para enfrentar un conflicto de esa naturaleza, largo y desgastante. Pronto recibió el apoyo de varios sindicatos y de organizaciones obreras. El jueves 15 de octubre realizó una de las manifestaciones más numerosas de las que se tenga memoria: decenas de miles marcharon como una muestra de apoyo sobre Paseo de la Reforma hasta Los Pinos... o hasta donde los dejaron llegar.

La furia de uno de los sindicatos más antiguos del país, con 96 años de vida, crecía día con día. Al igual que sus necesidades económicas. Eran miles sin trabajo, mientras el fondo de resistencia económica se agotaba al paso de los días. Cientos comenzaron a plantearse aceptar la liquidación y continuar en la lucha, pero la dirigencia sindical les advirtió que quienes se liquidaran serían considerados "esquiroles". Ni para dónde hacerse.

Los días posteriores a la toma de LyF, Esparza buscó nuevamente una reunión con el Presidente de la República. "Ese asunto lo está manejando directamente la Secretaría de Gobernación", fue la respuesta. Las puertas de Los Pinos se cerraban.

El SME insistía en que Lozano era uno de los principales verdugos del Sindicato. Y contra él enfocaron sus baterías... aún más allá del país. El brazo de Esparza y seguidores llegó hasta la ciudad de Ginebra donde, ante la sorpresa de Lozano, se le aparecieron cuando salía de la sede donde se realizaba la reunión anual de la Organización Internacional del Trabajo (OIT). También lo increparon en la Cámara de Diputados, en el Senado, y en todo lugar que era visitado por el secretario del Trabajo.

Para el SME, Lozano se había convertido en el "villano favorito", mote auto impuesto por el desprestigiado y aborrecido ex presidente Salinas de Gortari, tras la debacle financiera provocada por su gobierno y que detonó una de las crisis más dolorosas de la historia reciente del país (1994-1996).

En Gobernación, el 15 de julio de 2010 había nuevo secretario: Gómez Mont salía con la renuncia al PAN a cuestas, desgastado y menospreciado por sus propios compañeros de gabinete. Se le había acabado la cuerda. Al relevo llegó Francisco Blake Mora, quien en 2006 coordinó la campaña presidencial de Calderón en Baja California y en donde se había desempeñado como secretario general de gobierno. Era un burócrata desconocido, carente de trayectoria relevante. (Blake falleció en un accidente aéreo en noviembre del 2011).

Una semana después de su llegada a la Segob, Blake invitó a Esparza y a la dirigencia del SME a las oficinas de Bucareli. Aceptaron. Al llegar, se percataron de que también estaba Javier Lozano.

—Con usted dialogamos, secretario Blake. Pero no queremos aquí a Lozano. Este conflicto se generó por él, por su intromisión en la autonomía del Sindicato, por las violaciones al contrato colectivo del trabajo; nos ha puesto a los medios en contra. Javier Lozano es el responsable de este conflicto...

—¡Exijo respeto como secretario del Trabajo!, interrumpió Lozano.

—¡El respeto no se pide, secretario Lozano! ¡El respeto se gana... usted como servidor público está para velar por los conflictos de los trabajadores, pero es parcial a los intereses del Ejecutivo!

—¡Respeto... exijo respeto!

—¡Usted está acostumbrado a tratar a todos como si fuéramos la servidumbre de su casa, pero aquí te chingas... y te chingas porque estás hablando con los representantes del Sindicato... te guste o no!

La reunión subía de tono. Algo iba a responder Lozano pero Blake intervino para calmar los ánimos. Acordaron seguir dialogando bajo la promesa del nuevo secretario de Gobernación de buscar alternativas de solución. Pero, hasta ese momento, no se observaba, ni de lejos ni de cerca, una luz que alumbrara el conflicto sindical más importante del sexenio de Calderón Hinojosa.

En las calles, las protestas de electricistas continuaban desquiciando el ya de por sí complicado caos vial en la anárquica ciudad de México. Voces de protesta de automovilistas, de empresarios, de ciudadanos en general, exigían al jefe de Gobierno del D.F., Marcelo Ebrard, que interviniera para garantizar el libre tránsito en la capital. Pero ni Ebrard ni el iracundo jefe de la policía del D.F., Manuel Mondragón y Kalb —quien siempre respondía con bravatas y amenazas a reporteros cuando se le cuestionaba por qué permitía que el SME o cualquier otro contingente de protesta ocupara Paseo de la Reforma, Insurgentes, Constituyentes u otra vía, sin ser reconvenidos siquiera por la policía preventiva—, hacían caso a los reclamos ciudadanos.

¿La razón? Políticamente, a Ebrard no le convenía provocar un enfrentamiento con los electricistas, ya que ello llevaba el riesgo de violencia, y como en esos días aspiraba a ser candidato presidencial del PRD, no los tocaba ni con el pétalo de una multa; del mismo modo que mostraba una indolencia a conveniencia con el Frente Popular Francisco Villa (FPFV), que actuaba al servicio del gobierno de Ebrard, así como otras organizaciones afines al GDF, o con cualquier otro movimiento ligado al partido amarillo.

En ese contexto, Esparza fue cobijado, nuevamente, por el líder social al que el SME apoyó en 2006 en las elecciones presidenciales que, entonces, mantenía la esperanza de ser presidente de México.

EL FACTOR AMLO

La Plaza de la Constitución siempre ha sido el corazón de las protestas del país. El Zócalo capitalino fue la caja de resonancia durante las protestas de 1968, que derivó en la matanza estudiantil en la Plaza de las Tres Culturas, en Tlatelolco, ordenada por el entonces presidente Gustavo Díaz Ordaz y su secretario de Gobernación y sucesor, Luis Echeverría. También fue escenario de la rebelión social, en 1988, tras el fraude electoral contra Cuauhtémoc Cárdenas para permitir que Carlos Salinas de Gortari llegara a la presidencia. Así, el Zócalo es el sitio preferido para realizar cualquier otra protesta; espacio en el que, según el arquitecto Pedro Ramírez Vázquez, si se colocan cuatro personas por cada metro cuadrado, cabrían alrededor de 80 mil.

Elegir el Zócalo como foro de protesta nacional tiene una alta carga política: justo enfrente está Palacio Nacional, más allá, las oficinas del gobierno del D.F, y a un lado, la Suprema Corte de Justicia. En ese punto confluyen poderes clave en el desarrollo institucional del país. El primero es emblema del Presidente de México. El segundo, del Jefe de Gobierno capitalino. El tercero, la sede de la Justicia… o de la injusticia.

El Partido de la Revolución Democrática (PRD) prácticamente se ha adueñado de la plancha del Zócalo para realizar sus protestas; este partido es la primera fuerza política en la ciudad de México desde 1997, cuando Cárdenas ganó, a golpe de votos, al dos por uno, la jefatura de Gobierno del D.F. al todavía casi invencible PRI. En el Zócalo se han desarrollado sus mítines más importantes, numerosos y recordados. Como los posteriores al 2 de julio de 2006, cuando se acusó al Instituto Federal Electoral (IFE) de haber solapado un supuesto fraude electoral en contra de Andrés Manuel López Obrador.

¿Qué representaba el político tabasqueño para el SME? En 2006, un estandarte para llegar a Los Pinos. En 2011, un apoyo invaluable ante lo que Esparza llamaba el "golpe de Estado de Calderón contra el sindicalismo mexicano".

Y allí estaban en mítines, en protestas callejeras, en el Zócalo, frente a las oficinas de la CFE, ante la Cámara de Diputados y de Senadores, en cualquier sitio donde su presencia pudiera ser notada y escuchada. Rápidamente, las figuras de AMLO y Esparza se constituyeron en un juego de asociación de ideas políticas, de intereses comunes, confluyendo en el ataque a un enemigo común: Felipe Calderón Hinojosa.

—Hay que diseñar una estrategia común para los trabajadores, Martín, recomendaba López Obrador a Esparza. Vamos a las asambleas en el Zócalo… hay que fortalecer a la resistencia del movimiento…

Durante los días que siguieron a la toma de instalaciones de Luz y Fuerza, la figura de Andrés Manuel fue fundamental para enviar el mensaje de que los electricistas se constituían ya en un importante bloque político bien definido, marchando del brazo de quien se decía víctima de un "complot" que le evitó llegar a la presidencia y que —como millones— calificaba a Calderón de "presidente espurio".

Era común ver a representantes del movimiento encabezado por AMLO —a través, primero, del "gobierno legítimo" y, en una segunda fase arrancada en 2010, en el Movimiento de Regeneración Nacional (Morena)—, presentes y activos durante los mítines de protesta del SME. Sin embargo, la relación entre López Obrador y el SME pareció desgastarse. A Martín Esparza lo han involucrado con supuestas reuniones con el partido que aspira a volver a Los Pinos en 2012: el PRI.

El 10 de febrero de 2011, *El Semanario* publicó, bajo la sugestiva cabeza "El PRI quiere cooptar al SME rumbo a las elecciones",

... trasciende que Humberto Moreira se ha estado reuniendo con Martín Esparza para trabajar en los términos de una eventual alianza, lo que significaría dos cosas: primero, un duro golpe para el PRD, que ha acompañado al SME en algunas aventuras y, segundo, la revitalización de los electricistas con un aliado poderoso, que lo dotaría de vigor para sostener su franca oposición a la política laboral del Gobierno federal.

—¿Hay todavía una buena relación con López Obrador?—, se le pregunta a Esparza.

—Pues hay relación... no así como se mantuvo en el 2006... Sabemos que él trae un proceso de construcción a nivel nacional con miras al 2012, y nosotros tenemos un movimiento de resistencia para recuperar nuestra fuente de trabajo, y cada quien trae su estrategia para avanzar...

Con el paso angustiante de los meses, miles de electricistas cayeron en el desánimo —o en la necesidad económica, principalmente—, y comenzaron a presentarse voluntariamente para recibir sus liquidaciones. Hasta junio de 2011, de un total de 44 mil trabajadores activos, 28 742 ya habían cobrado su liquidación.

En la resistencia se suman 16 mil 599. Los 22 mil jubilados siguen cobrando su pensión. Cientos trabajan en empleos temporales, en pequeñas tiendas, en el comercio informal, en gasolineras, mientras el SME recibe apoyos de otros sindicatos: el de Telefonistas, el de Trabajadores de la Industria Nuclear (SUTIN) —que aporta 50 mil pesos cada catorce días—, del Sindicato Único de Trabajadores de la UNAM (STUNAM), de la Asociación Sindical de Pilotos Aviadores (ASPA), del Frente Sindical Mexicano (FSM), los de Pascual Boing, los Tranviarios, y algunos más.

—¿Usted de qué vive?—, inquiero a Esparza.

—Nosotros estamos trabajando, por ejemplo, en la aportación de cuotas sindicales. Algunos jubilados, no todos, ofrecen su cuota sindical, y de ahí por lo menos hay una ayuda para las necesidades básicas, en cuanto a transporte y demás...

—¿Tiene ingresos extras?

—No. Hemos tenido la necesidad de vender algún vehículo, muebles, computadoras, para mantener a la resistencia. Pero no alcanza...

Y menos alcanza porque la Procuraduría General de la República (PGR) tiene incautada una cuenta bancaria por 27 millones de pesos al SME. ¿Por qué? Por un litigio en curso. Un juez del Tribunal Superior de Justicia del D.F. falló que se restituyera esa cantidad a los trabajadores sindicalizados a través de Bansefi que, a su vez, los depositó en... la PGR por una decisión gubernamental "para extinguir al sindicato", se queja Esparza.

Pero hay más dinero en el aire. Otros 21 millones de pesos depositados en la Junta Federal de Conciliación y Arbitraje (JFCyA) fueron otorgados al ex tesorero del SME y líder de la disidencia sindical, Alejandro Muñoz. ¿Dónde está ese dinero? Muñoz no ha informado sobre el manejo que se dio a esa cantidad, por lo cual, Esparza y compañía lo tienen demandado penal y civilmente.

Y eso no es todo.

Durante los cinco años en los que Muñoz fungió como tesorero, se detectó un presunto desfalco por alrededor de ¡300 millones de pesos!, lo cual también fue motivo de demanda. Al SME se le señaló de ser propietario de varios inmuebles, de gimnasios, y de una infraestructura propia de cualquier empresa millonaria.

—Pues es una infraestructura que se ha adquirido y construido a lo largo de 96 años. Son instalaciones costeadas con las aportaciones de los propios trabajadores y de los jubilados. Todavía se tienen y se usan como parte del patrimonio del sindicato. Tenemos once locales en distintas partes del país. Allí está nuestro trabajo...—, justifica Esparza.

Son muchos millones de pesos en litigio. Y muchos intereses también.

INESPERADA TOMA DE NOTA

Dentro del entramado político-económico-sindical que rodea la toma de Luz y Fuerza del Centro, con sus consecuencias y desprendimientos, algo llama poderosamente la atención.

Previo a la acción del Estado entre la noche del 10 y las primeras horas del 11 de octubre de 2009, las protestas del SME desbordaban las calles porque la Secretaría del Trabajo les había negado la "Toma de nota", es decir, se había impedido registrar oficialmente a Martín Esparza como ganador de la Secretaría General tras las cerradas elecciones de julio de 2009. De ahí las marchas exigiendo tal reconocimiento.

Ante la inconformidad legal del SME, la JFCyA ordenó reponer el proceso electoral. Durante 2010, el sindicato exigió a la junta el padrón de todos aquellos trabajadores que ya habían sido liquidados por el Gobierno y que estaban en receso, es decir, que no podrían votar en nuevas elecciones, caso contrario a quienes no aceptaban su finiquito o bien estaban jubilados. Ellos sí tenían derecho al voto.

Las presiones del SME continuaban contra el Gobierno federal. Ante el fallo de la JFCyA, el proceso electoral interno del SME se repitió en noviembre de 2010. Fue una elección atípica. El objetivo era restablecer la legalidad del Sindicato. Se convocó a notarios públicos. Sufragaron cerca de 27 mil electricistas, entre activos y pensionados. Eligieron a la planilla encabezada por Esparza para el periodo 2009-2011, dado que se trataba de la reposición de un proceso electoral.

La famosa "Toma de nota" a la planilla ganadora del SME —primer motivo por el cual se habían detonado las movilizaciones sindicales contra el Gobierno por el no reconocimiento inicial— se otorgó, finalmente, el 14 de diciembre del 2010.

Por eso es inevitable la pregunta: ¿Negar la "Toma de nota", el 5 de octubre de 2009, fue una primera fase de la estrategia gubernamental para que estallara la furia sindical y tener así un argumento sólido para justificar una segunda fase, que era la toma de las instalaciones de Luz y Fuerza y, consecuentemente, acabar con el SME?

Así, con la "Toma de nota" entregada a unos días de que terminara el 2010, el Sindicato Mexicano de Electricistas (SME) era reconocido nueva y oficialmente, por el mismo gobierno que lo había extinguido. Vaya paradoja laboral, es decir, para la Secretaría del Trabajo el SME existía. Para entonces, era un sindicato oficialmente registrado y reconocido por la autoridad. Empero, era un sindicato sin empresa. Un sindicato sin plazas de trabajo.

Era (o es) un enredijo legal, porque la industria eléctrica —materia prima del SME— no se había extinguido ni mucho menos desaparecido. Luego entonces, el Sindicato tendría que trabajar en ella. Pero no podía hacerlo.

¿Cómo explicar, pues, este enredo laboral, surgido a raíz de que —sorpresivamente para muchos— se les había otorgado la "Toma de nota"?

"Esto solamente pasa en México", dice Martín Esparza.

Intenta explicar.

> Primero, no se puede negar una "Toma de nota" porque quienes eligen una directiva sindical son los propios trabajadores y no el Gobierno, a quien sólo se le notifica.
>
> Segundo, el SME no es un sindicato de empresa, sino un sindicato nacional de industria. Nuestra materia de trabajo es la industria eléctrica y, en este caso, a esta industria no la han extinguido. Sigue ahí. La materia de trabajo existe, mientras eso ocurra, se mantiene la relación laboral. Está "sub júdice" (bajo el juez, pendiente de resolución, sujeta a discusión). La sentencia de la Suprema Corte de Justicia de la Nación prácticamente asienta que la materia de trabajo (industria eléctrica) existe, mientras que el contrato colectivo de trabajo, la sustitución patronal, los derechos de los trabajadores, se encuentran "sub júdice". (Este punto fue confirmado con base en la resolución de la Corte, Amparo en revisión 346/2010, por unanimidad de votos de los magistrados, con fecha 5 de julio de 2010, bajo el rubro "No existió despido de facto de los trabajadores de Luz y Fuerza del Centro).
>
> Tercero, estamos demandando la reinstalación en nuestras fuentes de trabajo, porque la resolución de la Corte dice que "no existió despido de facto de los trabajadores de Luz

y Fuerza". La publicación del decreto no despide a nadie, sino que los trabajadores renunciaron de manera voluntaria.

Ahora bien, con base en las resoluciones de la Corte emitidas sobre este caso, en sus puntos 9 (No existieron violaciones al Convenio sobre la Libertad Sindical y la Protección del Derecho de Sindicación), y 10 (No existieron violaciones a la garantía de audiencia, ni a la de estabilidad en el empleo), se establece, en el primer apartado que "El Pleno de la SCJN estimó que ni en los ordenamientos legales aplicados, ni en el propio decreto de extinción, existe disposición alguna con el objetivo específico de disolver la organización sindical...". Y en el segundo, se aclara que "... el decreto de extinción de Luz y Fuerza del Centro no representa un acto privativo de derechos laborales, sino un acto administrativo que tuvo por efecto iniciar el proceso de desincorporación de un organismo descentralizado, por lo que no es aplicable la exigencia de audiencia previa a la emisión del acto".

Hasta hoy, el conflicto persiste.

* * *

¿Se ha reflejado la desaparición de Luz y Fuerza del Centro en tarifas aceptables? ¿Ha mejorado el servicio? Éstas son las preguntas que se continúan haciendo millones de usuarios.

Un caso inaudito fue el de Laura Leticia Mendoza, ama de casa de la colonia Industrial, quien pagaba regularmente alrededor de 500 pesos bimestrales y que, tras la instalación de un medidor nuevo, su recibo le llegó por ¡35 mil 987 pesos! Afortunadamente se hizo la corrección. Pero son miles las quejas en las sucursales, ahora de la Comisión Federal de Electricidad, sobre cobros inflados o desmedidos. Un alto porcentaje asegura que las tarifas han subido considerablemente a partir de la desaparición de Luz y Fuerza.

De acuerdo con una investigación publicada en el suplemento *Enfoque* (núm. 860) del diario *Reforma*, por la reportera Jésica Zermeño Nuñez, al cumplirse un año de la toma de instalaciones, en el Valle de México, la CFE ha recibido alrededor de 326 mil quejas.

"Ni siquiera tienen las direcciones de los centros de atención, que porque son nuevos y no saben dónde quedan. Llegamos aquí y nos sientan en una carpa. Si ésta es la atención de una empresa de clase mundial, no quiero saber cómo es la de las empresas sin clase. Ya tuvieron un año para mejorar esto...", asegura Yasmín Higuera.

"Me volvieron a decir que alguien irá a mi casa. No sé cuánto tiempo la CFE va a aguantar controlándonos con esto. Yo no pienso pagar si no me revisan la tarifa, eso ya lo decidí", advierte Carlos González, vecino de la colonia Coyoacán, que ya adeuda el pago de tres recibos por un total de ¡16 mil 313 pesos!

En el reportaje, Zermeño cita al subgerente de Atención a Clientes de la CFE, Eduardo Sarabia quien, al cumplirse un año de la toma de las instalaciones de LFC, intentó explicar el aumento a las tarifas eléctricas:

"Cobramos lo real. Si pagaron de menos antes, ya se cobró de menos, ni modo, porque eso se estimó con base en el historial más bajo de cada uno de los usuarios de Luz y Fuerza del Centro. Eso explica que ahora suban los precios, porque es el consumo real medido por nosotros. Habrá irregularidades, pero cobramos lo real."

¡Ah, menos mal!

En la encuesta realizada por el mismo diario, incluida en la investigación, el 55 por ciento de los usuarios considera que desde que se cerró LFC y el servicio está a cargo de la CFE, el servicio "no ha cambiado". Para un 47 por ciento, las tarifas eléctricas se incrementaron. El 60 por ciento de quienes recibieron un cobro indebido tuvieron que pagarlo. Y, finalmente, un 44 por ciento se mostró "algo satisfecho" con el servicio de la CFE.

"Calderón tomó una decisión valiente, sí, pero no inteligente", resume Martín Esparza.

ELBA ESTHER: LA BRUJA DEL CUENTO

El poder conseguido por medios culpables,
nunca se ejercitó en buenos propósitos.
Tácito

—¿¿¿Y qué quieren??? ¡¡¡Si a ella le debe la presidencia...!!!
Un tanto acorralado por los cuestionamientos del periodista respecto al amasiato político entre Felipe Calderón y la todopoderosa del Sindicato Nacional de Trabajadores de la Educación (SNTE), Elba Esther Gordillo, el secretario de Estado reconocía, con un dejo de enfado y resignación, lo que en secreto y de manera pública se comentaba: el presidente estaba sometido a los caprichos de Elba Esther. Y razones no faltaban.

Ganador de la Presidencia de México en 2006 por solamente 238 mil votos de diferencia sobre Andrés Manuel López Obrador, el panista se había aliado a Gordillo a través del partido propiedad de la lideresa: Partido Nueva Alianza (Panal) creado en 2005. Se enganchó a la red político-electoral que a su antojo maneja Elba Esther, con miles de operadores electorales surgidos de las filas del magisterio mexicano. Más que profesores, quienes están a sus órdenes se han convertido en alfiles promotores del voto al servicio... de quien más convenga.

Hábil por naturaleza, astuta por sistema, demagoga por convicción, Elba Esther supo vender el favor a Calderón a un costo muy elevado para los mexicanos. "Gracias a mí, Felipe es presidente...", se jacta en privado Gordillo, atribuyendo a los votos promovidos por los maestros en 2006, como la diferencia gracias a la cual ganó Calderón.

Aún más. El 29 de junio de 2011, Gordillo reconoció públicamente que, en las elecciones presidenciales de 2006, hizo un "arreglo político" con Calderón. Como si hiciera falta confirmarlo, cuando era *vox populi*. "*Mea culpa. Mea culpa*. Vino la sucesión y llegamos al acuerdo de ir con el presidente Calderón (sic) por la Presidencia de la República, previos arreglos de orden político que no deben avergonzar a nadie; a mí no me avergüenzan, yo hago política", dijo Elba Esther.

¿Cuáles eran esos "arreglos políticos" de inicio de sexenio? Pedir posiciones clave a cambio de votos: Roberto Campa como secretario ejecutivo del Sistema Nacional de Seguridad Pública; Francisco Yáñez a la Lotería Nacional —considerada *caja chica* del Gobierno federal—, y Miguel Ángel Yunes a la Dirección General del ISSSTE. Más control político —y dinero— para Elba Esther y sus alfiles.

"No me da vergüenza", dice.

Pues debería darle. Si bien en política hay acuerdos y pactos en trueque de apoyos, lo que Gordillo hace sí es vergonzante: la maestra ofrece respaldo político a cambio de que le permitan seguir controlando la educación básica. Allí radica el chantaje, la triquiñuela que mantiene hundida a la base educativa del país.

"Yo te apoyo con votos pero no te metas con mi dictadura" es el lema de Gordillo. No importa el costo que están pagando legiones de niños y jóvenes condenados a la mediocridad educativa. Es un crimen que permiten y solapan los gobiernos en turno.

En la praxis electoral, Elba Esther Gordillo es una pieza influyente dentro del mapa político del país.

Sobre la íntima relación política Gordillo-Humberto Moreira, el columnista Salvador García Soto en *El Universal* retrata:

> … (Moreira) saludó a cada uno de mano en su despedida y cuando llegó hasta Elba Esther, ésta no le extendió la mano. "Maestra, me estoy despidiendo", le dijo el gobernador. Ella volteó a verlo y molesta le reprochó: "¿Y por qué se va si todavía no terminamos? ¿No le interesa lo que estamos di-

ciendo?". "No, maestra, lo que pasa es que tengo compromisos; además, usted no me ha pelado en toda la mañana, ni siquiera me escuchó", replicó Moreira. Y Elba sentada le espetó: "Pues usted viene enojado a la reunión". El remate del coahuilense vale la anécdota: "¿Cómo podría estar yo enojado con mi madre?". Elba se levantó de su asiento conmovida y se fundió en un abrazo con el pupilo que volvía" (26 de julio de 2011).

Gordillo es daltónica: no diferencia colores. Mientras obtenga beneficios para ella y para su influyente grupo, no importa darle votos a azules o a tricolores. Está al servicio del postor más generoso.

* * *

Previo al 2 de julio de 2006, Elba Esther envió a uno de sus personeros con Andrés Manuel López Obrador, puntero en las encuestas rumbo a la elección presidencial. "Dígale que la veo cuando sea presidente. No antes…", respondió el perredista. Gordillo lo tomó como una afrenta y decidió apoyar entonces a Calderón.

Gordillo es herencia política del PRI. Su llegada a la Secretaría General del SNTE —el sindicato más numeroso y poderoso de América Latina— fue operada, en 1989, por el ex regente salinista de la ciudad de México, Manuel Camacho Solís, y respaldada por el presidente Salinas de Gortari, en un afán "modernizador" para eliminar al viejo cacique magisterial, Carlos Jonguitud Barrios, a quien, en Los Pinos, le advirtieron: la renuncia o la cárcel. Por eso llegó Elba Esther al poder.

Surgida de las filas magisteriales de Chiapas, Gordillo fue reclutada por el mismo líder a quien un día traicionó. "Tráiganme a esa güera gritona", ordenó Jonguitud durante un mitin. Así, esa "güera gritona" se filtró a la cúpula sindical. Y gracias a la maniobra del entonces inseparable dúo Salinas-Camacho, Gordillo se enquistó en la cima del poder político en México.

Hoy, paradojas de la vida, es más poderosa que Camacho y Salinas juntos. Pero la influencia política de Elba Esther Gordillo debe considerarse como el mal menor. El más dañino para México ha sido la influencia negativa ejercida sobre la educación básica: en primaria y en secundaria, cuyos directores de escuela, maestros, delegados sindicales y operadores educativos, son designados directamente, o por Elba Esther o por sus colaboradores —encarnados en 59 dirigentes seccionales en todo el país—, favoreciendo simpatías o cercanías personales por encima de eficacia o antigüedad en las aulas, o bien, plazas vendidas a la oferta y demanda del mercado educacional; o heredadas de padres a hijos, sin importar si alguno de ellos es o no profesor. Son las nefastas "aviadurías" sindicales.

No se exagera cuando se afirma que Elba Esther Gordillo ejerce una dictadura sindical en el SNTE, donde prácticamente maneja a su antojo los respectivos liderazgos, con algunas excepciones, como las secciones del Distrito Federal o de Oaxaca. De ahí en fuera, todo está bajo la férula de Gordillo.

Esa dictadura ha provocado un retraso doloroso en la calidad educativa, cuyos parámetros, como se verá más adelante, demuestran su hundimiento y ruina: la calidad educativa está ubicada entre los últimos lugares de las mediciones internacionales.

¿Por qué ha dañado tanto Elba Esther a la educación? Porque al nombrar ella o su grupo a directores y maestros, privilegian amistad, favores o conveniencias políticas o económicas, sobre los más aptos para el cargo. Resultado: atraso en los programas de enseñanza básica. Porque evita la profesionalización magisterial, con tal de seguir manteniendo a cuadros manejables que dependan de su yugo, en vez de nuevos esquemas que hagan más eficaz la primaria y secundaria, y en consecuencia, profesores más concientizados y preparados.

—Alguna vez le propuse a Elba Esther darle clases de computación a los maestros. Me respondió: "¿Para qué? Mejor los enviamos a cursos de superación personal"—, me cuenta Josefina Vázquez Mota, quien ocupó la SEP al arranque del sexenio de Calderón. (Sobre este punto, ofrezco una cifra dramática: de un millón 300 mil maestros de primaria y secundaria, casi la mitad, alrededor de 650 mil, no sabe utilizar una computadora.)

Porque al oponerse a esa profesionalización, Gordillo mantiene en el fondo de la tabla a la educación básica, sin programas acordes a los avances mundiales ni paralelos a la excelencia, hasta ahora, ausente en la mayor parte del esquema educativo mexicano.

Porque con tal de preservar su hegemonía en el sindicato de maestros, Gordillo y sus secuaces magisteriales se oponen a exámenes y controles de calidad educativa de fondo, que llevarían a los docentes mejor preparados a ocupar plazas de maestros o direcciones de primaria o secundaria. En lugar de ellos están los incondicionales de Gordillo, a quienes pone y quita a su antojo. Las alianzas y los acuerdos firmados hasta ahora, en este rubro, resultan mera simulación.

Porque al utilizar al magisterio como una red político-electoral, Elba Esther socava y copta el verdadero espíritu de servicio de los maestros: impartir enseñanza.

Porque cada seis años, La Maestra, como le dicen sus empleados y genuflexos, ve oportunidad no para elevar el nivel educativo, sino para insertarse en las elecciones presidenciales como plataforma de apoyo para quien le llegue al precio. Cree que todo es conseguir aumentos salariales.

Porque impide la entrada de nuevas corrientes magisteriales que, en comparación a Gordillo, sí están interesadas en refrescar la educación básica y modernizarla. Elba Esther utiliza la máxima de "a mis amigos, la gracia; a mis enemigos, el paredón".

Por todo ello.

Pero lo más grave es, sin duda, el retraso educativo que Elba Esther Gordillo ha provocado en México, con legiones de ignorantes, con alumnos mal preparados, con mexicanos incultos. Eso es lo que duele. Eso es lo que la historia le cobrará a Gordillo.

Es un crimen histórico contra millones de mexicanos que se le permita a esta mujer atrasar los niveles educativos del país. Es un crimen histórico lo que está haciendo con la educación.

¿Elba Esther ha actuado sola? Por supuesto que no. Este crimen lo idearon, cobijaron y solaparon, también, los gobiernos en turno: desde Salinas y Ernesto Zedillo (PRI), hasta Vicente Fox y Felipe Calderón (PAN).

Influyente, millonaria, maestra del nepotismo (no son calificativos, son descripciones), Elba Esther Gordillo es el rostro femenino del abuso del poder en México. Precisamente por eso es obligado, hoy, hacer una revisión de los últimos años de este abuso del poder.

LA MALA EDUCACIÓN

Infinidad de estudios, mediciones nacionales e internacionales, evaluaciones y diagnósticos, se han realizado en torno a la educación básica mexicana. Todos, sin excepción —dejando fuera, por supuesto, los promovidos por Elba Esther y compañía—, coinciden en dos aspectos: la educación básica se ubica entre las de peor calidad y peor rendimiento en todo el mundo. El SNTE es el principal lastre para el avance en este renglón.

Tomando como fuentes de consulta diversos estudios, trabajos periodísticos, así como cifras y escenarios proporcionados al reportero por personajes involucrados en el tema educativo, cito una lista breve, aunque demostrativa, de cómo se encuentra la educación básica en México:

- Aproximadamente 5 millones 700 mil mexicanos mayores de 15 años no saben leer ni escribir. Son analfabetos por una deficiente educación básica.
- México sigue ocupando el último lugar en cuanto a calidad educativa dentro de la Organización para la Cooperación y el Desarrollo Económico (OCDE).
- De acuerdo con la prueba PISA aplicada en 2008 a estudiantes de 15 años —edad de nivel secundaria—, de los 30 países de la OCDE, los mexicanos quedaron en el último sitio en cuanto a la capacidad de los alumnos para pensar científicamente e innovar. Sólo 93 compatriotas de 30 mil estudiantes de todo el mundo que presentaron el examen, lograron pasar la prueba.
- Menos de la mitad de los mexicanos tienen hoy la esperanza de estar en preparatoria a los 15 años de edad.
- De cada cien estudiantes que ingresan a la primaria, sólo 68 la concluyen, y únicamente 35 terminan la secundaria.

- De 2000 a 2010, se firmaron dos acuerdos para mejorar la calidad de la educación entre el Gobierno federal y el SNTE: el Compromiso Social por la Calidad de la Educación (2002), y la Alianza por la Calidad de la Educación (2008). A pesar de estas acciones, los resultados de la prueba PISA, aplicada por la OCDE, revelan que el porcentaje de estudiantes que se ubicó en el nivel 1 de desempeño (el más bajo), no varió de manera significativa. En 2004, 4 de cada 10 alumnos no comprendían lo que leían, y 5 de cada 10 no eran capaces de realizar operaciones matemáticas fundamentales. En 2009, los resultados fueron los mismos. (*Reforma*, 15 de mayo de 2011).

- Prácticamente la mitad de los alumnos de secundaria muestra niveles de insuficiencia en matemáticas.

- Cuatro de cada diez maestros del Distrito Federal que presentaron el Examen de Habilidades y Competencias para el Ingreso al Servicio Docente, a fin de obtener una plaza pública, lo reprobaron.

SNTE: GRAN NEGOCIO

"Entre supervisores, directores y maestros, se solapan sus deficiencias. No hay sentido de autocrítica. Se manejan como una mafia", me confía la secretaria Vázquez Mota en las oficinas que algún día ocupó el maestro José Vasconcelos.

Si Vasconcelos viviera, seguramente se moriría de vergüenza al conocer las pillerías de Elba Esther.

Y, como la mafia, la dirigencia encabezada por Gordillo tiene a un aliado invaluable: la opacidad. Por increíble que parezca, la Secretaría de Educación Pública (SEP) desconoce cuantos maestros hay en el país. El presidente Calderón propuso al Congreso, por ello, transparentar el nombre, la plaza y la CURP de cada profesor, director y empleado de apoyo a la educación en todos los estados.

¿Qué pasó? Absolutamente nada. Todo sigue igual.

¿Quién audita o fiscaliza al SNTE? Nadie. Como las mafias.

En cálculos conservadores, Elba Esther Gordillo y la dirigencia sindical —incluida la disidencia magisterial agrupada en la Coordinadora Nacional de Trabajadores de la Educación (CNTE)— disponen de cuotas sindicales anuales equivalentes a alrededor de ¡mil 900 millones de pesos!, sin que nadie —mucho menos el Gobierno, a través de ese elefante blanco llamado Secretaría de la Función Pública (SFP), o mediante la Auditoría Superior de la Federación, o de las Cámaras de Diputados o de Senadores, donde Gordillo tiene incrustados operadores que sirven a sus intereses—, realice auditorías o siquiera intenten pedirle cuentas a La Maestra.

¿Cómo se calcula esta cifra?

Integrantes de la corriente "Expresión Institucional" de la sección 32 del SNTE multiplican el descuento de 110 pesos mensuales por un millón y medio de maestros, dando como resultado alrededor de 165 millones de pesos al mes, rebasando así mil 900 millones de pesos por año. Para la CNTE, los ingresos globales anuales ascienden a entre mil 200 y mil 500 millones de pesos.

Otros cálculos. El diario *The Wall Street Journal* anunció una cifra de alrededor de 110 millones de dólares al año (31 de julio de 2003). Uno más, elaborado en 2007 por la Asociación Ciudadana del Magisterio, a cargo de Noé Rivera Domínguez, señala que "si Elba Esther Gordillo ha podido transformar al SNTE de una organización corporativa a una electoral con fines expansionistas, ha sido gracias a los 104 mil 200 millones de pesos de los que ha dispuesto en sus 18 años de dirigencia".

Y como las fortunas obtenidas a través de las cuotas sindicales se manejan al antojo de Gordillo, alcanza para todo, hasta para comprar carísimas e imponentes camionetas Hummer, o bien, realizar costosos programas de televisión. Que nadie diga que hay austeridad. Faltaba más.

En 2009, las reporteras de *Reforma*, Sonia del Valle y Haydeé Ramírez —corresponsal en Hermosillo— a ocho columnas, publicaron una información de escándalo. Cito de manera textual:

La presidenta nacional del SNTE, Elba Esther Gordillo, parece no conocer límites a la hora de pedir más dinero para su sindicato… ni a la hora de regalar con cargo al erario.

En la misma jornada del 26 Consejo Nacional Extraordinario del SNTE, en la que demandó que el gobierno amplíe el presupuesto para educación en casi 5 mil millones de pesos —y amenazando con movilizaciones si no se cumple su petición—, la dirigente dio muestras de generosidad hacia los 59 líderes seccionales al regalarles un exclusivo Hummer 2009 modelo H3 a cada uno.

Cada SUV de este modelo, sólo producido en Estados Unidos, tiene un valor de mercado superior a los 500 mil pesos, por lo que el costo total de lo regalado por Gordillo ascendería a 30 millones de pesos.

Ante las fuertes críticas por el dispendio sindical, Gordillo intentó justificar lo injustificable. Respondió:

"¿Las Hummer? Ja. Es como para dar risa... se rifarán en todas las entidades federativas porque queremos apoyar la calidad educativa."

Es decir, para Elba Esther, la excelencia en la educación es directamente proporcional al tipo de camioneta que maneje cada dirigente seccional del SNTE a nivel nacional.

¿Rifarlas? Muy bien. Pero resulta que son 59 jefes sindicales y, curiosamente, 59 Hummer. Así que a cada uno le tocara la suya. Todos ganan con La Maestra.

Pero hay más. Durante 2010, el Sindicato pagó alrededor de 150 millones de pesos como patrocinador del programa de Televisa "Todo el mundo cree que sabe", con el objetivo de cambiar su imagen y "lograr la hazaña de mejorar la calidad de la educación" en ese ciclo escolar. El dinero —presuntamente— provino de recursos públicos. El programa fue presentado por Elba Esther y por el presidente de la televisora, Emilio Azcárraga Jean (Sonia del Valle, *Reforma*).

Si el SNTE fuera una empresa privada, estaría reprobada en controles de calidad. Jamás, por supuesto, obtendría una certificación de excelencia. Una muestra de ello:

Únicamente el ¡7 por ciento de las plazas para maestros de educación básica se someten a concurso! El 93 por ciento restante se entrega directamente al SNTE que, a su vez, las reparte sin ningún control de calidad o de fiscalización académica.

Aún más: el SNTE tiene la facultad de evitar que sus maestros, en la mayoría de los estados, presenten un examen de oposición para obtener la plaza. La ganan por recomendaciones directas del sindicato estatal (es decir, la gente de Elba Esther), mientras en Alemania se les aplican hasta tres tipos de exámenes y en Chile se usa públicamente la Prueba de Aptitud Académica. Sólo en Baja California, Chiapas y Quintana Roo se utiliza el examen de oposición.

El Sindicato puede ser juez y parte. En los últimos años se han dado casos. Ejemplos: ex líderes sindicales estatales brincaron como Secretarios de Educación en Tlaxcala (Miguel Ángel Islas Chío), Colima (Carlos Flores Dueñas), Nayarit (Olga Uriarte Rico), y Baja California Sur (Rosalía Montaño), con el evidente conflicto de intereses en perjuicio de la calidad educativa.

"Basta y sobra ver la presencia del sindicato en los estados, para entender que una vez más se distorsiona la labor educativa con el pago de favores a la dirigencia magisterial", asegura el especialista en política educativa, José Ángel Pescador.

"El 96% del gasto educativo es para salarios y burocracia, y lo que sobra para investigación", alertó en su momento la directora de la OCDE en México, Blanca Heredia. Nada se hizo para modificar este esquema.

Y más. De acuerdo con una evaluación de la Auditoría Superior de la Federación (ASF), los maestros con mayor capacidad educativa, en lugar de estar en las aulas, se encuentran comisionados en labores del sindicato.

"Más de la mitad de los profesores comisionados para trabajos sindicales cursó el Programa de Carrera Magisterial", señala Pescador.

Primero la grilla. Luego el aula.

Los agravios y abusos del SNTE en la educación mexicana no han pasado desapercibidos en el extranjero. En junio de 2007, la reportera de *Reforma*, Jessica Meza, daba cuenta de una investigación de la Organización de las Naciones Unidas para la Educación, la Ciencia y la Cultura (UNESCO):

La repartición y venta de plazas a través del SNTE fue calificada como una corrupta y mala práctica que afecta a la educación en México.

Algunas malas prácticas de despliegue o promoción del personal están sujetas al pago de sobornos en México, señala el estudio elaborado por Jacques Hallack y Muriel Poisson, del Instituto Internacional para la Planificación Educativa.

Por ejemplo, el SNTE ha establecido un sistema de patrocinio e, incluso, la venta de posiciones a docentes.

Hay muchos ejemplos de favoritismo en el campo educacional, la contratación de administradores basada en su asociación con un partido político, o de maestros basada en su asociación con el sindicato.

* * *

Durante el periodo en el que Josefina Vázquez Mota fue secretaria de Educación Pública (de diciembre 2006 a abril de 2009) del gobierno de Calderón, tuvo fuertes altercados con Elba Esther.

A mediados de 2007 se otorgaron becas a cerca de 260 mil estudiantes de nivel medio superior, equivalentes a entre 600 y mil pesos mensuales por cabeza. Éstas se entregaban mediante tarjetas de débito personalizadas. Al enterarse, Gordillo ordenó que ese dinero lo manejara el Sindicato, pero como era una partida presupuestal controlada directamente por la SEP, fue rechazada su petición, lo que provocó la furia de la todopoderosa del SNTE.

—¡Usted y yo tenemos que hablar!—, le dijo en tono amenazante Elba Esther a Vázquez Mota.

—¡Cuando quiera!—, le contestó la Secretaria.

Finalmente, esa partida la ganó Vázquez Mota. Pero el rencor de Elba Esther es una de sus alhajas más preciadas. No suele olvidar.

Ante la molestia que le causaba la presencia de Vázquez Mota al frente de la SEP, a pesar de que el subsecretario de Educación Básica, Fernando González, es yerno de Elba Esther y opera para ella desde esa posición, ésta decidió exhibirla públicamente. En una entrevista con el periodista Raymundo Riva Palacio realizada en San Diego, California (donde la poderosa mujer tiene una residencia en el fraccionamiento Coronado Cays, con valor de 1.7 millones de dólares), lanceteó:

"(Vázquez Mota) no sabe nada del tema (educativo). Entonces, cuando alguien ignora el tema, hay ciertas dificultades en la comprensión de lo que se está tratando."

Fue punzante contra Vázquez Mota, a quien recomendó:

> Si hacemos de la Secretaría de Educación Pública un espacio meramente político o partidista, le vamos a hacer mucho daño a la educación. Ante la búsqueda de la calidad educativa, se debe priorizar que en Educación debe estar un pedagogo, alguien que sepa.
>
> Respeto el nombramiento de Vázquez Mota, pero me hubiera gustado una mayor sensibilidad para entender que más que política, de la que fuese, activista o no partidista, pensemos en la educación.

La Maestra no sólo sabe dar ganchos al hígado. También sabe actuar. ¡Y vaya que lo hace a la perfección! Dramatiza, gesticula, lagrimea cuando es necesario, manipula cuando así le conviene.

A principios de 2008, el diario *Reforma* exhibió un documento firmado por la presidenta nacional del SNTE Elba Esther Gordillo —presidenta vitalicia de hecho, ya que desde el 7 de julio de 2007 se había autonombrado "presidenta por tiempo indefinido" tras el "voto de confianza" de los secretarios generales seccionales—, mediante el cual solicitaba a la SEP, simplemente, que los maestros ya no pagaran impuestos.

En la petición 3.1.4.17., incluida en la página 33 del Anexo 1EB, se pide: "Que las prestaciones de Aguinaldo, Prima Vacacional, Gratificación de Fin de Año, permanezcan exentas del ISR y que dicha medida se haga extensiva a todas aquellas percepciones que no tienen ciclo de pago quincenal o mensual".

Y en la petición 3.1.4.18 dice: "Que de inmediato, con carácter de urgente y retroactivo al 1 de enero de 2008, se establezca un mecanismo similar al que se viene aplicando año con año al pago de aguinaldo o gratificación de fin de año, resarciendo en cada pago quincenal al trabajador el aumento al Impuesto Sobre la Renta en el presente año".

Por supuesto que a Gordillo no le gustó que la exhibieran de esa manera. Por eso intentó desmentir lo indesmentible, ya que los documentos publicados tenían su propia rúbrica. Y explotó:

"Es falsa la nota (del *Reforma*), rotundamente falsa. Somos una organización que también forma ciudadanos y somos parte de la sociedad mexicana, y no puede haber excepciones en la aplicación de las normas. No pedimos ni nos dieron la exención de impuestos."

Pero el drama de Elba Esther no paró ahí. Era necesaria una astracanada a su muy particular estilo. Una ilustrativa crónica de los reporteros del periódico *Reforma*, Sonia del Valle y Rolando Herrera, desnudó la forma en la que Elba Esther Gordillo actuaba para las masas, para sus maestros, para los mexicanos. Maestra, sí, del dramatismo. Una Libertad Lamarque consumada en el escenario de la política. Escriben del Valle y Herrera:

> Visiblemente alterada, pidió su teléfono celular para comunicarse con el titular de Hacienda, Agustín Carstens, frente a los reporteros.
>
> ¡Ya basta de campañas! ¡No es justo! ¡Pretendo hacer las cosas bien! ¡No pertenezco a ningún grupo político, y no voy a dejar que ningún grupo me presione! ¡Soy libre, soy una maestra, soy una madre! ¡Pero ya! ¡Ya basta!", exclamó con llanto durante un receso del 24 Consejo Nacional Extraordinario del SNTE.
>
> Simultáneamente a que marcaba el celular, la lideresa seguía: ¿Quieren gente honorable? ¿Quieren pulcritud? ¡Denme el ejemplo!.
>
> Se quejó de que la acusaban de «robarse todo» y, enseñando alhajas, insistió: «Este anillo, estos aretes, me los regalaron en la sección. Lo tengo que andar volteando porque es una imitación. Se los presto para que lo revisen», y aventó el anillo.
>
> Aseguró que algunos conservadores y políticos de otro tipo no quieren una organización fuerte y un liderazgo magisterial fuerte.

Muy a su manera. Así aprendió. Así lo sigue haciendo.

* * *

Seamos comprensivos con Elba Esther Gordillo. Aceptemos que su anillo es una imitación y que le da pena que se lo vean. Pobre. Cualquiera lo haría. Pero es muy difícil suponer que, igual que su anillo, las lujosas propiedades acumuladas a lo largo de su dictadura en el SNTE —y posiblemente los beneficios económicos recibidos al manejar como quiere a organismos públicos como la Lotería Nacional, Pronósticos Deportivos o el ISSSTE, que presupuestan miles de millones de pesos al año, en recompensa por los favores político-electorales recibidos, de lo cual se habla líneas adelante—, también sean una imitación. O falsas.

Gordillo es una mujer muy rica. Multimillonaria, sin duda. Seguramente no sufre las penalidades que, a diario, cientos de miles de verdaderos profesores tienen que enfrentar para llegar a sus trabajos, o para atravesar, a pie, rancherías y poblados para impartir clase, regresando al caer la tarde a sus humildes hogares. No, La Maestra no lleva esa cruz a cuestas.

El 18 de diciembre de 2006, la reportera del periódico *Reforma*, Claudia Guerrero, publicó, a ocho columnas, las casas y los bienes propiedad de la lideresa de los maestros mexicanos. Con base en esta información, enumero las propiedades —seis casas en Polanco y Las Lomas, y cuatro departamentos—, que alcanzan, según Guerrero, los 6.5 millones de dólares (67 millones 900 mil pesos), de acuerdo a documentos del Registro Público de la Propiedad y del Catastro de la ciudad de México:

- *Penthouse* de más de siete millones de pesos en el número 7 de la calle de Galileo, en Chapultepec Polanco, frente a la zona hotelera más importante de la ciudad.
- Departamento en el mismo edificio, marcado con el número 11. "El ex canciller Jorge Castañeda aseguró públicamente que la profesora fue su casera, cuando él habitó ahí. A ella le pagaba la renta. El departamento está valuado en 4.5 millones de pesos".

- Casa que rebasa los 10.5 millones de pesos, en Edgar Allan Poe número 90, en Polanco Reforma, donde despacha su equipo y su hombre de mayor confianza, Francisco Yáñez (personaje encargado de controlar la vivienda magisterial y director de la Lotería Nacional al inicio del sexenio de Calderón. Posteriormente, Yáñez cayó de la gracia de Gordillo.)
- Casa contigua a la ubicada en Edgar Allan Poe número 90, marcada con el número 86, que también aparece a nombre de Gordillo, de acuerdo con la clave catastral 03310210.
- Bulevard de Los Virreyes 510. Casa con valor de 13 millones 682 mil pesos.
- Casa en Paseo de los Ahuehuetes Norte 501, Bosques de las Lomas.
- Casa en Caobas 75, Bosques de las Lomas.
- Predio de casi 600 m^2, en Paseo de Ahuehuetes 96, con un valor aproximado de 4.6 millones de pesos.
- Residencia en San Diego, California, en el fraccionamiento Coronado Cays, uno de los más exclusivos, con valor de 1.7 millones de dólares (*Proceso*, 31 de agosto de 2003).

Ésta es la lista oficial, digámoslo así, de las propiedades inmobiliarias de Elba Esther Gordillo. Y si su anillo es falso, qué importa. Es un pequeño detalle que bien vale la pena soportar a cambio de cubrir las apariencias. Se lo merece La Maestra. ¿O no?
Hasta hoy, Gordillo no ha desmentido esta información.

* * *

¿Es cuestión exclusivamente de dinero la pésima educación básica en México? Al parecer no.

Para el columnista Sergio Sarmiento, "de una lista de 45 países considerados en la prueba PISA de la OCDE en 2003, México ocupa el 42. El desempeño de nuestros estudiantes de 15 años es igualmente malo en todas las especialidades: matemáticas, lectura, ciencias y resolución de problemas.

Todos los indicadores señalan lo mismo. México se está quedando rezagado en materia educativa y ésta es una de las razones por las que estamos perdiendo competitividad a nivel internacional. El problema no es que gastamos poco, sino que lo hacemos de manera muy ineficiente.

"... el gasto por estudiante de primaria en México era de 13% del Producto Interno Bruto (pib) per cápita del país, mientras que la cifra promedio de los países de la ocde era de 19%" (*Reforma*, 15 de mayo de 2006).

De acuerdo al Instituto Mexicano para la Competitividad (IMCO), que dirige el reconocido investigador Juan Pardinas, México es uno de los países que más invierte en educación, pero el que menos talento produce. Afirma el IMCO:

> Mientras el país invierte 2 mil 180 dólares por alumno de secundaria, el sistema educativo genera el 0.8% de estudiantes de 15 años con nivel de excelencia.
>
> En contraste, Uruguay invierte 989 dólares y su sistema educativo produce 3.2% de estudiantes de excelencia, seguido por Brasil, con inversión de mil 186 dólares y produce 1%, y Chile, que gasta mil 924 dólares, pero de cuyas escuelas sale el 1.5% de excelencia.
>
> México no podrá ser competitivo en materia global, y mucho menos en la economía del conocimiento, si su capital humano no es de clase mundial

Es decir, los presupuestos educativos están invertidos de manera equivocada. Y cómo no, si 96 por ciento del gasto educativo es para salarios y burocracia, y lo que sobra para investigación, como advierte la directora de la OCDE en México, Blanca Heredia.

PODER POLÍTICO

Sobre la intervención de Elba Esther Gordillo antes de las elecciones presidenciales del 2 de julio del 2006, el domingo 12 de agosto de 2007, el reportero Alberto Aguirre narró un pasaje clave en el diario *El Universal*:

Mouriño enfiló hacia Polanco, junto con Jordi Herrera, ex secretario particular de Calderón, entonces en funciones de jefe de la "operación tierra" del PAN.

Unos minutos antes de las 21:00 recibió una llamada de su candidato.

"¿Dónde estás? Acabo de colgar con La Maestra y necesito que te coordines con su gente ahora mismo", ordenó.

Ni un cuarto de hora pasó, cuando el presidente nacional del Partido Nueva Alianza, Miguel Ángel Jiménez, y el entonces director de Educación Básica del gobierno federal, Fernando González, se apersonaron en su penthouse.

La presidenta del Sindicato Nacional de Trabajadores de la Educación, explicaron, ofreció medio millón de votos al candidato panista.

Ese donativo estaba respaldado por un "ejército electoral" de 30 mil maestros. Y en el escenario de alta polarización generado durante las campañas presidenciales, cualquier factor podría inclinar la balanza electoral.

Acompañados por un par de botellas de buen escocés, llamaron a cada uno de los 59 secretarios seccionales del SNTE para indicarles cómo debería ser el voto de los maestros afiliados: Calderón por la presidencia y los candidatos del Panal para el resto de las posiciones en disputa. Terminaron con la tarea a las tres de la mañana.

Esas llamadas telefónicas entre la lideresa del sindicato nacional de maestros y el candidato derechista selló el pacto que sus colaboradores comenzaron a tejer tres meses antes de las votaciones del domingo 2 de julio de 2006.

Los maestros le dieron los votos suficientes a Calderón para imponerse a López Obrador por una mínima diferencia (238 mil votos) y, de paso, obtuvieron el registro definitivo de un partido político nacional.

Cabe decir que el Panal tenía a su propio candidato presidencial (por llamarlo de alguna manera), Roberto Campa, pieza de cambio política, alfil de Elba Esther.

En Los Pinos, ya como presidente, Calderón le festejó a Elba Esther su cumpleaños 62: "Ese día usó un vestido de lino grueso, rojo, unos zapatos con tacones altos y una peluca pelirroja", detalla Aguirre. Gracias, "Maestra", por los favores recibidos.

* * *

El cobro de facturas políticas de Elba Esther Gordillo se incrementa sexenio tras sexenio. A Salinas de Gortari le debe el cargo. A sus órdenes, señor Presidente.

Con Ernesto Zedillo —tras un tímido intento de restarle poder a Gordillo con la rezonificación educativa—, no pasó absolutamente nada. El poderío de la mujer permaneció intocable.

Arropada por el poder priísta, Elba Esther fue senadora, tres veces diputada federal y delegada en la Gustavo A. Madero, mientras tenía el cargo de jefa del sindicato magisterial. En julio de 2006 fue expulsada del PRI. Poco le importó. Con la llegada del PAN a Los Pinos su poder se consolidó.

Con la pareja presidencial, Vicente Fox y Martha Sahagún, Elba Esther personificó un reinado paralelo al Estado con gobierno propio, presupuestos independientes y miles de empleados gubernamentales a su servicio, gracias a los funcionarios al frente de empresas públicas, designados directamente por Gordillo.

¿Y qué pasó con la administración de Felipe Calderón? Siguió el pago de facturas. Invariable. Puntual. De acuerdo con una investigación realizada por Sergio Aguayo Quesada y Alberto Serdán Rosales:

> ... en los tres primeros años de gobierno de Calderón (20006-2009) el grupo político encabezado por Elba Esther Gordillo ha manejado recursos públicos por un mínimo de 345 mil 785 millones de pesos, y un máximo de un billón 611 mil 771 millones.
>
> Cada año, miembros de su grupo han tomado decisiones sobre al menos 115 mil millones de pesos, más que los gobiernos del Distrito Federal o del Estado de México.

¿De dónde salen estas fortunas operadas al antojo de Elba Esther? De los presupuestos asignados a siete entidades (algunas manejadas parcialmente por la influencia de Gordillo, y otras de manera absoluta) que son:

Educación básica federal, Educación en estados, Partido Nueva Alianza (Panal), Instituto de Seguridad y Servicios Sociales de los Trabajadores del Estado (ISSSTE), Lotería Nacional, Sistema Nacional de Seguridad Pública (SNSP), y Transferencias al SNTE por cuotas.

Desde el gobierno de Fox, a Elba Esther se le entregó prácticamente el ISSSTE. "El presidente Fox me acaba de dar el ISSSTE, y pienso poner ahí a Benjamín (González Roaro)", le aseguró Gordillo al líder de la burocracia nacional, Joel Ayala, quien así lo confirmó.

El ISSSTE se siguió rolando entre empleados al servicio de "La Maestra", como Miguel Ángel Yunes Linares. En el bienio 2007-2009, el presupuesto para esta institución ascendió a 346 mil millones de pesos.

La Lotería Nacional, que sólo en dos años manejó alrededor de 5 mil millones de pesos, también ha sido botín financiero y político de Gordillo. Allí fue designado en 2004 otro gordillista, Tomás Ruiz, ex presidente del Panal (partido propiedad de Elba Esther), para ser sustituido por otro cercano: Miguel Ángel Jiménez, quien tuvo que renunciar en abril del 2009 cuando se supo que intentó usar el presupuesto de la Lotería para comprar publicidad al *Diario de Yucatán*, en favor del candidato del PAN a la gubernatura de Campeche. Todos ellos amigos de La Maestra.

"Fox entregó el SNSP a la maestra en febrero de 2006. El primero que la dirigió fue Yunes Linares (2005-2006), quien cedió el cargo a Roberto Campa Cifrián, el candidato presidencial del Panal en 2006. En septiembre de 2008, Calderón retomó el control del cargo."

(Como se menciona al inicio de este capítulo, la propia Elba Esther aclaró que obtuvo los controles del SNSP, Lotería Nacional y el ISSSTE, a cambio de apoyar electoralmente a Calderón en 2006.)

El Partido Nueva Alianza obtuvo el registro en 2005 y fue una de las causas que llevaron a la ruptura de la maestra con el PRI. Aunque Elba Esther no tiene una presencia formal, en el Panal hay una fuerte presencia magisterial y en él tienen cargos de dirección su hija, la diputada Mónica Arriola Gordillo, Coordinadora Ejecutiva de Vinculación, y su nieto, René Fujiwara Montelongo, presidente de Alianza Joven, brazo juvenil del Panal.

Lo anterior lo consignan Aguayo y Serdán. El presupuesto del Panal fue de 638 millones de pesos del 2007 al 2009.

Fernando González Sánchez, operador político a favor de Calderón durante los días previos a la elección del 2006, fue premiado con la subsecretaría de Educación Básica de la SEP.

En la SEP es frecuente escuchar: "La oficina de Lujambio (ex titular de la SEP) está allá… pero la de quien manda (González Sánchez) está por acá."

La opacidad es aliada.

La SEP se rehúsa a informar —machacan Aguayo y Serdán— cuánto dinero canaliza por cuotas sindicales al SNTE en todo el país. También falta establecer los fondos que recibe el Panal en los estados, y "ni siquiera intentamos estimar en cuántas presidencias municipales tiene presencia el grupo". Todo al gusto de Elba Esther.

ALIANZA FALLIDA

Cada 15 de mayo es una copia del anterior: discursos del presidente en turno —póngale el nombre que quiera—, promesas de hacer más eficiente la educación, la arenga infaltable de Elba Esther Gordillo, con su aderezo de demagogia y dramatismo, exaltando a los maestros, envolviéndose en el manto de la heroicidad porque "todo con los maestros, nada a espaldas de ellos", sonriendo, besando y abrazando al secretario (a) de Educación —del mismo modo, póngale el primer nombre que se le venga a la mente—, primeras planas, festejo en público y en privado, y a seguir en la lucha sindical.

El 15 de mayo de 2008 no fue la excepción. Ese Día del Maestro se firmó la Alianza por la Calidad de la Educación entre el Presidente de la República, la presidenta vitalicia del SNTE y la Secretaria de Educación Pública, Josefina Vázquez Mota. Necesitaría infinidad de páginas para desglosar y analizar, punto por punto, los incisos de este acuerdo. Sin embargo, uno de los objetivos principales y más conflictivos quedó intocable: la asignación de plazas magisteriales. ¿Para qué meterse con La Maestra si, como lo reconoce el integrante del gabinete calderonista, Calderón le debe la presidencia?

Para explicarlo, me remito a mi columna "Archivos del poder" que bajo el título, "La farsa educativa", se publicó en el periódico *Excélsior* el 31 de julio de 2008, poco más de dos meses después de la firma de la alianza.

Eso, una farsa y no otra cosa, es el supuesto examen de oposición para asignar seis mil plazas a maestros de educación básica, facultad que siempre ha tenido el sindicato. Con el mismo espíritu dictatorial y arbitrario pero, sobre todo, bajo las órdenes de Elba Esther Gordillo, quienes aspiran a ser profesores deberán presentar una "prueba" que estará elaborada, calificada y dictaminada por el SNTE y la SEP.

¿Y quién en el SNTE? Elba Esther y su camarilla que trabaja en la mayoría de los estados, para sus intereses y no con el fin de mejorar la educación.

¿Y quién en la SEP? Elba Esther y su grupo. Sí, nada menos que el poderoso subsecretario de Educación Básica, Fernando González Sánchez, yerno de la dictadora sindical quien, realmente, manda en este nivel educativo.

… basta revisar la Convocatoria Nacional, tanto de los exámenes para el otorgamiento de plazas docentes como en el caso de nuevo ingreso a ese servicio, para comprobar que se trata de una farsa el anuncio de que, ahora sí, serán realmente los maestros mejor preparados y no los amigos de Gordillo y su camarilla quienes ocupen las plazas magisteriales. La clave está en la Novena Cláusula de las Bases Nacionales. A leer:

ASIGNACIÓN DE PLAZAS. "La asignación de plazas será determinada por la autoridad educativa estatal, en estricto orden de prelación." ¿Y de quién dependen los delegados de la SEP en cada estado? Acertó: del yerno de Elba Esther, el subsecretario de Educación Básica, Fernando González Sánchez.

COMITÉS ESTATALES DE SEGUIMIENTO DE CONCURSO. "Se integrarán en cada entidad federativa y el DF con funcionarios de las secretarías estatales de Educación o de la Administración Federal de Servicios Educativos del DF, así como representantes del SNTE."

Es decir: el seguimiento, la evaluación y calificación final para quienes aspiran a ser maestros, está en manos del aparato de control gordillista y de nadie más, sobre todo si se considera el inciso "g" del apartado referente a Resultados del Examen, que advierte: "Los resultados del examen nacional serán inapelables."

Como siempre: al capricho de Elba Esther.

Ante esta simulación, especialistas y legisladores advierten anomalías. "El sindicato no tiene por qué participar en los exámenes. En la mayoría de las instituciones universitarias, son especialistas y comités de pares quienes evalúan a los maestros, para dejar de lado los intereses tanto administrativos como gremiales", señala el presidente de la Comisión de Educación de la Cámara de Diputados, Tonatiuh Bravo.

¿Cuántas plazas se negociaron con los estados? "Se desconoce", alerta la especialista del CIDE, Lucrecia Santibañez. "La asignación de plazas dependerá de la SEP y del SNTE, y mientras exista discrecionalidad habrá limitantes a las convocatorias", acusa el ex secretario de Educación, José Ángel Pescador.

Aún más: los grupos parlamentarios del PRI y PRD anunciaron un grupo de trabajo para supervisar la alianza SEP-SNTE. "No queda claro por qué el sindicato debe participar en la definición de la política de infraestructura educativa y de otros aspectos del acuerdo" (hasta aquí lo publicado en *Excélsior*).

¿Se hizo algo para corregir este beneficio directo a Elba Esther y su camarilla? No. El famoso "grupo de trabajo" legislativo para "supervisar" la alianza entre el gobierno de Calderón y Gordillo quedó en eso, en promesa, como tantas otras más en el ámbito del Poder Legislativo.

Nuevamente funcionaban las viejas y fieles amigas de Elba (como le dicen sus íntimas, como Martha Sahagún): la conveniencia política y la opacidad.

Un año más tarde, ya con Alonso Lujambio al relevo de Vázquez Mota, tras catorce meses de la firma de la Alianza por la Calidad de la Educación, la propia SEP dio a conocer que quince estados, la mitad del sistema educativo nacional, no sometieron a concurso las plazas de nueva creación ni las vacantes. Es decir, 50 por ciento de las secciones del país no aplicaron los lineamientos signados en la Convocatoria Nacional de la Alianza, que obliga al Sindicato a aplicar exámenes tanto para el otorgamiento de plazas docentes como en los casos de nuevo ingreso.

Dentro del sector educativo se confirma un dato: la famosa Alianza por la Calidad de la Educación (ACE), firmada el 15 de mayo de 2008, fue elaborada, corregida y avalada por Elba Esther Gordillo y su equipo más cercano, entre ellos González Sánchez. Gatopardismo.

"¿De qué sirve que Calderón enfrente con valentía al crimen organizado, si permite la pulverización de la calidad en la educación básica, en aras de seguir complaciendo a su amiga Elba Esther? Se está condenando a la ignorancia a legiones de mexicanos", apunté en mi columna del 2 de julio de 2009.

BRECHAS

Algunos organismos han intentado acotar el poder de Elba Esther Gordillo en la educación básica, pero mientras en Los Pinos, en la SEP y en los gobiernos de los estados sigan consintiendo y solapando a la todopoderosa del SNTE, será muy difícil terminar con su dictadura política-económica-sindical. Como ocurrió en Tamaulipas con el priísta Eugenio Hernández, quien dejó hundida la entidad en la violencia e ingobernabilidad; o bien, con Humberto Moreira en Coahuila, presidente nacional del PRI hasta diciembre de 2011.

La organización Mexicanos Primero, encabezada por Claudio X. González Guajardo, ha elaborado una serie de reportes titulados *Brechas*, estudios serios y profesionales que dan cuenta de los abusos del SNTE, y de la manera como afectan al desarrollo y a la competitividad de la calidad educativa. En sus reportes, *Brechas* habla del desorden administrativo, el desvío de recursos públicos y el manejo discrecional de plazas inexistentes en preescolar y primaria. Ejemplos:

- La fragmentación de plazas hace posible la existencia de prestanombres para cobrar un sueldo mensual que se reparte entre personas que pueden o no trabajar en el sector educativo. Para 2010, el presupuesto autorizado cubría el pago de 921 mil 375 plazas. Sin embargo, los gobiernos estatales pagaron casi ¡dos millones de plazas, solamente en el primer trimestre del año!
- El desvío de recursos se refleja en trabajadores asignados a plazas inexistentes, como ocurre en Coahuila, Tabasco y Morelos.
- Hay un mercado negro entre las plazas magisteriales, donde existen profesores que tienen hasta 42 plazas docentes. Esto asegura favores, lealtades e ingresos extraordinarios para aquellos que controlan la asignación sin escrutinio independiente.
- El SNTE como herramienta de poder seduce a los políticos porque ven en sus secciones una base electoral prácticamente imbatible, capaz de asegurar su llegada al poder. El Sindicato "amedrenta a los gobiernos ya instalados porque el magisterio se puede convertir rápidamente en un ejército que obstaculice sus políticas o ponga en riesgo la continuidad en el poder de sus partidos".

Así diagnostica *Brechas* al SNTE.

EL AMIGO FELIPE. MISAEL. LA PROTECCIÓN OFICIAL

Las avezadas reporteras de *Excélsior*, Ivonne Melgar y Aurora Zepeda, retrataron así la cálida relación entre Felipe Calderón y Elba Esther Gordillo, en Tonatico, Estado de México, el 21 de mayo de 2007:

> Los acercamientos, coincidencias y apapachos recíprocos del presidente Calderón con la dirigencia del SNTE, continuaron ayer durante la inauguración del Cuarto Congreso Nacional de Educación.
>
> En el estadio deportivo, las bases de Elba Esther Gordillo estallaron en porras para el mandatario cuando les dijo que ellos son «el ejército del saber que hará posible el cambio educativo» y se comprometió a eliminar diferencias salariales de los profesores por cuestión geográfica.

Una vez más, Calderón no le fallaba a su amiga. Allí, en Tonatico, anunció al magisterio una "rezonificación salarial" que implicó cerrar la brecha entre los maestros de la zona económica 2, y los de la zona 3. Igualdad salarial. Más dinero al SNTE.

Según "Enfoque", *Reforma*, 15 de mayo de 2011, durante el calderonismo se han destinado recursos extraordinarios para el pago de estímulos salariales a maestros, mientras el Programa de Carrera Magisterial tuvo un crecimiento de 117 por ciento. En promedio anual, sus aumentos salariales fueron de 8.8 por ciento, incluidas prestaciones.

Los gobiernos del PAN han sabido agradecer —y con creces— a su amiga Elba Esther los favores políticos recibidos. Entre el año 2001 y 2010, la inversión federal estatal para la educación básica, alcanzó 3 billones 167 mil millones de pesos, poco más de 30 puntos porcentuales del PIB. Además, durante el último año de la administración de Vicente Fox, el SNTE negoció un fondo de 41 mil millones de pesos para "equiparar el sueldo de los docentes que trabajan en la zona económica 2, con los de la zona económica 3, denominada de vida cara". Hasta el último centavo se le ha entregado a Elba Esther. Todo al gusto de La Maestra. Ella ordena.

Cuando hay dinero de por medio para el magisterio, hay entendimiento. Sin embargo, a la hora de evaluar a los maestros, comienzan los problemas. De acuerdo con el Examen Nacional de Habilidades y Competencias Docentes, de los 71 mil docentes que enfrentaron la prueba para aspirar a una plaza, solamente 23 mil la acreditaron, 68 por ciento lo reprobó.

Los estados que tuvieron el mayor porcentaje de maestros en servicio reprobados son también los más bajos en resultados en la prueba PISA 2006, que aplica la OCDE. ¿Cuáles son?

Hidalgo y Guanajuato, con 71.6 por ciento de profesores reprobados; Sonora, 67 por ciento; Estado de México, 61.7 por ciento, y Baja California, con 61 por ciento. Con base en una medición de julio de 2010, la SEP dio a conocer que 106 832 aspirantes a profesores reprobaron la prueba para ocupar una plaza. Siete de cada diez fracasaron y, por ello, deberán regresar a la escuela, determinó la Secretaría. Pero es en este punto donde entra en operación la influencia de Elba Esther y sus *consiglieri*.

Para los rechazados por la SEP que cuentan con influencia directa o indirecta con Gordillo o con sus 59 capitanes estatales del SNTE, les basta una orden de La Maestra para ocupar la plaza sin ningún problema. Es entonces cuando la misión magisterial comienza a distorsionarse, designando a profesores o directores de primaria o de secundaria sin preparación para desempeñar el cargo.

En cada ocasión en la que a Gordillo se le plantea evaluar a los profesores, responde con la trillada frase de que "es una afrenta a la autonomía sindical y no lo vamos a permitir". La iracunda reacción de La Maestra ha doblegado, hasta hoy, a presidentes, gobernadores y secretarios de educación en turno. Lo ha logrado al amparo del poder presidencial ya que, dentro del propio SNTE, la mayoría magisterial la rechaza: 84 de cada 100 maestros considera que el Sindicato ya debe cambiar de liderazgo (*Reforma*, 15 de mayo de 2011).

Sin embargo, mientras el presidente, algunos gobernadores y sus 59 virreyes educativos la sigan apoyando, a Elba Esther no le importará el malestar de esos maestros por quienes —se ufana— ha luchado toda su vida.

"Soy un bicho raro", dice Gordillo.

"Elba Esther viste con plumas de pavorreal", comenta irónico, el maestro Othón Salazar, líder del Movimiento Revolucionario del Magisterio en los años sesenta.

* * *

Información de la reportera Carmen Cruz García escrita en el artículo "Irregularidades en el Magisterio", publicada en la página electrónica del "Movimiento Revolucionario del Magisterio" asegura que:

> El 30 de enero de 1981, los profesores Misael Núñez Acosta y Darío Ayala salían de la escuela primaria Héroes de Churubusco, ubicada en Tulpetlac, Estado de México, cuando un grupo de hombres bien armados a bordo de un Chrysler Le Baron les vaciaron dos cargadores de pistolas calibre 45. Núñez Acosta —reconocido líder sindical de la sección 36 del Sindicato Nacional de Trabajadores de la Educación (SNTE), cuya beligerancia irritaba al gobierno— falleció en el acto y su muerte ahora es atribuida a Elba Esther Gordillo, secretaria general del PRI, a quien se sigue una investigación por estos hechos ante la Fiscalía Especial para Movimientos Sociales y Políticos del Pasado (Femospp). La denuncia fue presentada el 27 de noviembre pasado por integrantes de la Coordinadora Nacional de los Trabajadores de la Educación (CNTE), que agrupa a más de 400 mil trabajadores docentes.
>
> Además de acusársele como autora intelectual de este crimen, se le investiga por su presunta participación en el desvío de recursos de las cuotas del magisterio nacional.
>
> Desde temprana hora, el 27 de noviembre (de 2002), Gordillo se presentó a las instalaciones de la Procuraduría General de la República para rendir su declaración en torno a estas imputaciones. A su retiro, afuera de las instalaciones, se topó con la prensa nacional, lo cual achacó a una indiscreción de la dependencia. En la noche dio una conferencia de prensa y aseguró que era inocente de los cargos en su con-

tra. "Es muy fácil acusar y calumniar. Tengo familia, hijos, nietos y es mi deber despejar por ello, por el nombre que les he heredado, cualquier duda", se quejó.

Yo también fui disidente alguna vez —añadió—. Ésa ha sido la característica más importante de mi vida pública. Fui siempre, sigo siendo una inconforme, del estatus quo, de mi propia forma y usos de maneras de hacer el trabajo sindical. El profesor Daniel Ávila, líder de la Sección 18 de la CNTE en Michoacán, afirma que los días de Elba Esther están contados. "Las pruebas que tenemos son suficientes para encarcelarla a ella y a varios miembros de su camarilla".

También denuncia que Gordillo montó un ostentoso dispositivo del SNTE en todo el país "con nuestras cuotas sindicales, para mover a cientos de maestros, con todos los gastos pagados, incluyendo transportación, hospedaje y la promesa de recorridos turísticos".

Por su parte, el profesor rural Eugenio Rodríguez dice que a partir de una denuncia presentada contra Gordillo a principios de año por integrantes de la Sección 36 del Valle de México, se logró que la maestra fuera a declarar por el crimen de Núñez Acosta, cometido hace más de 21 años. Rodríguez revela que existen otras acusaciones de la CNTE contra Gordillo ante la fiscalía por presunto enriquecimiento inexplicable y adquisición de lujosas propiedades en México y en otras partes del mundo. El profesor refiere que se han venido presentando pruebas de que el dinero de las cuotas sindicales fue utilizado para la campaña presidencial de Francisco Labastida Ochoa, así como de otros candidatos a diputados y presidentes municipales.

"Nosotros no tenemos precisos los gastos, pero en la campaña del 2000 el financiamiento que fue utilizado para las campañas políticas hablan de millones de materiales impresos en las oficinas del sindicato y todo este dinero sale de las cuotas sindicales de los trabajadores de la educación, recursos que no tiene contabilizado el IFE" (hasta aquí la información de la reportera Cruz García).

¿De qué han servido tantas denuncias por presunto homicidio, por manejo indebido de recursos, averiguaciones previas abiertas en su contra o procesos penales en los que se le atribuyen diversos delitos a Elba Esther Gordillo? De nada en absoluto.

Uno de los pilares indispensables que apuntala el abuso del poder en México es la impunidad. Dicha impunidad está sustentada, a su vez, por los favores personales, la complicidad y la gracia de los poderosos en turno, a quienes les piden apoyo a cambio de más favores, políticos o económicos, regularmente. Es el ciclo repetido desde los inicios del viejo PRI y condenado históricamente —ahora, paradójicamente, bien practicado y aprovechado— por el PAN desde el poder presidencial.

Elba Esther Gordillo es la mejor muestra de este carnaval de impunidades entre la élite del poder. Ante las denuncias presentadas en su contra, la mano amiga al rescate. Desde Los Pinos. O desde la PGR.

El 15 de mayo de 2007 (qué mejor regalo del Día del Maestro), el gobierno de Calderón tuvo un detalle inolvidable con Elba Esther. La eximió de cualquier investigación; limpió su nombre como quien redime a los viejos mafiosos en la parte final de su vida delincuencial; le lavó la cara y le cubrió la espalda.

La PGR reservó, por un periodo de 12 años, los expedientes, las averiguaciones previas y los procesos penales en los que se acusa de delitos a la lideresa del SNTE, Elba Esther Gordillo.

La dependencia determinó que no aportará ni siquiera el número de expedientes o los delitos que se imputan en cada una de las denuncias penales contra la dirigencia gremial, sin importar si las averiguaciones están en trámite, archivadas, en reserva o ejecutoriadas.

En respuesta a una solicitud oficial, mediante la Ley de Transparencia, la PGR determinó que dicha información es de acceso reservado, con base en la Ley Federal de Transparencia, la Ley Federal Contra la Delincuencia Organizada, y el Código Federal de Procedimientos Penales.

Según la respuesta ofrecida por la dependencia, tres áreas de la PGR respondieron que tenían en sus manos expedientes contra la ex priísta, pero que la ley les restringe la publicación de los mismos.

Dichas áreas son: las subprocuradurías de Investigación Especializada en Delitos Federales; de Control Regional; Procedimientos Penales y Amparo, y de Investigación Especializada en Delincuencia Organizada. (Abel Barajas, *Reforma*, 16 de mayo de 2007).

Nada contra La Maestra. Para eso está su amigo en Los Pinos.

El 31 de mayo de 2011, al firmarse el Acuerdo para la Evaluación Universal de Maestros y Directores del Servicio de Educación Básica —sí, otro acuerdo más—, Calderón dijo:

"Entre el SNTE y el Gobierno federal sí hay una alianza, pero no es una alianza política u oportunista; es una alianza por la educación de nuestros niños."

¿De veras, ciudadano presidente?

¿De veras no es una alianza política cuando, según reconocen los integrantes de su gabinete, le debe a Elba Esther la presidencia?

¿De veras no es una alianza política cuando Gordillo desnudó en junio de 2011 el arreglo político-electoral del 2006 con el entonces candidato del PAN a la presidencia de México, Felipe Calderón?

¿De veras no es una alianza oportunista cuando durante su segundo año de gobierno, la PGR bloqueó cualquier intento de acción penal contra Gordillo?

¿De veras, ciudadano presidente?

Por lo demás, el acuerdo firmado ese 31 de mayo, de poco o nada servirá. ¿Por qué? Por la razón poderosa de que tras la evaluación a maestros, nada les pasará a aquellos que reprueben. Sí, nada. Examen y resultado, pero hasta ahí. Seguirán laborando. El acuerdo nada más compromete a los profesores a ser revisados. Es como si no se hubiera signado. Otra mascarada gubernamental. Gatopardismo. Para eso su yerno, el subsecretario de Educación Básica de la SEP, Fernando González, estuvo la mayor parte del sexenio como guardián de los intereses de Elba Esther.

"No hay duda: es usted el presidente de la Educación", proclamó Elba Esther, elogiando a Felipe Calderón durante la firma del nuevo acuerdo. Gracias por los favores recibidos.

* * *

Obtener partidas presupuestales extraordinarias durante cada revisión salarial es una de las virtudes de Elba Esther Gordillo y su camarilla.

En mayo de 2007, se reportó inicialmente que se destinarían 5 mil 136 millones de pesos para los programas de Carrera Magisterial, Fondo para la Vivienda, Actualización Docente, de Tecnologías Educativas y de Infraestructura, así como para la creación de plazas. Sin embargo, el documento oficial de la respuesta al Pliego General de Demandas —firmado por Vázquez Mota y Gordillo— considera "otros apoyos" por 526 millones de pesos.

Lo que quiera La Maestra. Además, ¿quién fiscalizará esos 526 millones de pesos adicionales? Nadie. Bueno, sí: los cercanos a Elba Esther.

Y así será, seguramente, lo que resta del sexenio de Felipe Calderón. El presidente de México que, de acuerdo con uno de sus más cercanos colaboradores, le debe el cargo a Elba Esther.

Nada ni nadie parece obstaculizar el camino de la todopoderosa lideresa del SNTE. ¿Quién se atreverá a acotar su inagotable y reciclable influencia política, electoral y financiera?

La única respuesta podría ser que se le aniquile como a los *gangsters*: siguiendo la ruta del dinero, su falta de transparencia, sus excesos o la evasión de impuestos.

Como Al Capone, Elba Esther Gordillo podría tener su derrota definitiva bajo el signo de esa palabra que tanto le fascina y que tan bien ha sabido multiplicar: el dinero.

TELEVISA: EL PODER TRAS EL CRISTAL

Cuanto mayor es el poder, más peligroso es el abuso.
Edmund Burke

—¿Qué no te queda claro que quienes mandamos sobre la autoridad, y hasta sobre el mismo Presidente de la República, somos nosotros?—, le advirtió, implícita la amenaza, Alejandro Benítez, director general de Comercialización Artística de Televisa, al empresario Simón Charaf, dueño del Bar-Bar.

Algo tiene Charaf que, en poco más de un año, le ha generado amenazas de cualquier tipo: comerciales, políticas y hasta de muerte, provenientes del poder en México.

Del poder televisivo, como en el caso de Benítez, alto ejecutivo de Grupo Televisa. O de los altos mandos de la Procuraduría General de Justicia del Distrito Federal (PGJDF), como le sucedió con el subprocurador de Averiguaciones Previas, Genaro Vázquez Rodríguez quien, sorprendido porque Charaf le aseguró que saldría a los medios para denunciar los atropellos de los cuales estaba siendo víctima por parte de Televisa —solapados, según el empresario, por la PGJDF—, recibió de boca del subprocurador:

—Si ustedes salen a los medios, lo vamos a tomar como una declaración de guerra.

Y otra más. En lo que parecía una plática amigable, un asesor del Gobierno del Distrito Federal (GDF) concluyó con una frase intimidatoria cuando Charaf le reveló que haría públicos los videos de respaldo para que se supiera realmente lo que ocurrió aquella madrugada del lunes 25 de enero de 2010 en el antro de Insurgentes 1854, cuando el futbolista estrella del América, Salvador Cabañas, recibió un tiro en la cabeza, en respuesta a la campaña desatada en su contra por los noticieros de Chapultepec 18 —y contra "La Familia Bar-Bar", como él la llama—, y ante la cual la PGJDF nada hacía.

—¡Tú que sacas esos videos y te rompemos la madre... a ti y a tu familia! ¡¡¡Te rompemos la madre!!!— le escupió el asesor del GDF.

A donde quiera que fuera, Charaf recibía amenazas. Algo les hizo. Ese algo no fue otra cosa que intentar defender su negocio, el Bar-Bar, frecuentado por políticos, empresarios, artistas, modelos, cantantes, actrices, y el *jet-set* nocturno de la ciudad de México.

Pero algo más. Un bar que acogía no sólo a actores, actrices, futbolistas y personalidades más famosas del poderoso Grupo Televisa, concesionario de los canales de televisión abierta 2 (El Canal de las Estrellas), 4, 5 y 9, además del sistema de televisión de paga Sky. El Bar-Bar era un antro visitado continuamente por los ejecutivos estrellas de Televisa, desde Emilio Azcárraga Jean —Emilio III, heredero del imperio televisivo fundado por su abuelo, Azcárraga Vidaurreta, y consolidado por su padre, el "soldado del PRI", el "Tigre" Azcárraga Milmo—, hasta personalidades de la televisora quienes, rebosantes y gozosas, pasaban madrugadas deliciosas al amparo del *glamour* del Bar-Bar y su selecta concurrencia. Es célebre la fotografía en la que Azcárraga Jean y su suegro, Marcos Fastlich aparecen, eufóricos, plenos, compartiendo sonrisas con Simón Charaf.

Charaf fue socio de negocios de Azcárraga, creador y propietario de 49 por ciento de las acciones de la exitosa empresa Imagen y Talento Internacional (ITI), dedicada a la promoción de personalidades y cuyo 51 por ciento restante había adquirido Televisa. Pero el imperio televisivo no podía tomar decisiones en ITI sin la autorización de Charaf. Requería, por contrato, 60 por ciento del aval accionario. Le faltaba un 9 por ciento, por eso quería la propiedad total de ITI.

Y qué mejor que utilizar lo ocurrido la madrugada del 25 de enero en el baño del Bar-Bar con el delantero paraguayo Cabañas, figura del Club América, equipo de los amores de los Azcárraga (club en decadencia durante los últimos años por su dirección vertical y autocrática, tan parecida a los años del régimen presidencial priísta).

Por un vulgar pleito de borrachos, Cabañas recibió un tiro en la cabeza. ¿Quién se lo dio? Pudo ser José Jorge Balderas Garza, el JJ, oscuro personaje ligado a negocios del narcotráfico con Édgar Valdés Villarreal, *La Barbie*, uno de los capos más buscados del país que fue detenido el 30 de agosto de 2010 en el Estado de México.

José Francisco Barreto García, *El Contador*, escolta del JJ recuerda que "... al momento que yo ingreso al baño, yo escucho la voz del JJ diciendo: soy el que te va dar en la madre... acto seguido doy el paso completo y el JJ voltea a verme y el empleado del baño que estaba junto a él, y yo cuando entré él tenía agarrado a Cabañas del cuello y todo fue muy rápido, pensé que se iban a pelear o algo, nunca pensé que con Cabañas, y fue muy rápido... entro, él me voltea a ver y se oye el disparo del arma..."

El JJ relata: "El Contador dice que pues yo (le disparé)... el Cabañas dice que no se acuerda... el del baño no vio..."

Diecisiete meses después, Cabañas lo platica así: "Él me decía muchas cosas... me decía: tú tienes miedo, yo sé que tú tienes miedo... y yo le decía: ¿de qué voy a tener miedo?... ¿de qué voy a tener miedo?... A esto que tienes en tu frente (la pistola), ¿no le tienes miedo?... no, qué voy a tener miedo... ¿por qué voy a tener miedo? Sí, vas a tener miedo, vas a ver ahora, me dijo. Si tú dices que voy a ver, lo voy a ver, pero ¿te digo la verdad? No tengo miedo. Y él me tenía apuntado, hasta que me disparó..."

¿Qué diablos tiene que ver ese pleito mundano entre borrachales en un antro capitalino, con el próspero contrato comercial que mantenían, legalmente y signado ante las leyes mexicanas, Televisa (que formalmente no existía como empresa, tan sólo a través de sus "empresas filiales" o "pantalla") y la firma ITI? ¿Cuál es la relevancia de lo ocurrido la madrugada del 25 de enero de 2010 en el Bar-Bar, con esa relación comercial, redituable y de innegable bonanza financiera?

Mucho que ver.

El balazo a Salvador Cabañas —futbolista con fama de prepotente, agresivo e indisciplinado— en el Bar-Bar, fue manejado mediáticamente por Televisa para presionar y obligar a Simón Charaf a vender, a precio irrisorio, el 49 por ciento de las acciones de ITI al grupo liderado por Azcárraga Jean.

¿Cómo? Utilizando sus noticieros —principalmente televisivos— para exhibir a Charaf como un empresario que violaba la ley; para acusar, valiéndose de los buenos oficios y la disposición de la Procuraduría General de Justicia del Distrito Federal, al gerente del Bar-Bar, Carlos Cázares, *Charly*, de estar involucrado en la agresión a Cabañas; de que se habían borrado huellas y vestigios en la escena, de manera deliberada, para encubrir pistas; para decir públicamente que se había otorgado una "cortesía" a Balderas Garza tras haber agredido a Cabañas (jamás se ofreció esa prueba, a pesar de que Joaquín López Dóriga prometió presentarla en su noticiero); de que se había impedido la entrada a la autoridad tras lo ocurrido en el Bar-Bar; de que allí se vendían drogas. Todo sin pruebas.

Todo, con tal de que Charaf se doblara y aceptara vender su 49 por ciento de acciones de ITI en 200 mil dólares (oferta propuesta por Televisa) cuando, de acuerdo con valuadores profesionales, éstas valían al menos quince veces más.

Todo, utilizando el caso Cabañas para obtener un lucro comercial. Mezclando intereses. Aprovechándose de un poder mediático para chantajear a un empresario.

"Para frenar el asunto Cabañas, debes acceder a nuestra petición y entregarnos tus acciones de ITI por lo que te ofrecemos", le advirtió Alejandro Benítez a Simón Charaf.

Otra vez el abuso del poder.

Del poder de una televisora. De Televisa.

BELLEZA MEXICANA

La relación comercial entre Televisa y Simón Charaf no inició con la sociedad entre Imagen y Talento Internacional (ITI), y la televisora. Hay un antecedente importante.

En 1994, Televisa y Charaf se asociaron con la empresa Nuestra Belleza México, organizadora de los certámenes de belleza y de todos sus beneficios comerciales. Televisa tenía 75 por ciento de las acciones. El matrimonio de Charaf y Lupita Jones —primera Miss Universo mexicana en 1991— era propietario del 25 por ciento restante. Al menos en cuestión de negocios, ya se conocían.

Charaf y sus hermanos —Griselda, Ramón y Guadalupe Frida Charaf Medina, así como José Salvador Domínguez León— iniciaron operaciones el 29 de agosto de 1999 con la empresa Imagen y Talento Internacional (ITI) S. A. de C. V., dedicada a "la representación de personalidades del medio artístico, deportivo, de la moda, intelectual, político, científico, de cualquier culto religioso, así como líderes y en general cualquier persona que por sus características esté relacionada con lo anterior y con los fines de la sociedad".

En el aspecto financiero, ITI era autosuficiente. Tenía alrededor de 140 contratos de exclusividad que no pertenecían a Televisa, con personalidades como Bárbara Mori, Jacqueline Bracamontes (ganadora en el 2000 de Nuestra Belleza México), y deportistas como Ana Gabriela Guevara. Era una empresa boyante, bien manejada y administrada, consolidada en América Latina.

Seguramente por eso llamó la atención a Telemundo, televisora que siempre ha visto al mercado mexicano como un nicho que se puede disputar al duopolio televisivo —Televisa y TV Azteca— con una programación de mayor calidad. Directivos de Telemundo se acercaron a Charaf para plantearle la posibilidad de asociarse y apoyarse en ITI para expandirse en el mercado nacional, con miras a una tercera cadena de televisión abierta. La oferta era más que tentadora.

Telemundo tendría en la bolsa la base del talento artístico de México. Sería un peligro comercial —real y poderoso— para Televisa.

Entonces Charaf cometió un error: comentárselo a sus "amigos" de Televisa y clientes frecuentes del Bar-Bar, donde igual se podía ver al cómico Adal Ramones que a su jefe, Emilio Azcárraga, divirtiéndose en el que ya era, desde el 2004, un club privado al que se le permitía estar abierto hasta la hora que los socios quisieran.

Charaf lo platicó con los directivos de Televisa, quienes, al ver el enorme riesgo que corrían si Telemundo compraba la jugosa agenda de ITI podía reforzar su posición en el mundo del entretenimiento para proyectarse a futuro en la televisión mexicana, no perdieron tiempo y le hicieron una oferta a Simón: asociarse comercialmente. Y Charaf aceptó.

Así, en agosto de 2004, ITI tenía en Televisa un nuevo socio, al que le había otorgado 51 por ciento de las acciones, mientras que el resto pertenecía a la familia Charaf. Este trato se llevó a cabo mediante José Antonio Bastón Patiño, presidente de Televisión y Contenidos, y amigo cercano a Azcárraga Jean, integrante del llamado grupo de *Los Cuatro Fantásticos* con Bernando Gómez y Alfonso de Angoitia; el convenio fue signado por Joaquín Balcárcel Santa Cruz, responsable del Área Jurídica; Rafael Folch Viadero, vicepresidente de Administración y Finanzas, y Rafael Carabias Príncipe, vicepresidente de Administración.

¿Cómo convenció Televisa a Charaf de asociarse como ente mayoritario? Por tres cláusulas fundamentales:

1. ITI sería la única empresa de Televisa que podría realizar promoción y representación de personalidades para campañas publicitarias y proyectos comerciales.
2. Televisa se obligaría a que todo lo que hiciera su talento, para los fines anteriores, debía ser realizado a través de ITI.
3. Cualquier decisión importante de la empresa tendría que contar con el voto de Simón Charaf.

Dejaba claro que ninguna decisión se podía tomar en ITI mientras no se tuviera el respaldo de 60 por ciento de las acciones; es decir, se requería el voto de Charaf. Dentro del contrato firmado por Televisa y Simón Charaf, la cláusula segunda resulta clave, pues establece que:

"Televisa y el Sr. Charaf, por este medio, acuerdan los términos y condiciones mediante los cuales llevarán a cabo, a través de Imagen y Talento, la representación, promoción y contratación de personalidades, artistas, deportistas y conductores (las "Personalidades"), a efecto de comercializar en cualquier forma permitida por la ley, campañas y proyectos publicitarios, promocionales, de relaciones públicas, conferencias, líneas comerciales y productos, así como cualquier actividad semejante o conexa a las anteriores (la Promoción Publicitaria de Personalidades)".

Aún más. El 10 de julio de 2006, Televisa emitió el siguiente comunicado:

Alejandro Benítez Cueto
Director General de Comercialización Artística

Televisa

México, D.F., a 10 de julio de 2006.

A quien corresponda:

Por medio de la presente hacemos de su conocimiento que Imagen y Talento Internacional, S.A. de C.V. es la única persona física y/o moral autorizada por Televisa, S.A. de C.V. y/o cualquiera de sus empresas filiales y/o subsidiarias ("Televisa"), para la promoción y comercialización de todo el talento artístico con quien Televisa tenga celebrado algún contrato, en lo relacionado con campañas publicitarias, proyectos comerciales, de relaciones públicas, conducciones, firmas de autógrafos, apariciones personales y conferencias, entre otras.

Atentamente
Televisa, S.A. de C.V.

Por: Alejandro Benítez Cueto
Cargo: Apoderado Legal

Grupo Televisa, S.A.
Blvd. Adolfo López Mateos 2551
Col. Lomas de San Angel Inn, México, D.F., 01790

Tel.: 5728-3723 Fax: 5728-3660
abc@televisa.com.mx

El negocio entonces iba viento en popa.

El Bar-Bar siempre se veía a reventar con las luminarias del "Canal de las Estrellas", con políticos, empresarios, modelos y fauna artística que de noche, madrugada y hasta el amanecer, salían del antro con el vaso en la mano (como en varias ocasiones se observó al futbolista Cuauhtémoc Blanco, jugador emblema de las Águilas del América).

Todos brindaban por la sociedad. Todos satisfechos. Todos amigos. Hasta que Azcárraga Jean, "El Tigrillo", sacó las garras.

ARAIZA Y PERRONI. LOS ESTADOS. LAS CAMPAÑAS. EL CONTROL POLÍTICO

Aún con sus altibajos por el incumplimiento de algunas cláusulas por parte de la televisora, la sociedad entre Televisa y Simón Charaf en ITI continuaba con ganancias para el emporio de Azcárraga Jean. En varias ocasiones, Charaf se hizo de la vista gorda con tal de mantener a flote el negocio.

Durante una reunión celebrada a principios de 2009 —año electoral, pues en julio se realizarían las llamadas elecciones intermedias de carácter federal—, Charaf le propuso a los directivos de Televisa un nuevo "nicho de negocio": las campañas políticas en los estados, con la colaboración de personalidades del medio artístico, fungiendo como imagen o voceros de determinada entidad.

—Adelante, Simón —le autorizó Alejandro Benítez.

La idea era bien recibida. Los Charaf se pusieron a trabajar en el proyecto. El contacto directo con los estados era Grisel Charaf, quien explicaba a los gobiernos entre otras cosas la intención de las campañas y sus costos pero, sobre todo, el beneficio que tendrían de cara a los comicios federales del 2009.

El primer estado en responder positivamente fue Hidalgo, gobernado por el priísta Miguel Osorio Chong. Los Charaf decidieron que la imagen de Hidalgo sería representada por una actriz juvenil y muy agradable a la vista, de rostro hermoso y cuerpo espectacular: Irán Castillo. La campaña se difundió en Hidalgo y en el Distrito Federal, principalmente. Se presentaba la piel de Castillo como un mosaico multicolor que, sugestivo al desnudo, llamaba la atención visualmente. Un éxito absoluto. Y junto a la diva, el logotipo del estado.

El impacto publicitario fue más allá de las expectativas generadas y, consecuentemente, el ingreso comercial estaba garantizado. La campaña en Hidalgo costó alrededor de dos millones de pesos.

Benítez llamó a junta a Charaf.

—¡Lo de Hidalgo fue un hitazo, Simón!

—Y ya tenemos más solicitudes de otros estados… también podemos hacer campaña con partidos políticos…

La idea entusiasmó a los jefes de Televisa. Se le dio prioridad. Por eso hubo otra reunión donde estuvieron Azcárraga Jean y Bernardo Gómez, brazo derecho, amigo íntimo. En ella le dijeron a Charaf:

—Con estas campañas podemos tener el control político de los estados, de los gobernadores… ¡del país!

—Y hasta triplicar los ingresos… —fueron los comentarios hechos en esa reunión, de acuerdo con la versión de uno de los que allí estuvieron y de quien omitimos su identidad.

Se frotaban las manos visualizando las ganancias económicas, pero sobre todo políticas, que les generaría la idea de Charaf: combinar política y farándula. Personalidades y políticos. Famosos y campañas. Una vieja pero redituable dualidad de egos y de beneficios públicos y personales.

Para Televisa, los promocionales entre Estados y personalidades pasó de un asunto estrictamente comercial a una cuestión eminentemente política. Y con miras al futuro.

Simón Charaf se sentía parte del equipo Televisa. Sin embargo, Azcárraga y compañía tenían otros planes para Charaf y para ITI.

* * *

Los Charaf trabajaban de lleno en la empresa ITI. Grisel contactaba posibles clientes, Simón mantenía a flote la relación comercial con Televisa.

De cara a las elecciones intermedias, los clientes continuaban interesados por el tipo de campaña política que tan buen resultado había arrojado en Hidalgo.

La intención de Charaf, como se lo había planteado a Benítez, era continuar con la misma estrategia con los estados, pero también con partidos políticos. De ahí que les surgiera una idea: mostrar como imagen y voceros del Partido Verde Ecologista de México (PVEM) —caracterizado por dos cosas: por tener legisladores jóvenes y ser, de paso, un negocio familiar al servicio de la familia González Torres— a dos luceros del "Canal de las Estrellas", Raúl Araiza y Maite Perroni.

—Pensamos en Raúl y Maite para la campaña del Partido Verde —le comunicó Simón a Benítez.

—Ok, va… —fue la respuesta.

Manos a la obra. Se habló con Jesús Sesma, empleado de prensa del PVEM, que aceptó la propuesta. Araiza y Perroni estuvieron de acuerdo. Se comenzaron a planear enfoques, mensajes, textos, locaciones. Por los costos no habría problema. Hasta que, a punto de firmar contrato, Charaf recibió una llamada de Alejandro Benítez:

—Simón, me acaban de decir los altos mandos que este tipo de campañas, como la que estás por firmar con el Partido Verde, ya no se van a poder hacer…

—¡¿Por qué…?!

—No sé. Solamente así me lo dijeron… decisión de los altos mandos de la empresa…

—¡Pero ya tenemos todo listo, Alejandro! ¡Estamos por firmar el contrato!

—Pues sí, Simón, pero la orden es ya no hacerlos…

—¡No me vayan a hacer una mamada, Alejandro!

—¡No, cómo crees…!

Justo al terminar esa llamada, la pesadilla empezaría para Simón Charaf en su sociedad con Televisa. No sólo se tenían listos a Raúl Araiza y a Maite Perroni para los verdes. También se preparaba ya una para el izquierdista Partido de la Revolución Democrática (PRD), cuya imagen sería el cómico Arath de la Torre. (Extrañamente jamás se realizó, mientras que la del PVEM con Araiza y Perroni, sí la hizo Televisa, aunque excluyendo a Charaf.)

Simón habló con Sesma:

—Me acaban de suspender la campaña, Jesús. Lo siento. No es cosa mía...

Al día siguiente, Sesma recibió una llamada de la oficina de Benítez desde Televisa.

—¿Qué están buscando a Raúl Araiza y a Maite Perroni para su campaña?

—Sí, pero ayer estuve con los Charaf en ITI y me dijeron que ya no se haría...

—Pues el asunto es con nosotros, Jesús. No con ellos. Te chorearon. El asunto es con nosotros...

Así, Televisa hizo los promocionales, eliminando, de paso, a Simón Charaf de la sociedad dentro de ITI, violando un vínculo comercial firmado de manera legal, sin respetar las cláusulas y demostrando, como lo dice Benítez, que quienes mandan, aún por encima del Presidente, son ellos.

La campaña salió al aire. Charaf enfureció. No sólo había sido excluido ilegalmente de la sociedad, también le fue robada su idea. Por eso decidió enviarle una carta a Emilio Azcárraga Jean —el socio y compañero de reventón en las madrugadas del Bar-Bar—, en la que le expresaba malestar por su exclusión de las campañas que, por ley, deberían realizarse a través de ITI.

—— Original Message ——
From: Simon Charaf
To: Emilio Azcárraga Jean
Sent: Thursday, June 04, 2009 6:20 PM
Subject: Cita urgente y documentos importantes

Estimado Emilio:

Como sabes, siempre he tenido hacia ti y TELEVISA todo mi respeto y admiración y que siempre (aún cuando no éramos socios) he puesto toda mi dedicación, profesionalismo y empeño (anteponiéndolo a cualquiera de mis otros negocios), para cumplir lo que me comprometí contigo y con el Sr. José Bastón: que TELEVISA tenga todos los beneficios en todos sentidos que ya conoces en las actividades que desarrolla IMAGEN Y TALENTO INTERNACIONAL (ITI) y cuidando que no corra ningún tipo de riesgo.

Desde hace un mes he intentado verte, para exponerte todas las anomalías que se han seguido presentando y que están igual o peor que antes.

Por todo lo anterior, te reitero me siento muy molesto, desgastado y decepcionado, y no veo sentido continuar nuestra relación, por lo que no me queda más que regresar a la propuesta que te había hecho:

1 - Que Televisa compre mi participación accionaria.

2 - Que busquemos juntos un socio de reconocida trayectoria que compre mi participación accionaria, con lo que tendrías la tranquilidad y control de lo que está haciendo esta empresa.

3.- Si los puntos 1 y 2 no son de tu interés, yo realizo la venta de mi participación accionaria con un tercero.

Obviamente cuenta con la tranquilidad y compromiso de mi parte que cualquiera que sea tu decisión, pondremos como siempre, todo el profesionalismo y seriedad para que se hagan las cosas de la mejor manera sin ningún tipo de afectación para TELEVISA, y manejaremos por el bien de todos, en total confidencia dicha operación (salvo las personas estrictamente necesarias).

Mucho te agradeceré me informes a la brevedad cuál es tu decisión para realizar las acciones necesarias lo más pronto posible y solicito tu apoyo para que durante este proceso y con la finalidad de evitar conflictos y situaciones innecesarias, los involucrados cumplan los acuerdos establecidos.

Sin más por el momento,

Simón Charaf M.
Director General
Imagen y Talento Internacional

No hubo respuesta de Azcárraga.

En diciembre de 2009, Simón vio nuevamente a Benítez, su enlace natural con Televisa. Harto de los atropellos de Televisa y, como no llegaba a ningún entendimiento con Benítez, Charaf planteó una posible solución.

—Dejémonos de problemas, Alejandro. Le voy a vender mis acciones a un tercero…

Benítez se sorprendió.

—¿Y crees que habrá quien se interese en tus acciones?

—¡Puta…! ¡Que sí habrá interesados! Sí, y muchos…

—¿Cómo quiénes?

—Pues allí está Ricardo Salinas Pliego, por lo pronto…

El rostro de Benítez se transformó en un gesto de ira. La sola posibilidad de que Televisa tuviera que compartir su base de talentos con la competidora directa, TV Azteca, lo descontroló. Entonces, miró fijamente a Charaf y le escupió:

—Pues tú que le ofreces ese paquete de acciones a cualquier tercero, y nosotros te metemos en una bronca legal grave, de veras grave…

Charaf registró la reacción descompuesta de Benítez.

—Vamos a enfriarnos, Alejandro. Vamos a calmarnos. Va a ser Navidad…

* * *

Nueva reunión. Charaf recibió entonces la propuesta de Televisa, a través de Alejandro Benítez, para comprarle su 49 por ciento de acciones de ITI. Primero lo sondeó:

—¿Y cuánto quieres por tus acciones, Simón?

—Mira, ya hizo un estudio un valuador profesional, y cuestan tanto…

Benítez escuchó lo que Charaf pretendía. Prometió darle, días después, una respuesta.

—Sentimos muy alta tu propuesta, Simón. Bájale…

Charaf le dio una nueva cifra.

—El precio menor que quiero por las acciones es dos millones 950 mil dólares. Ni uno menos. Esta cifra equivale, tan sólo, a las utilidades de seis años. Estoy en la mejor disposición de llegar a un arreglo, pero no me bajaría ya de esta cifra…

—Lo consulto y te llamo.

Otra reunión.

—Mira, Simón, lo máximo que te podemos ofrecer son 200 mil dólares…

Charaf se indignó.

—No, Alejandro. No acepto. No me dejan otro remedio que venderle mis acciones a un tercero, y ahí se arreglan ustedes con él.

—Son 200 mil dólares o nada, Simón.

—Pues tampoco es de a huevo Alejandro. En puros incumplimientos de contrato ustedes me deben entre 40 y 50 millones de pesos… Estoy siendo flexible en el precio.

—Pues 200 mil o nada.

—¡Oye, Alejandro, te recuerdo que la empresa era mía, y que ustedes me buscaron a mí, y no yo a ustedes!

Charaf salió muy molesto de la oficina de Benítez. Se reunió con sus abogados y tomó una decisión: demandaría a Televisa por daños y perjuicios. Pero hay un punto peculiar. Oficialmente, Televisa no existe en ninguna dirección física para efecto de contratos, relaciones comerciales o demandas jurídicas. En el caso de las campañas promocionales con los estados, la contratación se hacía directamente mediante una empresa denominada TV Promo S. A. de C. V., que se encarga de los cobros de facturas y de toda la documentación inherente a estas transacciones. Televisa no aparece en los contratos. La representan empresas "pantalla".

De esta manera, quienes contratan campañas —sobre todo políticas—, en las entidades del país, pueden decir, para efectos políticos: "Yo no le pagué a Televisa". Y formalmente podrían tener razón. Sin embargo, los accionistas de TV Promo son altos ejecutivos de Televisa que le rinden cuentas a Azcárraga Jean y compañía.

TV Promo es la única empresa autorizada para este tipo de negociaciones con Televisa, sencillamente, porque es parte de Televisa.

Encima el Año Nuevo. Llegaba el 2010, y con el, la madrugada del 25 de enero. Entonces todo cambió para Simón Charaf.

BAR-BAR

La noche pintaba bien. Carlos Cázares, *Charly*, gerente del Bar-Bar, supervisaba y recorría el lugar. Iba a la entrada a recibir personalidades, ordenaba y sonreía. De trato fácil, campechano. Americanista él.

Todo unía a *Charly* con el equipo consentido de futbol de Televisa: el América. Los otros dos "hermanos menores", Necaxa y San Luis, siempre habían estado relegados a un segundo plano a pesar de que *Los Rayos* fueron llamados "el equipo de la década" en los noventa, con triunfos mucho más importantes en comparación a la raquítica producción deportiva del América, como lo fue el tercer lugar del Mundial de Clubes en Brasil, derrotando —con todas sus estrellas— al poderoso Real Madrid y empatando, de tú a tú, con el Manchester United de Beckham. El Necaxa brillaba con estrella propia hasta que, por los errores de Televisa, se convirtió en un equipo ordinario e intrascendente, dando tumbos en la Liga de Ascenso.

Cázares era amigo de futbolistas americanistas y de directivos que, cuando llegaban al Bar-Bar, eran recibidos, seguramente, mejor que en su propia casa. Todo le iba de maravilla hasta que los rieles del destino descarrilaron su tren de vida.

Llegó al antro un amigo de *Charly*, Salvador Cabañas, centro delantero del América y estrella del equipo. Soberbio, como frente a la portería enemiga. Un abrazo en la entrada fue el signo de bienvenida. Lo acompañaba su esposa, María Alonso, y su cuñado, Amancio Rojas. Fueron revisados en la entrada.

Acaso un par de minutos después, arribaron José Jorge Balderas Garza, el JJ, y José Francisco Barreto García, alias *El Contador* y escolta personal del JJ, ligado entonces a uno de los narcotraficantes más buscados de México: Édgar Valdez Villarreal, *La Barbie*. Afuera permanecieron varios escoltas más.

Adentro la música envolvía. *Pitbull* reventaba con "I know you want me". Todos a bailar. Las botellas de whiski corrían generosas. Tres bailarinas cubanas flirteaban con el JJ y *El Contador*. A unos pasos, en la pequeña mesa rodeada por Cabañas, su esposa y su cuñado, llegaba la segunda botella de scotch (el Bar-Bar no era, como muchos piensan, un lugar muy grande, en realidad es compacto). Salud. El delantero americanista era muy buen bebedor, aunque *mala copa* cuando el alcohol le inundaba los sentidos y la razón.

5:18. Salvador Cabañas se levanta de la mesa y se dirige hacia el baño. Sube las escaleras. Va solo.

5:19. El JJ entra también al baño. *El Contador* se queda afuera, platicando con una de las bailarinas cubanas.

¿Qué ocurrió realmente dentro del baño?

Cabañas dice que "no se acuerda". Pero, de acuerdo con lo dicho por el propio JJ, todo fue un vulgar pleito de borrachos.

Balderas Garza lo narra así al reportero Carlos Loret de Mola, de Televisa:

> Carlos Loret de Mola (CLM): Entra al baño, ¿y qué?
>
> JJ: Pues estaba borracho el amigo (Cabañas)...
>
> CLM: ¿Y le dijo algo?
>
> JJ: Pues sí, pero eso le puede preguntar al Cabañas, ¿no? ¿O no quiere hablar?
>
> CLM: Pos... trae una bala adentro, ¿no?

JJ: Pues yo lo vi pateando bolas, yo lo vi normal...

CLM: Entonces, ¿qué? ¿Le entró a echar bronca?

JJ: ¿Quién, a mí? Se puso a pelear dentro del baño pero no entré a eso...

CLM: ¿Con quién se peleó? ¿Con *El Contador*?

JJ: No, conmigo andaba peleando...

CLM: ¿Usted venía armado?

JJ: No, a mí me revisaron al entrar ahí, yo no traía nada...

CLM: ¿Le echó bronca a usted o *al Contador*?

JJ: A mí...

CLM: ¿Y qué le dijo?

JJ: Pues nomás un rozón, un codazo acá... el amigo nomás borracho. Los baños del Bar-Bar son muy pequeños, la distancia del mingitorio y el excusado es nada. Así que si alguien se pone a mear en el mingitorio obstruye el paso... yo por costumbre uso el excusado y al salir él orinaba y le dije con permiso, y no me hizo caso el amigo, pues yo me pasé y lo atravesé, lo rocé y él me tiró un golpe. Ahí fue donde ya me molesté y le reclamé y ya vi que era él, y pues traté de calmar la situación, pero el amigo na' más estaba muy borracho y él le siguió, y peleamos y después entró *El Contador*...

CLM: ¿Y qué pasó después?

JJ: Pues le dieron un balazo al amigo, ¿no?

CLM: ¿Y quién fue?

JJ: *El Contador* dice que pues yo... el Cabañas dice que no se acuerda... el del baño no vio... (hasta aquí parte de la entrevista).

Es decir: de acuerdo con la única versión que se tiene de uno de los protagonistas, lo ocurrido en el baño del Bar-Bar, aquella madrugada, fue un vulgar pleito de borrachos. Una pelea mundana de borrachales. Y nada más.

Cabañas dice no acordarse. El empleado del baño, Javier Ibarra, asegura que estaba de espaldas y sólo escuchó el tiro.

El Contador narra: "Al momento que yo ingreso al baño, yo escucho la voz del JJ diciendo: «soy el que te va dar en la madre». Acto seguido doy el paso completo y el JJ voltea a verme y el empleado del baño que estaba junto a él, y yo cuando entré, él tenía agarrado a Cabañas del cuello y todo fue muy rápido, pensé que se iban a pelear o algo, nunca pensé que con Cabañas y fue muy rápido; entro, él me voltea a ver y se oye el disparo del arma…"

Enrique Flitch, guardia de seguridad, se asoma al baño para ver qué ocurre, ve a Cabañas tirado en el suelo y se aleja, temeroso. Avisa por radio a *Charly*. El JJ y *El Contador* salen y pasan junto a Flitch, sin inmutarse, presurosos.

En no más de 25 segundos están afuera. Finalmente, la distancia entre el baño y la puerta de salida es de tan sólo 21.5 metros aproximadamente. Huyen.

Mientras, en el antro, *Charly* llega al baño y ve a Cabañas en un charco de sangre. Alerta general.

¿Qué es lo primero que hace *Charly* al percatarse de que Salvador Cabañas, su ídolo, su amigo, está herido en la cabeza? Llama a la policía. Marca el 066. Le avisa a la esposa del futbolista que a su esposo "algo le ocurrió" en el baño.

Ante la gravedad del caso, *Charly* ordena el desalojo del Bar-Bar. Nadie paga su cuenta. No hay tiempo. Lo urgente es atender a Cabañas. El lugar se vacía en unos cuantos minutos.

Una patrulla de la Secretaría de Seguridad Pública del Distrito Federal llega al Bar-Bar, a petición de *Charly*, en tan sólo tres minutos. Casi de inmediato. La ambulancia y los paramédicos arribaron a las 5:36.

Cabañas es atendido. Su esposa entra y sale varias veces del baño, sin que nadie se lo impida. (Este detalle es importante para aclarar versiones periodísticas divulgadas por Televisa, que se abordará más adelante.)

A las 5:50, Cabañas es llevado a la ambulancia. Con él va *Charly*. "Vamos a llevarlo a Xoco", dice uno de los paramédicos. "No. Mejor vámonos al Hospital Ángeles… allí estará mejor."

Cabañas llegó al hospital del sur de la ciudad alrededor de las 6 de la mañana. En el trayecto, *Charly* habló con Simón Charaf para notificarle lo ocurrido. "A la policía denle todo el apoyo que necesite", fue la orden de Charaf.

Durante el traslado de Cabañas al hospital, la policía cometió un error gravísimo: no haber preservado el lugar. No asegurarlo cuando estaban todavía dentro del Bar-Bar. Por eso se cerró. Porque ninguna autoridad —ni de la SSPDF ni de la PGJDF— ordenó que se mantuviera asegurado el antro, como debería de haber procedido. En ningún momento tomaron el control de la situación.

Y por eso, porque la autoridad estaba ausente, y sin orden contraria, el encargado del baño, Javier Ibarra, lavó el lugar sin que nadie se lo impidiera, lo que después —erróneamente— se interpretó como "limpieza de la escena del crimen". Literalmente sí ocurrió, pero no se comprobó que Ibarra lo hiciera con algún propósito avieso. Si algún policía le hubiera ordenado alejarse de ahí, seguramente lo hubiera hecho.

El Bar-Bar cerró sus puertas. La policía así lo autorizó, y se retiró sin dar ninguna instrucción.

Fue hasta las 9:30 de la mañana cuando el procurador Miguel Ángel Mancera se presentó en el lugar, y ordenó que se abriera. Sabía que se había cometido un error garrafal al no haberlo asegurado justo a la llegada de la policía.

Charly regresó al Bar-Bar y, a petición de Mancera, ordenó que regresaran todos los empleados para ser interrogados. Mientras, Cabañas luchaba por su vida con una bala en la cabeza.

Personalmente, *Charly* le entregó a Mancera los videos de seguridad del Bar-Bar, gracias a los cuales se pudo reconocer, de inmediato, a los agresores de Cabañas. Con base en las imágenes proporcionadas por el propio Cázares, horas después de la riña, todo México sabía cómo se llamaba el agresor del futbolista, cómo era y quiénes estaban con él.

Charly fue invitado a declarar en la PGJDF. "Vamos", le respondió confiado y sin temer nada a quien estaba directamente encargado del caso Cabañas: el subprocurador de Averiguaciones Previas de la PGJDF, Genaro Vázquez Rodríguez.

Pero algo no andaba bien. A *Charly* lo esposaron, y se lo llevaron a los separos de la PGJDF. No, algo no andaba bien. *Charly* tuvo un mal presentimiento que se le confirmaría horas después.

Su pesadilla —y la de la familia Charaf— apenas comenzaba.

TELEVISA INFORMA

Los noticieros de Televisa dieron prioridad al "ataque" —así lo llamaron— que sufrió el jugador estrella del equipo de la casa, anteponiendo la "libertad" de que cualquier deportista estuviera divirtiéndose en compañía de su familia en el lugar de su preferencia, pero ignorando los antecedentes de Salvador Cabañas: indisciplinado, agresivo, prepotente. Incluso existía el antecedente de que Cabañas había intentado atropellar con su camioneta a un seguidor de las Águilas por atreverse a salirle al paso y pedirle un autógrafo.

Cabañas no era el mejor ejemplo de honestidad o amabilidad en el futbol mexicano. Además de los problemas que tenía con Hacienda por no pagar impuestos (llegó a deber alrededor de diez millones de pesos), eran constantes las quejas al club por la manera humillante de tratar a los fieles que, a diario, se apostaban afuera del club para ver de cerca a sus devaluados ídolos amarillos.

La primera señal de alerta que se prendió en Simón Charaf fue una declaración del presidente del América, Michel Bauer, ante el escándalo que crecía hora tras hora: Cabañas baleado en un antro, borracho al amanecer. No era el mejor ejemplo de imagen deportiva para el equipo de Emilio Azcárraga.

"Fue un asalto, no una riña", dijo públicamente Bauer. Mentía. No tenía ningún sustento, prueba o testimonio para comprobarlo. Lo importante era salir al paso, aunque fuera con mentiras, para comenzar a tejer la red de protección a Cabañas. Cualquiera sería el culpable, menos el paraguayo.

Lo que realmente alarmó y luego comenzó a despertar suspicacias en la familia Charaf fue el perfil que los noticieros de Televisa le daban al Bar-Bar, lugar frecuentado por soldados televisivos como Adal Ramones, Arath de la Torre, los hermanos Germán y Freddy Ortega, *Los Mascabrothers*, Jaime Camil, Adrián Uribe, Esteban Arce, El *Burro* Van Rankin, Israel Jaitovich, El *Borrego* Nava; por heroínas y villanas de telenovelas, como Kate del Castillo y Karla Álvarez; por conductoras como Montserrat Olivier y Yolanda Andrade; por políticos como Jorge Kahwagi; por altos ejecutivos, incluso por el propio dueño de la empresa, Emilio Azcárraga Jean.

Algo no andaba bien.

Durante el noticiero nocturno de Joaquín López-Dóriga emitido por Canal 2 se dijo:

Uno de los dos sujetos le da el tiro, salen del baño, bajan las escaleras, cruzan la pista del antro, llegan a la puerta, salen, piden su camioneta y se van seguidos de un auto escolta sin que nadie los detenga. Aquí hay un aspecto clave: que la cuenta fue una cortesía del Bar-Bar ¿Qué quiere decir esto? Que el documento decía CORTESIA VIP, que los del Bar-Bar saben, ni modo que den una cortesía por una cuenta de $17,000 pesos a un desconocido. En un momento en cuanto tenga este material se lo voy a presentar a usted.

Sin embargo, López Dóriga, hasta hoy, no ha presentado ese "material" que comprobaría que los encargados del Bar-Bar le dieron una "cortesía" al JJ para que pudiera escapar sin problemas; si bien, como el propio *Charly* lo declaró, el JJ sí era conocido en el lugar, pues era cliente frecuente.

Lo que en realidad ocurrió fue que tanto Balderas Garza como *El Contador* y todos los que esa madrugada estaban en el antro, se fueron sin pagar por órdenes de *Charly*, ante la gravedad de lo que acababa de pasar. No había tiempo para cobrar.

Todas las cuentas fueron agrupadas en el sistema electrónico bajo el rubro de "Cortesía", que es el único donde podían ser capturadas, ya que el sistema del bar contaba únicamente con "Cuentas pagadas" y "Cortesía". El monto total de las cuentas agrupadas fue de 16 950.00 pesos, entre las que se encontraban la de Cabañas, la del JJ, y otras más.

No eran 17 mil pesos tan sólo de la cuenta del JJ. Era la cuenta colectiva. La famosa "cortesía" que mencionara López Dóriga jamás fue exhibida en su noticiero. Y más: la noche del 25 de enero, en una entrevista realizada al Procurador de Justicia capitalino, Miguel Ángel Mancera, le preguntó: ¿Habló usted con el presidente Calderón? "No", fue la respuesta de un desconcertado Mancera ante una pregunta totalmente fuera de lugar.

López-Dóriga presentaba la información sobre el Bar-Bar de la siguiente manera:

"Ahora le voy a mostrar todas las disposiciones que violó el dueño del Bar-Bar, como las que violan muchos otros, movido siempre por un factor: la corrupción."

La manera como los noticieros de Televisa presentaban todo lo referente al caso Cabañas-JJ-Bar-Bar, era, marcadamente, para perjudicar a Simón Charaf quien, sorprendido por el manejo informativo que le daban al caso sus socios y amigos —al menos eso él creía—, no atinaba a responder a una pregunta que le taladraba la cabeza: ¿por qué los ataques?

La información señalaba que el Bar-Bar operaba avanzada la madrugada, rayando el amanecer. Los abogados de Charaf presentaron las licencias correspondientes que lo acreditaban como "club privado" y, por tanto, podía permanecer abierto a cualquier hora. Con base a las denuncias periodísticas de Televisa, ninguna autoridad —ni la Delegación ni la PGJDF— procedió legalmente contra el antro.

No se necesitaba ser un genio para confirmar que Televisa había emprendido una campaña constante y hostigante contra el Bar-Bar y su dueño —y socio de la televisora—, Simón Charaf. (Como lo hizo, en dupla con TV Azteca, contra el empresario farmacéutico Isaac Saba cuando intentó, respaldado por la poderosa General Electric, obtener la concesión de una cadena de televisión abierta. El duopolio televisivo la emprendió contra Saba, hasta doblegarlo. A él y al Gobierno.)

Durante el programa "Tercer Grado", transmitido el miércoles 27 de enero de 2011, la periodista Adela Micha punzó al aire:

—¿A poco apenas hoy nos venimos a enterar de que en el Bar-Bar se vendían drogas?

En la misma emisión, el moderador y vicepresidente de noticias de Televisa, Leopoldo Gómez, soltaba que "desde tiempo atrás había gente armada en el Bar-Bar".

Mal parado deja Adela Micha a su jefe, Emilio Azcárraga Jean, quien infinidad de ocasiones se reventó en un lugar —según Adela—, donde "se vendían drogas". Luego entonces, el dueño de Televisa era asiduo visitante de un antro donde vendían estupefa-

cientes, aunque ello tampoco implica que forzosamente las consu-
miera. Son cosas diferentes.

Si Gómez tenía detectada a "gente armada", como comuni-
cador —suponemos que lo es— estaba obligado a denunciarlo
periodísticamente. Pero no lo hizo. ¿Por qué? Porque era un sitio
visitado por los altos funcionarios de su empresa, santuario de la
diversión de famosos de Televisa (esto sí era público). Casi nada.

El jueves 28 de enero, en su noticiero matutino del Canal de
las Estrellas, Carlos Loret de Mola presentó, al aire, una fotografía.
En ella se observaba a Simón Charaf y a otras personas. Loret
soltó al aire:

"En Facebook encontré las fotos del cobarde del JJ (*jeyjey*, le
dice Loret), con el dueño y con el gerente del bar, que según ellos
ni lo conocen. Hasta la derecha, el que tiene la cabeza rapada es
el gerente; en medio, el que tiene la playera moteada es el dueño;
y hasta la izquierda, con la flecha arriba, el famoso *jeyjey*, identificado por la Procuraduría del D.F. como José Jorge Balderas
Garza…"

Loret de Mola mintió.

El sujeto que estaba "hasta la izquierda" no era el JJ, como lo
quiso hacer creer. En realidad se trataba de un ex colaborador del
Bar-Bar, de nombre Iván Puentes. Basta ver ambas fotos —la de
Balderas Garza y la de Puentes— para comprobar que son dos
personas diferentes. O Loret se precipitó con su información, o
intentó engañar deliberadamente. (En la misma emisión, ante una
llamada de Puentes, el conductor tuvo que corregir su yerro.)

Y más. Durante el noticiero nocturno del Canal 2, el reportero Mario Torres presentó a cuadro la llegada al Bar-Bar del JJ y
sus escoltas: "Este presunto delincuente es el que aparece en este
video, antes de entrar al Bar-Bar. Va acompañado de siete escoltas,
cuatro de ellos utilizan abrigos y se quedan afuera del Bar-Bar,
mientras que el JJ y otros de sus escoltas, Francisco o el Contador,
ingresan al Bar-Bar sin que los revisen."

Sin embargo, esta versión es desmentida en al menos tres ocasiones. La primera, cuando en su declaración presentada ante la
PGJDF, dentro de la Indagatoria núm. FAO/AO-4/TI/00147/10-
01, a las 5:22 del 26 de enero, el elemento de Seguridad del Bar-

Bar, Enrique Flitch, señala que "… siendo que en ese lapso de tiempo ingresaron varios clientes, entre ellos a quienes conoce con el apodo de JJ, mismo que es cliente habitual del lugar, y acude regularmente acompañado de su amigo, el gordo de quien ahora se entera responde al nombre de Francisco, siendo revisadas ambas personas por el emitente, sin encontrarles nada irregular, por lo que les permitió el acceso".

La segunda, por Barreto García, *El Contador*, quien al ser capturado el 23 de junio de 2010, manifiesta que "… entramos, como siempre; era lo rutinario, ¿verdad?… Nos reciben los de seguridad, nos dan el abrazo de bienvenida y todo. Entrando al Bar-Bar ves todo de frente, hay una pared. Nos cachea el de seguridad para que no lleváramos armas…"

Y la tercera, cuando en la entrevista que le da a Loret de Mola, el JJ cuenta si fue o no revisado:

CLM: ¿Usted venía armado?

JJ: No, a mí me revisaron al entrar ahí, yo no traía nada…

Alguien está mintiendo. O Televisa o Flitch. O Barreto García o Balderas Garza.

De acuerdo con la explicación de los dueños del Bar-Bar, tanto el JJ como *El Contador* sí fueron revisados en un primer "filtro" que no se alcanza a observar plenamente en las grabaciones de respaldo.

"La grabación no cubre la primera área de revisión en donde el JJ y su acompañante fueron adecuadamente revisados, debido a la existencia de una cortina contenedora de aire que se aprecia en el video, y que se encuentra ubicada entre los dos puntos de revisión. Ambos, Cabañas y el JJ, fueron revisados de manera simultánea", es la versión de Simón Charaf.

Sobre la pistola con la que Cabañas fue baleado, hay un detalle relevante. A las 5:12 de la mañana (Cabañas fue agredido alrededor de las 5:20), *El Contador* salió a la puerta principal, todavía dentro del bar, y abrazó, de manera un tanto inusual y cariñosa, a uno de los escoltas del JJ durante 40 segundos. Hay contacto físico cercano. Se registra un movimiento a la altura de la cintura. Al parecer, allí, el escolta le habría dado el arma al *Contador*, quien ya no fue revisado, precisamente, por encontrarse dentro del antro.

"En exclusiva para Noticieros Televisa, la señora María Lorgia Alonso narra que fue retenida en los baños del Bar-Bar por trabajadores de este sitio, y pasó veinte minutos buscando a su marido luego de la agresión..."

María Alonso mintió.

En uno de los videos de respaldo del Bar-Bar (visto por este reportero), se puede observar a María entrando y saliendo del baño con absoluta libertad y en varias ocasiones —según testigos, reclamaba a gritos la cartera y el celular de Salvador—, excepto —por razones de seguridad para el herido— cuando suben a Cabañas a la camilla e inician su traslado a la ambulancia.

Con el evidente manejo de información parcializado en su contra; con parte de la opinión pública influenciada por la campaña negra enderezada desde Noticieros Televisa hacia el Bar-Bar y, sobre todo, porque no recibía respuesta a sus llamadas diarias y a toda hora hechas a las oficinas de Azcárraga Jean —su socio—, Simón Charaf habló con el subprocurador de la PGJDF, Genaro Vázquez Rodríguez.

—Oiga, Genaro, ¿qué pasa? ¿Por qué esa campaña?

—No se preocupe, Simón. Esto se aclara en cuestión de días. No se preocupe...

Hubo una segunda llamada de Charaf al subprocurador. "No se preocupe, Simón", fue otra vez la respuesta. Y una tercera. Y nada.

—Pues vamos a salir a medios, subprocurador...

—Si ustedes salen a los medios, lo vamos a tomar como una declaración de guerra —fue entonces la respuesta dura, inequívoca, del subprocurador Vázquez Rodríguez, quien fue cesado de la PGJDF en enero de 2012, al no aprobar los "exámenes de confianza". Son geniales.

Con su respuesta, quedaba implícita la confirmación de la sociedad política Televisa-PGJDF.

No, algo no andaba bien. Charaf le envió un correo a Emilio Azcárraga Jean en el que le señalaba, entre otros puntos, que:

> Me ha sorprendido que en la misma cobertura de los medios que tú presides, el trato que hemos recibido muestra una culpa del Bar-Bar que no existe, basada en hechos in-

fundados, falsos y con afectaciones de alto costo para nuestra reputación.

Para mí ha sido un verdadero placer contar en múltiples ocasiones con tu presencia en el Bar-Bar, y estoy seguro que por lo mismo has experimentado y constatado un enorme cuidado y profesionalismo con el que manejamos nuestro negocio desde hace 25 años. Sabes del nivel de nuestros clientes y del servicio que reciben, y del extremo cuidado en todos los sentidos, con el que aseguramos que gente como tú se sienta como en su casa, contrario a los múltiples calificativos falsos que nos han adjudicado y que van desde prostitutas hasta drogas.

No hubo respuesta formal de Azcárraga. Hasta que Charaf recibió una llamada de su enlace en Televisa, Alejandro Benítez, quien lo citó en su oficina.

—¿Por qué los ataques, Alejandro? Estoy muy molesto por esta campaña… Son mentiras, y lo sabes bien.

La respuesta de Benítez dejó helado a Charaf.

—Pues, para parar todo el asunto de Cabañas, debes acceder a nuestra oferta y vendernos tus acciones de ITI por los 200 mil dólares que te ofrecimos en diciembre.

Todas las dudas que tenía Simón Charaf se le despejaron de un plumazo. Allí estaba la respuesta, contundente, desnuda y sucia a la vez, sobre el origen de la campaña mediática de Televisa en contra del Bar-Bar, aprovechando el caso Cabañas.

—¿¿¿Cómo es posible, Alejandro…??? ¡¡¡Qué poca moral… que poca ética de Televisa!!! —le respondió Simón furioso.

Todo era un chantaje.

Benítez se exaltó también. Amenazó a Charaf con que los ataques continuarían "hasta las últimas consecuencias".

—¡Pues me voy a defender, y con todo, Alejandro…!

Entonces llegó la advertencia, crudas las palabras, desgranadas, una a una, con un peso quemante, hiriente, insultante:

—¿Qué no te queda claro que quienes mandamos sobre la autoridad, y hasta sobre el mismo Presidente de la República, somos nosotros?

Y vaya que le quedaba claro a Simón Charaf, quien salió de la oficina aún con los sentidos aturdidos por lo que le acababa de ocurrir allí, en uno de los espacios de poder de Televisa. Chantaje. Abuso del poder. Otra vez.

CHARLY

Cuando Carlos Cázares, *Charly*, fue esposado todavía adentro del Bar-Bar, y llevado en calidad, le dijeron, de declarante (aunque realmente iba detenido), el año más doloroso de su vida apenas iniciaba.

No importaba que gracias a que *Charly* le ordenó a los paramédicos llevar a Cabañas al Hospital Ángeles, en lugar de trasladarlo a Xoco, hoy el futbolista esté vivo. De poco sirvió que se demostrara que Cázares nada tenía que ver ni con el JJ ni con *El Contador*. Nada le valió.

Charly se fue a la cárcel acusado de premeditación, ¡planeación! y complicidad en grado de tentativa de homicidio.

En realidad, Salvador Cabañas le debe la vida a *Charly*. Sin menospreciar el talento médico del Hospital de Xoco, había más posibilidades —por los equipos médicos con que cuenta— que el paraguayo recibiera atención más adecuada en el Hospital Ángeles. Hoy, finalmente, está vivo.

De todos los empleados del Bar-Bar —incluido *Charly*—, ninguno huyó o se negó a declarar. De acuerdo a los expedientes del caso no hay queja o reporte alguno de la PGJDF al respecto. Los videos le fueron entregados en su totalidad a la Procuraduría, sin excepción.

Con la presión mediática de Televisa y las amenazas de la PGJDF, Simón Charaf decidió salir a los medios. Fue en esa coyuntura cuando sostuvo el diálogo con un asesor del GDF, a quien le avisó que haría públicos los "videos de respaldo" en su poder —una valiosa carta bajo la manga de Charaf que sirvió para esclarecer lo ocurrido en el Bar-Bar—, a fin de que la opinión pública supiera realmente lo que ocurrió aquella madrugada del lunes 25 de enero de 2010.

—Tú que sacas esos videos y te rompemos la madre… a ti y a tu familia… ¡Te rompemos la madre! —le lanzó el asesor del GDF.

En tanto, a *Charly* le decretaron auto de formal prisión, y fue enviado al Reclusorio Sur. En su declaración ministerial, aseguró que María, esposa de Cabañas, le pidió que no se informara a la prensa de lo ocurrido en el Bar-Bar, y que se dijera que la agresión había sido "afuera del antro", por temor a que esta situación afectara negativamente la imagen del jugador.

Un encierro injusto para *Charly*. Un culpable más fabricado por la PGJDF, ante la presión ejercida por Televisa. *Charly* estuvo un año en prisión. En febrero de 2011 fue liberado, por falta de elementos probatorios. Pero su libertad no le significó el final de la pesadilla.

Dentro del Reclusorio Sur le dieron un diagnóstico médico errado, le dijeron que tenía una hernia, ahora enfrenta cáncer testicular.

¿Quién responde por el daño físico de *Charly*?

¿Quién levanta la mano por ese año inmerecido de prisión?

LA LUCHA LEGAL

A pesar de las amenazas recibidas desde tres flancos diferentes: Televisa, la PGJDF y el asesor de Marcelo Ebrard, Simón Charaf no se amedrentó.

El 1 de marzo de 2010, poco después de un mes de lo ocurrido con Cabañas en el Bar-Bar, presentó ante el Juzgado Noveno de Distrito en Materia Civil del D.F. una demanda contra Televisa, por "Violaciones e Incumplimiento a los Contratos entre accionistas de ITI".

Paralelamente, emprendió una estrategia mediática a través de Internet, mediante las páginas www.televisoramiente.com y www.laverdadsobreelbarbar.com, donde, de acuerdo con sus propios argumentos e información, detalla lo que considera "un abuso de poder por parte de Televisa". A Charaf no le ha sido fácil el pleito contra uno de los poderes fácticos más poderosos del país:

la televisión. Bebió de sus mieles, pero también probó el sabor amargo de la revancha.

El Bar-Bar está clausurado desde aquel lunes 25 de enero, con las pérdidas económicas —y perjuicios personales— que a la familia Charaf le ha generado. Criticados o no, pero es un negocio, y como tal, está clausurado por motivos ajenos a faltas administrativas. Si incurrió en ellas, que la autoridad así se los haga saber y se apliquen las multas o sanciones correspondientes. Pero no es así. La PGJDF lo mantiene cerrado por otras razones.

Al menos en dos ocasiones, tanto el procurador de Justicia del D.F., Miguel Ángel Mancera, como el presidente del Tribunal Superior de Justicia del D.F., Édgar Elías Azar, se han reunido con Charaf para pedirle algo inaudito.

—Simón, deja de salir a los medios y te abrimos el Bar-Bar…

Elías Azar ha cubierto siempre, desde el TSJDF, los errores y excesos de Mancera en la Procuraduría capitalina. "Mancera debería hacerme un monumento por toda la ayuda que le he dado…", suele decir.

Basta un momento para retratar en manos de quién está la justicia en el D.F. Cuando Édgar Elías Azar era secretario de Finanzas en Guerrero, su influencia se la debía al gobernador José Francisco Ruiz Massieu. Un personaje ligado a ambos viajó alguna vez a Zurich con Ruiz Massieu, quien lo llevó a la bóveda de un reconocido banco. Dólares en abundancia.

—Mira, todo este dinero es para mi campaña presidencial. A esta bóveda solamente tienen acceso dos personas: yo y Elías Azar.

A Ruiz Massieu lo mataron en 1994.

Elías Azar es el juez máximo de la justicia en la ciudad de México. "Es increíble que quien se encargaba de corromper a los jueces en Acapulco, ahora sea presidente de un tribunal de justicia. En el puerto no se hacía un negocio, si no era con la bendición de Elías Azar", comenta al reportero un personaje que conoció, y muy bien, a Elías Azar en Acapulco.

Vaya autoridades.

El propio Charaf ventila la clausura del Bar-Bar como un acto violento —condenable, sin duda, en la persona de Cabañas o de cualquier otra—, pero cita que hay otros ejemplos "en los cuales no se ha actuado de la misma manera: el asesinato en Startbuck's de la colonia del Valle en la ciudad de México (donde fue ejecutado el testigo protegido de la PGR, Édgar Enrique Bayardo. El lugar sigue abierto); en un bar de Pabellón Copilco donde fue asesinado Omar Domínguez, de 28 años de edad, y Cristian Nambo Arévalo resultó herido; el crimen de Juan Sebastián Figueroa González (hijo del cantante Joan Sebastian) en la discoteca Grand Hotel de Cuernavaca; un herido por el escolta de Martín Burillo —hijo de Alejandro *El Güero* Burillo Azcárraga, primo de Emilio Azcárraga Jean—, en el bar King's Pub de la Condesa; y en especial lo sucedido en el Bar Bengala, donde fue ejecutado el abogado Óscar Paredes, relacionado con un caso de secuestro. El Bengala sigue abierto. Las autoridades del D.F. no actúan como lo están haciendo en contra del Bar-Bar y de sus empleados".

Y más. Destapado su enfrentamiento con Televisa, Simón Charaf dio una larga entrevista —dividida durante tres días consecutivos— a la periodista Carmen Aristegui para su noticiero de radio en MVS Noticias. Fue casi una hora efectiva en la que Charaf explicó, con detalles, su problema legal con la televisora.

La contraofensiva de Televisa pronto llegó. Haber exhibido públicamente al imperio televisivo de esa manera llevó a los abogados de Azcárraga Jean a solicitar algo inverosímil contra Charaf: prohibirle hablar. Pero lo más atroz fue que la jueza del Segundo Juzgado Civil del D.F., María Magdalena Malpica Cervantes, ordenó al ciudadano mexicano Simón Charaf no "divulgar información" sobre este asunto.

Algo nunca visto y muy preocupante: que un juez (a) ordene callar a un ciudadano a petición de una empresa privada (Televisa). Si Charaf viola esta disposición, será arrestado por disposición de la jueza Malpica Cervantes. Inclusive, Charaf no puede salir de México por orden de la misma jueza. Abuso del poder.

Resulta curioso, más no inexplicable, que la jueza Malpica Cervantes dé luz verde para que procedan de inmediato las resoluciones en favor de Televisa, en contraste con los seis meses durante los cuales Simón Charaf y su equipo jurídico tardaron en que les fuera aceptada siquiera la demanda contra la televisora, bajo el argumento de "no existir en ninguno de los domicilios".

Ante la complicidad sospechosa de la jueza Malpica Cervantes, desde octubre de 2010 se solicitaron copias certificadas del caso al juzgado, con el propósito de evidenciar, ante los medios y la opinión pública, todas las irregularidades registradas en la demanda de Charaf contra Televisa. Hasta junio de 2011, seguían sin ser entregadas a la defensa de Charaf.

Ante lo que considera "graves anomalías", Charaf ha enviado cartas tanto al presidente Calderón como al jefe de Gobierno del D.F., Marcelo Ebrard, en las que expone la situación que enfrenta.

A Calderón le plantea, en carta recibida en Los Pinos el 29 de septiembre de 2010:

> Sr. Presidente, yo me pregunto en qué estado de derecho vivimos, cuando Televisa usa una concesión que otorga el Estado con el objeto de informar y en vez de esto, la utiliza para calumniar y atacar a terceros. En qué estado de derecho vivimos que los afectados estamos imposibilitados para exigir la difusión de la verdad, la reparación de los daños causados, y como en este caso, indebidamente limitados y coartados para actuar en contra de quien nos defrauda y calumnia en virtud de las influencias y tácticas tramposas de una empresa irrespetuosa de las leyes, que quiere imponer su supremacía (carta resumida).

A Ebrard le cuestiona, en misiva registrada en el GDF, el 23 de febrero de 2011:

> Ustedes han pedido a la ciudadanía que denunciemos cualquier acto que contravenga el estado de derecho, que en nuestro caso, hemos hecho en repetidas ocasiones y no ha pasado nada, lo único que hemos recibido son amenazas de no seguir tocando este tema ante los medios de comunicación, lo cual no dejaremos de hacer, ya que es lo único que ha evitado que se sigan cometiendo más atropellos y absurdas acusaciones...
>
> ... éste es el triste caso de la impartición de justicia en el Distrito Federal; tuvo que salir la película "Presunto Cul-

pable" para que se mencionara, ante los medios de comunicación, que se unirían esfuerzos para mejorar la impartición de justicia en la ciudad de México...

... esto debe ser preocupante para todos los que vivimos en el D.F., porque si ésta es la manera de impartir justicia, estamos perdidos. Nos preguntamos: ¿es necesario hacer nuestra película para que paren todas las injusticias y atropellos de las que hemos sido víctimas.

Charaf jamás recibió respuesta ni de Calderón ni de Ebrard.

¿Y Cabañas?

Aparte de tener una bala en la cabeza, algo peculiar ocurrió con Salvador Cabañas: recuerda algunas cosas, pero otras no. Por ejemplo: hasta el 29 de junio de 2011 decía no tener memoria de lo que ocurrió aquella madrugada en el Bar-Bar donde fue herido, pero sí tuvo claro siempre —con cifras y fechas— lo que, según él, le adeuda el Club América. Su memoria da para unas cosas. Otras las tiene negadas.

¿Qué ocurrió con el goleador paraguayo?

Legalmente, la Procuraduría General de Justicia del D.F. fue incapaz —o no quiso— de llamarlo a declarar. Sobre su caso desfilaron todos: el JJ, *El Contador*, *Charly*, los empleados del bar, Simón Charaf pero, injustificadamente, Cabañas no fue molestado, bajo la argucia de que "su estado mental no lo permitía".

Sin embargo, esto suena más a pretexto de la PGJDF para complacer y no molestar a Televisa, que a una razón válida y legal. ¿Por qué?

Si bien Cabañas, efectivamente, sufrió una agresión armada grave, de riesgo de vida, y a pesar de ello sigue vivo; también es cierto que el jugador sí ha estado en condiciones de declarar o de hablar públicamente.

El 12 de marzo de 2010, 47 días después de lo ocurrido en el Bar-Bar, Salvador Cabañas le dio una entrevista a la reportera de Televisa, Karla Iberia Sánchez. En esos minutos, Salvador se escuchó coherente y lúcido en sus respuestas. En ningún momento divagó u ofreció contestaciones dispersas. Respondía con lentitud, sí, pero con seguridad y certeza.

"Extraño los gritos de la gente…", "mi camiseta amarilla…", "ya estoy pateando balones…"

—¿Te siguen diciendo el *mariscal*? —pregunta la reportera.

—Sí, hay algunas personas que me siguen diciendo así…

Karla Iberia en ningún momento le preguntó sobre lo que pasó la madrugada del 25 de enero de 2010 en el Bar-Bar. Nada sobre el JJ. Nada sobre sus destrampes y desplantes.

Cabañas es grabado jugando ping-pong. Bien que le da a la pelotita.

Cabañas, meses después, jugando futbol. Bien que le pega al balón.

Si puede hacer todo eso, ¿por qué la PGJDF no lo ha interrogado, como es su obligación legal, respecto a lo sucedido en el Bar-Bar?

¿Por qué los otros sí y él no? Es una excepción vergonzante.

El 30 de junio de 2011, Cabañas habló por primera vez de lo ocurrido en el Bar-Bar. Lo hizo en el programa *El Conejo* de la TV de Paraguay.

—Cuando entraste al baño, ¿sentiste algo extraño, tuviste alguna intuición o fuiste tranquilo? —le preguntó el conductor.

—No, la verdad yo entré muy tranquilo… en el momento ya me tenía apuntando el arma en la frente misma…

—¿Apenas entraste te apuntó?

—Entré, estuve un rato allí en el baño, ya después me apuntó.

—Cuando te apuntó, ¿te disparó enseguida o te amenazó antes?

—Él me decía muchas cosas… me decía: tú tienes miedo, yo sé que tú tienes miedo… y yo le decía: ¿de qué voy a tener miedo?... ¿de qué voy a tener miedo?... A esto que tienes en tu frente (la pistola), ¿no le tienes miedo?... no, qué voy a tener miedo… ¿por qué voy a tener miedo? Sí, vas a tener miedo, vas a ver ahora, me dijo. Si tú dices que voy a ver, lo voy a ver, pero ¿te digo la verdad? No tengo miedo. Y él me tenía apuntado, hasta que me disparó…

Según Cabañas, la agresión del JJ —a quien jamás menciona ni por su apodo ni por su nombre en la entrevista— se dio así, repentina. Salió de la nada. Así nada más. No refiere sobre el jaloneo verbal que, de acuerdo a Balderas Garza, sostuvieron en el baño.

El Club América, tras llegar a un acuerdo económico con Cabañas y sus abogados, celebró un "partido de homenaje" al *mariscal*. Ocasión propicia para que la Procuraduría de Justicia del D.F. cumpliera con la ley y lo interrogara sobre los hechos en el antro. Pero la PGJDF no lo hizo. Todos al banquillo, sí. Cabañas, no. No se vaya a enojar Televisa.

* * *

Detrás de la salida abrupta de Salvador Cabañas de México, aún contra su voluntad y la de su esposa, María Alonso, hay una historia.

Tras haber sido herido en el Bar-Bar, Cabañas y su abogado, Gerardo Acosta, presentaron una reclamación de indemnización contra su, aún equipo, América, ante la Comisión de Controversias de la Federación Mexicana de Futbol (FMF). Ésta fue rechazada.

Acosta no se cruzó de brazos. De inmediato recurrió al Tribunal de Arbitraje del Deporte de la Federación Internacional de Futbol Asociación (FIFA), para exigir la indemnización "en salvaguarda de su tranquilidad y dignidad para encarar su futuro en compañía de su esposa y sus hijos, tal y como se lo prometieron los directivos del América cuando decidieron sacarlo de México".

La amenaza de Acosta iba implícita y, de paso, desnudaba a la plana mayor del América, encabezada por Michel Bauer. Confirmaba que habían decidido sacar a Cabañas de México, sin avisarle a nadie, mucho menos a la PGJDF, que nuevamente quedó en ridículo y como comparsa de Televisa en el caso Cabañas-Bar-Bar.

El futbolista fue sacado en un avión privado, de madrugada, por órdenes de Televisa. Ninguna autoridad fue notificada. En respuesta al abogado Acosta, el Club América consideró que "el incidente por el cual el jugador recibió un balazo en la cabeza en un club nocturno en la ciudad de México, en enero pasado, se produjo fuera del ámbito de su trabajo".

Pero el asunto no sería tan fácil para la televisora. Acosta siguió reforzando la demanda de Cabañas ante la FIFA, pues el *mariscal* tenía contrato vigente —hasta 2012—. Se calcula que el futbolista ganaba alrededor de 150 mil dólares mensuales. La demanda era por dos millones de dólares. La situación se complicaba para el América. Preferible llegar a un acuerdo. Y así fue.

El club negoció con Cabañas y su abogado, y hubo arreglo. Muchos dólares y un partido de homenaje al *mariscal*. A la manera de Televisa.

Pero había una cláusula: ni Cabañas ni su esposa hablarían del tema Bar-Bar ante ningún medio de comunicación.

A la manera de Televisa.

Y más. Cuando Cabañas presentó la demanda en su contra, Televisa lo exhibió como "incapacitado mental", lo cual le dificultaba cumplir con los requisitos de la propia demanda.

Sin embargo, cuando llegaron a un acuerdo y los brazos de Televisa volvieron a arroparlo, el "diagnóstico" cambió y la televisora calificó como "un milagro" la recuperación de Cabañas. Un milagro de Televisa.

* * *

En repetidas ocasiones, Simón Charaf ha pedido a Televisa el derecho de réplica que por ley le corresponde, como ciudadano mexicano, para aclarar —argumenta—, con evidencias en video y documentos, la verdad de los hechos ocurridos en el Bar-Bar, dentro de los mismos espacios periodísticos de la televisora en los que, afirma, fue calumniado. Televisa se ha negado a hacerlo.

El 21 de abril de 2010, Leopoldo Gómez, vicepresidente de Noticieros Televisa, recibió en su oficina una carta de Simón Charaf en la cual, formalmente, le expone que:

En pleno uso de nuestros derechos, le solicitamos que, en los mismos espacios informativos empleados para distorsionar la verdad, podamos presentar las evidencias de las mentiras y calumnias de que hemos sido objeto, contrastándolas con la verdad de los hechos, mismas que presentaremos con las evidencias correspondientes.

Además, le propongo que invite al Procurador General de Justicia del DF, Miguel Ángel Mancera, para que juntos, y de cara a la nación, expongamos nuestros puntos de vista sobre este acontecimiento, que permita a la opinión pública formular sus propios juicios de valor.

Gómez ofreció la réplica del silencio.

El derecho de réplica en México no está a consideración del medio en turno. Es una obligación legal concederlo. (Así está establecido en el *Diario Oficial de la Federación* del 13 de noviembre de 2007, en una adición al artículo 6o. Es la prerrogativa que tiene toda persona para que se inserte su declaración cuando haya sido mencionada en una nota periodística, siempre que esa información sea inexacta en su perjuicio o afecte su derecho al honor, a la vida privada o a la propia imagen.)

Para Televisa, el derecho de réplica es letra muerta. Charaf solicitó al entonces secretario de Gobernación, Fernando Gómez Mont, que por su conducto se obligara a Televisa a otorgar ese derecho de réplica. La respuesta de Gómez Mont a dicha petición fue que por el tiempo que había transcurrido, "ya no podían hacer nada" (?).

"¿En qué estado de derecho vivimos que, como en éste y muchos casos más, quienes han sufrido abusos y ataques por parte de Televisa están imposibilitados para exigir la difusión de la verdad, la reparación de los daños causados y, como en este caso, indebidamente limitados y coartados para actuar en contra de Televisa, en virtud de sus influencias y tácticas tramposas, por ser una empresa irrespetuosa de las leyes, que tiene sometido al pueblo y a los gobernantes de México?", reclama Simón Charaf.

LOS OLVIDADOS

Podemos borrar toda la historia, menos la primera línea.
Daniel Mourelle

El apellido más común en México es Hernández. Lo siguen los García, los Martínez, los López, los González, los Sánchez y muchos más. Por eso nombremos, con el que usted prefiera, los siguientes casos.

Porque son las víctimas sin nombre. Aquellas que han sufrido, de una u otra manera, el abuso del poder en distintos niveles de autoridad, en regiones de un país que cada vez que lo defino como periodista —con la tristeza que como mexicano siento al hacerlo—, es el país de la impunidad.

Y es que la impunidad tiene mil rostros y mil maneras de manifestarse. Sus padres son desde el Presidente de la República hasta el funcionario menor. Desde el gobernador o presidente municipal hasta el empleado estatal de más baja jerarquía. Desde el secretario de Estado hasta el trabajador más humilde, pasando por subsecretarios, oficiales mayores, directores, subdirectores o jefes de oficina. Desde el senador o diputado más poderosos hasta el legislador invisible. Desde el jefe de la Policía hasta el gendarme de crucero. Desde el director del organismo estatal hasta el encargado de archivar los casos. Desde el jefe hasta el subalterno y, en medio, queda el ciudadano desprotegido, agraviado, ofendido con la corrupción, el maltrato, la insensibilidad o la indolencia de los mal llamados "servidores públicos", porque en la mayoría de las ocasiones —con sus honradas excepciones— ni "sirven" en realidad, ni son "públicos" porque a quienes menos apoyan es a la masa.

Agrego otra agravante: los particulares, los ciudadanos como cualquiera, que también llegan al abuso.

En estas historias no hay tragedias pequeñas. Son tragedias y punto, con toda la carga de desgracia que para cada mexicano, para cada familia implica saberse arrodillado ante el abuso del poder. No existe un *tragediómetro* que mida el grado trágico de cada caso. En todos hay dolor, y para cada víctima, su dolor es el más grande del mundo.

¿Dónde quedan las víctimas? En la orfandad. En la desgracia. En un desamparo social histórico que por décadas ha hecho voltear a los poderosos y mirar, por encima del hombro, indiferentes, el hundimiento en la desesperanza de grandes estratos de la sociedad mexicana.

Por eso era necesario e imprescindible este capítulo donde están los Hernández, los García, los Martínez, los López, los González, los Sánchez y demás. Póngale usted el apellido que quiera. Seguro alguno de ellos ha sufrido el abuso del poder.

Los siguientes son únicamente algunos de los miles de casos investigados y documentados por la Comisión Nacional de los Derechos Humanos (CNDH). Son muestras del dolor de un país. Y en todos, en esos miles de casos denunciados, inevitable, está el común denominador: el abuso, la impunidad.

Lo sucedido indigna, cala, hiere el corazón de una nación sacudida por la corrupción, vejada por la indiferencia, arrodillada por la impunidad.

Todos y cada uno de estos episodios tienen una sombra detrás de ellos: la desgracia para alguna familia o algunas familias mexicanas. En algunos, el destino jugó en su contra. Los dados marcaron infortunio. Pero la mano que los lanzó fue de alguna autoridad. Junto a los casos aquí descritos, la CNDH emitió la recomendación correspondiente, prueba de que hubo abuso, negligencia o irresponsabilidad de alguna autoridad que literalmente así lo asume: como una simple recomendación al agravio. Ya decidirán si ocuparse de ella o enviarla al cesto de la basura. Es reflejo de la desgracia nacional. Bitácora atroz.

Adjunto estas desgracias sueltas que, en conjunto, dibujan tan sólo una parte, fragmentada si se quiere, pero dolorosa al final del camino, del abuso del poder en México; se menciona igualmente el número de recomendación emitida por la CNDH a la autoridad respectiva, y se mantiene en secrecía, para protección de las familias involucradas, la identidad de las víctimas. (Con excepción del caso número 6, que mereció amplia atención mediática cuando la cantante Ana Bárbara atropelló y mató a Florentina Vázquez Mier, de 79 años de edad, y que tras un proceso en el cual "vulneraron el derecho a la seguridad jurídica y a la procuración de justicia para las víctimas u ofendidos", según concluyó la CNDH, Ana Bárbara no asumió ninguna responsabilidad penal y quedó libre. En cada caso resumido, se respetó al máximo el lenguaje y la redacción originales.)

1) En Ayutla, Guerrero, dos personas fueron detenidas en febrero de 2009 por tres sujetos que, sin identificarse, ingresaron a una escuela secundaria y se los llevaron con rumbo desconocido en un vehículo negro. Sus familiares los buscaron pero, al no dar con su paradero, presentaron la denuncia correspondiente ante las autoridades para que iniciaran la búsqueda y ubicaran a sus parientes. La dilación e irregularidades en el procedimiento ministerial y de procuración de justicia fue en perjuicio de las víctimas, a quienes se les halló después sin vida. (RECOMENDACIÓN 78/200 AL GOBIERNO DE GUERRERO.)

2) Niño de 9 años cayó al río Santiago en Guadalajara, Jalisco, el 25 de enero de 2008 sufriendo intoxicación por arsénico, debido a la contaminación en el agua, lo que motivó que fuera hospitalizado y días después perdiera la vida. La Comisión Nacional del Agua (Conagua) es encargada del control y vigilancia de este río e incumplió con los preceptos relativos a la protección a la salud y a la conservación del medio ambiente. Se acreditó la afectación a los habitantes de El Salto y Juanacatlán y demás personas que tienen contacto con sus afluentes hasta el océano Pacífico. Las afectaciones van desde enfermedades en vías respiratorias, gastrointestinales, hasta enfermedades crónicas y mortales como el cáncer. Hay altas concentraciones de metales como mercurio, cromo, cobre, zinc y en algunos sitios rebasan los límites máximos permisibles. Por tanto, se instruyó advertir a los habitantes de Jalisco, prioritariamente a quienes viven en las zonas aledañas, sobre la contaminación que existe en sus aguas y el riesgo que se corre en caso de tener contacto con éstas. Además, intensificar las labores de limpieza y restauración del medio ambiente afectado. (RECOMENDACIÓN 12/2010 A LA COMISIÓN NACIONAL DEL AGUA.)

3) El 23 de enero de 2010, alrededor de las 6 pm, el tren que circula de Arriaga, Chiapas, a Ciudad Ixtepec, Oaxaca, detuvo su marcha en Chahuites, Oaxaca. Elementos que se identificaron como policías federales y portaban armas largas pidieron a los migrantes que descendieran y los despojaron de su dinero. Finalmente los uniformados ordenaron a las víctimas que se fueran caminando por la vía del tren. El Cónsul de El Salvador presentó la queja de estos hechos. (RECOMENDACIÓN 32/2010 A LA SECRETARÍA DE SEGURIDAD PÚBLICA DE OAXACA.)

4) El 22 de julio de 2007 y 26 de febrero de 2008, varias personas fueron desalojadas de sus casas por autoridades de San Juan Yatzona, Oaxaca. Esto derivó en un expediente de queja por parte de la CNDH encontrando que la autoridad fue omisa para prevenir que los agraviados fueran objeto de discriminación por asuntos religiosos; no advirtieron a la asamblea comunitaria que no están permitidos los desplazamientos de las comunidades indígenas. (RECOMENDACIÓN 33/2010 AL CONGRESO DE OAXACA Y AL AYUNTAMIENTO DE SAN JUAN YATZONA, DISTRITO DE VILLA ALTA, OAXACA.)

5) Con motivo del homicidio de un defensor civil, el 8 de octubre de 2009, en el estado de Chihuahua, el 12 del mismo mes personal de la CNDH habló por teléfono con la cónyuge del occiso. Ella manifestó temor por posibles atentados e indicó que había recibido amenazas. En consecuencia se solicitaron medidas cautelares para ella y su familia al gobierno chihuahuense. Pero no se garantizó su seguridad, dado que el 5 de noviembre de 2009 un grupo armado la privó de su libertad. Se conoció también que anteriormente, en el 2008, perdió la vida uno de sus hijos, en circunstancias similares. (RECOMENDACIÓN 54/2010 AL GOBIERNO DE CHIHUAHUA.)

6) El 17 de julio del 2010, una persona fue atropellada y, como consecuencia, al día siguiente murió. La SSP y Tránsito del municipio de Benito Juárez (Cancún), Quintana Roo, puso a disposición del Ministerio Público del Fuero Común a una de las dos personas que venían en el vehículo. Familiar de la víctima reportó que, ante el percance, las autoridades locales fueron deficientes, omisas y absolutamente parciales a favor de los responsables. Vulneraron el derecho a la seguridad jurídica y a la procuración de justicia para las víctimas u ofendidos. (RECOMENDACIÓN 73/2010 AL GOBIERNO DE QUINTANA ROO Y A LA PRESIDENCIA MUNICIPAL DE BENITO JUÁREZ, CANCÚN.)

7) Quejosos describieron que el 6 de agosto de 2009 ocurrió un siniestro en el interior de la mina Lulú, en el municipio de Escobedo, Coahuila. Allí fallecieron dos trabajadores. También indicaron que desde el 2005 hasta el día del accidente, las secretarías del Trabajo y Previsión Social, y de Economía no habían realizado la inspección de seguridad e higiene en ese centro, a pesar de los riesgos a la vida e integridad personal inminentes. Después del siniestro, la mina Lulú continuó funcionando sin implementar medidas de seguridad e higiene. El 2 de febrero de 2011 ocurrió un segundo evento trágico en el que murieron dos trabajadores más y ese mismo día se abrió de oficio otro expediente de queja. Hasta el 3 de febrero de 2011, la STPS dio a conocer la clausura total de la mina de carbón. (RECOMENDACIÓN 12/2011 A LAS SECRETARÍAS DE ECONOMÍA, Y A LA DEL TRABAJO Y PREVISIÓN SOCIAL.)

8) La mañana del 16 de julio de 2010, el reportero abordó un tren en Orizaba, Veracruz, donde viajaban migrantes con la finalidad de realizar un documental. Llevaba una cámara de video, pila y una memoria. Al entrar a Puebla, personal del Instituto Nacional de Migración (INM) realizaba un operativo y detuvieron el ferrocarril. Elementos de esa dependencia y de la Policía Federal solicitaron a 12 migrantes y al quejoso, quien filmaba lo sucedido, que descendieran del tren. Al final lo sujetaron, lo golpearon en el pecho y en el estómago y le quitaron su cámara y sólo devolvieron su pasaporte. Visitadores adjuntos de la CNDH entrevistaron posteriormente a los migrantes quienes refirieron que el personal del INM los maltrató, además ratificaron lo ocurrido con el documentalista. (RECOMENDACIÓN 36/2011 A LA SECRETARÍA DE SEGURIDAD PÚBLICA DE PUEBLA Y AL INSTITUTO NACIONAL DE MIGRACIÓN.)

9) El 26 de febrero de 2010 un individuo fue detenido por elementos de la policía municipal de Salamanca, relacionado con un robo a casa habitación e interrogado por policías ministeriales. Posteriormente dos policías, aparentemente federales, lo trasladaron a otro sitio donde esposado, cubierto del rostro e hincado, lo patearon. Amenazas contra él y contra su familia, además de los golpes propiciados, lo forzaron a firmar una declaración de culpabilidad de robo a un camión. Estas violaciones al derecho y acciones de tortura derivaron la queja correspondiente. (RECOMENDACIÓN 44/2011 AL GOBIERNO DE GUANAJUATO Y A LA PRESIDENCIA MUNICIPAL DE SALAMANCA.)

10) En Tabasco, una jovencita de 17 años había reprobado varias materias por lo que acudió buscando apoyo con dos de sus profesores. Como

condición, uno le solicitó 5 mil pesos pero ella no accedió. El segundo docente pidió a cambio que sostuviera relaciones sexuales con él y así ocurrió. Cuando el familiar de la menor conoció lo ocurrido se inconformó ante el director del plantel escolar, sin que éste realizara algo al respecto. En consecuencia, se dio inicio al expediente de queja. Se acreditaron violaciones a los derechos humanos, de integridad, legalidad y seguridad jurídica en perjuicio de la menor. También hubo omisiones administrativas de las autoridades responsables por no reportar los acontecimientos. (RECOMENDACIÓN 59/2010 A LA SECRETARÍA DE EDUCACIÓN PÚBLICA.)

11) Se recibió el escrito de queja presentado por dos comunicadores afectados. Refieren que existe dilación en la integración de las averiguaciones previas radicadas durante 2008 en la Procuraduría de Justicia de Aguascalientes por amenazas y calumnias recibidas, así como por constante acoso y vigilancia en sus domicilios. Se comenta en el expediente que servidores públicos estatales les restringieron la información institucional, limitándolos a conocerla hasta después de que ocurren los eventos públicos, y únicamente vía internet. Además se pretende afectar su calidad moral, ética y profesional, al permitir que vehículos de transporte público porten anuncios en los que se menciona sus nombres y actividad periodística, con calificativos que los involucran en ilícitos. Los derechos vulnerados son a la legalidad y a la seguridad jurídica, así como a la procuración de justicia pronta y expedita. (RECOMENDACIÓN 3/2011 AL GOBIERNO DE AGUASCALIENTES.)

12) En Nuevo León, un conductor en circulación se encontró con un enfrentamiento entre presuntos delincuentes y policías federales y locales. Cuando la contienda terminó, bajó de su auto y, al avanzar, policías federales lo confundieron y dispararon en la pierna derecha y en el pie izquierdo, además lanzaron una granada que le hirió la espalda. El daño por los disparos obligó a que en el hospital le amputaran los cinco dedos de un pie sufriendo un impacto psicológico importante. Las evidencias demostraron que los elementos de la policía no montaron los cercos perimetrales para impedir el paso a los civiles y evitarles el peligro. La CNDH solicitó los informes correspondientes a las dependencias involucradas y se presentó para verificar la salud del afectado. La víctima actualmente tiene problemas para mover sus extremidades y columna, además de alteración renal. (RECOMENDACIÓN 16/2011 A LA SECRETARÍA DE SEGURIDAD PÚBLICA FEDERAL, PROCURADURÍA GENERAL DE LA REPÚBLICA Y AL GOBIERNO DE NUEVO LEÓN.)

13) En la marcha del 8 de diciembre de 2007 que se efectuó en la capital jalisciense, autoridades locales de la Dirección de Inspección y Vigilancia del Ayuntamiento de Guadalajara, violaron los derechos a la legalidad y a la seguridad jurídica, a la libre asociación y reunión, al derecho a la propiedad o posesión, así como a la libertad de expresión. Los agravios ocurrieron al final del evento, cuando se disponían a realizar un plantón. Los policías, con actitud incorrecta, se dirigieron a los participantes. También les quitaron varias de sus pertenencias. Se interpuso por ello la denuncia por robo y abuso de autoridad. Como parte de la recomendación, se solicitó a las autoridades la reparación del daño y la devolución de los objetos incautados o bien una indemnización conforme a derecho. También pide que se imparta capacitación en materia de derechos humanos a los servidores públicos estatales. (RECOMENDACIÓN 26/2010 AL AYUNTAMIENTO DE GUADALAJARA.)

14) Una niña mexicana, engañada por un hondureño, ingresó junto con él a la estación migratoria de Tenosique, Tabasco. Allí afirmó ser hondureña, mayor de edad y proporcionó un nombre falso sin documentos que la acreditaran. Solicitó la deportación voluntaria a Honduras y al día siguiente fue trasladada a Chiapas para atender su petición. Los funcionarios de Migración no verificaron su identidad ni su nacionalidad. Una vez que salió del país, el adulto que iba con ella la abandonó. Por haber permitido que una menor de edad saliera del territorio mexicano sin que previamente se haya verificado su información y sin consentimiento de sus padres o tutores, los agentes la colocaron en un estado de vulnerabilidad, exponiéndola a todo tipo de riesgos. (RECOMENDACIÓN 27/2010 AL INSTITUTO NACIONAL DE MIGRACIÓN.)

15) Trabajadores de una empresa privada, al cubrir un servicio requerido por el director municipal de Obras Públicas en Santiago Sochiapan, Veracruz, invadieron un predio particular. La Presidencia Municipal eludió reparar los daños al afectado. Argumentó únicamente que la empresa contratada se rehusó a asumir la responsabilidad. La autoridad municipal evidenció su desprecio por una cultura de la legalidad y por el respeto a los derechos humanos. (RECOMENDACIÓN 31/2010 AL AYUNTAMIENTO DE SANTIAGO SOCHIAPAN.)

16) Cuatro personas viajaban en su coche y repentinamente un policía municipal les disparó. Ellos bajaron del auto, sin embargo, dos policías más también les dispararon, mataron a uno e hirieron a otro. Por lo anterior se presentó queja en contra de los elementos de la policía preventiva.

Los funcionarios violaron el derecho a la vida, a la integridad personal y a la seguridad jurídica. En su informe, el municipio argumentó que los pasajeros estaban ebrios pero no hay evidencias que lo sustenten. Tampoco se demostró conducta delictiva, ofensa o falta administrativa que obligara a la agresión y abuso de la fuerza. (RECOMENDACIÓN 47/2010 A LA PRESIDENCIA DE LA MESA DIRECTIVA DE LA LIX LEGISLATURA DEL CONGRESO DE GUERRERO Y AL AYUNTAMIENTO DE TETIPÁC.)

17) Policías municipales de Tijuana detuvieron, por separado, a cinco personas que no estaban delinquiendo. Tampoco existía para ello un mandato judicial ni les dijeron el motivo. En tres de los casos las autoridades además ingresaron a sus hogares sin tener la orden por escrito correspondiente. Los cinco agraviados coinciden en que los llevaron a la antigua cárcel municipal conocida como "La Ocho", donde permanecieron incomunicados y los torturaron para que aceptaran ser responsables de delito. También los obligaron a disparar armas de fuego para dar positivo en las pruebas de rodizonato de sodio. Posteriormente fueron arraigados y consignados. La autoridad judicial decretó su libertad por falta de elementos para procesar. En el expediente se encontró responsabilidad de violaciones a los derechos de libertad y seguridad, práctica de tortura, maltrato e incomunicación atribuible a servidores de la Secretaría de Seguridad Pública Municipal. (RECOMENDACIÓN 68/2012 A LA PRESIDENCIA DE LA XX LEGISLATURA DEL CONGRESO DE BAJA CALIFORNIA Y AL AYUNTAMIENTO DE TIJUANA.)

18) Una niña interna en la Casa de Asistencia Temporal para Menores del DIF Municipal de Benito Juárez, en Quintana Roo, comentó a su madre que en ese lugar era víctima de maltrato y la encerraban en un lugar sucio. Meses después, un diario local difundió que esa menor fue víctima de abuso sexual. En relación con ese centro, un hombre declaró también que su esposa e hija eran agraviadas y que las instalaciones carecían de higiene. La directora, al conocer de los hechos, se limitó únicamente a solicitar una explicación verbal al personal. El análisis acreditó al menos 18 menores de edad afectados, violaciones al derecho a un trato digno, a la integridad y a la seguridad atribuibles a servidores públicos de esa institución y confirmó que existía un cuarto de castigo. (RECOMENDACIÓN 7/2011 AL AYUNTAMIENTO DE BENITO JUÁREZ.)

19) El comisario municipal de Juanacatlán, Guerrero, entró al terreno de uno de los pobladores y derribó con una maquinaria un tanque colector de agua sin contar con permiso legal. A pesar de que hubo testigos

que reclamaron la invasión, el funcionario hizo caso omiso. Los hechos hacen necesario que se inicie un procedimiento en contra del servidor público mencionado por haber incurrido en violaciones a los derechos de legalidad y seguridad jurídica. Asimismo es indispensable restituir el bien inmueble o indemnizar al afectado. (RECOMENDACIÓN 11/2011 A LA PRESIDENCIA DE LA MESA DIRECTIVA DE LA LIX LEGISLATURA DEL CONGRESO DE GUERRERO.)

20) Una luxación y fractura sufrida en el tobillo izquierdo obligó a que una persona acudiera al Hospital General de Chilapa de Álvarez, que depende de la Secretaría de Salud de Guerrero. En urgencias, el médico le colocó yeso y le indicó que acudiera a revisión a las seis semanas. Cuando el paciente regresó a la unidad, el especialista en traumatología le informó que su lesión no había evolucionado de manera correcta pues el personal de urgencias omitió verificar el yeso con rayos X. Después de recibir esa valoración, lo operaron para intentar reducir el daño. No obstante, el error en el procedimiento médico le impuso molestias al caminar. El especialista le advirtió que las secuelas serían de por vida, porque el hueso quedó mal colocado desde el inicio. (RECOMENDACIÓN 13/2011 AL GOBIERNO DE GUERRERO.)

21) Agentes de la policía de Sinaloa detuvieron a un hombre porque el Ministerio Público local giró orden de presentación relativa a una averiguación por homicidio. Cuando el detenido tuvo contacto con su papá, le contó que primero lo llevaron a una bodega donde fue presionado por los policías para aceptar su participación en el crimen y posteriormente rindió declaración ante el MP. Se comprobó que la orden que emitió el Ministerio fue ilegal, ya que no está contemplada ni regulada por la legislación estatal. Se observó que se vulneraron los derechos humanos a la libertad y a la legalidad y seguridad jurídica, atribuibles a servidores públicos de la Procuraduría General de Justicia del Estado de Sinaloa. (RECOMENDACIÓN 32/2011 A LA PROCURADURÍA GENERAL DE JUSTICIA DE SINALOA.)

Multipliquemos estos abusos por cientos o por miles. Detrás de cada uno está la fatalidad de un mexicano. La carta marcada por el infortunio de una familia. El desamparo. El abandono de autoridad. El abuso del poder.

NAPITO

El que odia o desprecia la sangre extraña,
no es aún un individuo, sino una especie
de protoplasma humano.
Friedrich Nietzsche

En México, un líder sindical puede desaparecer 33 millones de dólares, y no pasa nada. Puede refugiarse en Vancouver, sin que la justicia mexicana lo incomode.

Es el abuso —y la complicidad— entre poderes. El poder sindical y el poder de Gobierno. Es el caso de Napoleón Gómez Urrutia, *Napito*, le dicen, aludiendo a su condición de júnior heredero del trono sindical de su padre, Napoleón Gómez Sada, quien durante ¡40 años! fue todopoderoso del Sindicato Nacional de Trabajadores Mineros y Metalúrgicos y Similares de la República Mexicana (SNTMMSRM). El sindicato minero, siempre al servicio del PRI, combinando esa vieja costumbre del priato de otorgar a los líderes sindicales —pilares del corporativismo sindical en apoyo al partido y al presidencialismo—, gubernaturas, diputaciones y senadurías.

Gómez Sada —*Napo* o, como le llamaban sus detractores, *Capo*— sirvió al sistema político mexicano —al PRI— por cuatro décadas. Diseñado por las costumbres priístas, heredó el control sindical a su hijo Gómez Urrutia.

Napo dejó el poder bajo la regla natural impuesta por el sindicalismo oficialista: hasta que la muerte los separe. Como ocurrió con Fidel Velázquez, Secretario General de la Confederación de Trabajadores de México (CTM), en 1997. Gómez Sada falleció en 2001. Es entonces cuando empieza esta breve pero indigna historia de abuso del poder.

LA CAÍDA

El 19 de febrero de 2006 marca una de las páginas tristes del país: 65 mineros en Pasta de Conchos, Coahuila, mueren tras una explosión. Ardieron a 500 metros bajo tierra, las entrañas del subsuelo convertidas en infierno. Kilómetro y medio los separó de la vida. Dicen que fue concentración de gas metano. En realidad, se debió a una alta dosis de negligencia e irresponsabilidad.

Nadie se hacía responsable de la tragedia. El entonces Secretario del Trabajo federal, Francisco Javier Salazar, rechazaba que sus delegados fueran responsables; el gobernador Humberto Moreira los culpaba; el Sindicato se lavaba las manos. Las investigaciones, acotadas por los intereses y la falta de compromiso de los involucrados, rodeaban el luto de 65 familias mexicanas.

Las pesquisas iniciales arrojaron una línea de investigación: José Ángel Hernández Puente, delegado sindical designado por la dirigencia encabezada por *Napito*, falló en su misión. Su negligencia criminal, facturada con la vida de 65 mineros, se combinaba con aires de cambio en la dirigencia sindical de los eternos *napos*.

Las cosas comenzaban a complicarse para Gómez Urrutia. Su tradicional soporte político: el PRI, herramienta poderosa que por décadas sirvió de sombra para que su padre manejara a su antojo vidas, voluntades y recursos del sindicato minero, había caído electoralmente con el nuevo milenio. Ya no había línea directa con Los Pinos para pedir protección.

Por dentro, el Sindicato se fracturaba. La muerte de 65 mineros fue la señal de arranque para que las disidencias comenzaran a brotar. La tradicional sumisión sindical minera —bajo el eufemismo de unidad— se resquebrajaba. *Napito* estaba en problemas.

Héctor Jiménez Coronado —actual coordinador de la Alianza Minera Nacional del Sindicato Minero— señaló, durante los días de luto en Pasta de Conchos, que, en gran medida, "muchos accidentes en la industria ocurrieron por la negligencia de autoridades laborales, empresarios deshonestos y líderes sindicales corruptos que no solucionaron situaciones de alto riesgo en muchas minas". El Gobierno cerraba el cerco en torno a Gómez Urrutia y su liderazgo heredado.

La disidencia —Carlos Pavón y Jiménez Coronado encabezaban propuestas alternas a *Napito*— ganaba terreno rápidamente ante el evidente vacío de autoridad y apuros legales de su líder, que día con día perdía el control. La soga al cuello para el júnior. Pero antes de que alguien jalara de esa soga, prefirió huir… bien protegido con 33 millones de dólares en su cuenta personal.

Acorralado, Gómez Urrutia, acompañado de su familia, tomó un vuelo privado la noche del 18 de marzo de 2006. Destino: Vancouver, Canadá.

* * *

El escándalo estalló. ¿Cómo podía un líder sindical hacerse de 33 millones de dólares y robárselos, literalmente, para huir con esa fortuna al extranjero?

La raíz del dinero se dio cuando Napoleón padre, en negociaciones con Grupo México —propietario de la empresa Minera de Cananea (y de Pasta de Conchos), cuya cabeza es Germán Larrea—, obtuvo un logro enorme para los 30 mil trabajadores del SNTMMSRM: que el patrón aportara 55 millones de dólares que serían depositados en un fideicomiso para indemnizar a los mineros afectados por el proceso de privatización de la empresa (Fideicomiso F/9645/2).

Sindicato millonario con líderes millonarios.

Hasta que Pasta de Conchos les estalló en las manos. Oficialmente, de esos 55 millones de dólares, *Napito* distribuyó 22 millones a los trabajadores de Cananea. Los 33 millones de dólares restantes —alrededor de 350 millones de pesos al tipo de cambio de 2006—, los repartió en cuentas privadas a su nombre y de parientes.

Los mineros afectados presentaron la denuncia. En 2006, la Subprocuraduría de Delitos Federales de la PGR consignó la Averiguación Previa UEIFF/FINM02/64/2000, contra el líder sindical, delegados fiduciarios y funcionarios de Scotiabank. Tribunales federales giraron orden de aprehensión en contra de Gómez Urrutia. Siguen vigentes.

Con 33 millones de dólares en el bolsillo, *Napito* contrató despachos de abogados para defenderse desde el extranjero. Se presentaron amparos en su favor. La siempre cuestionada justicia del Distrito Federal —mediante la Tercera Sala en Materia Penal del Tribunal Superior de Justicia del D.F.— dictó una sentencia mediante la que eximía a Gómez Urrutia de haber utilizado inadecuadamente el fondo financiero de trabajadores mineros.

A pesar de este fallo, a nivel federal se mantuvo el proceso en contra de Gómez Urrutia por manejo inadecuado del fideicomiso por 55 millones de dólares. Paralelamente al escándalo financiero, *Napito* enfrentaba las disidencias internas, vistas no con malos ojos por parte del Gobierno federal.

Durante el gobierno de Vicente Fox, la Secretaría del Trabajo y Previsión Social (STyPS) desconoció el liderazgo de Gómez Urrutia y le concedió la "Toma de nota" a Elías Morales. Sin embargo, al inicio del gobierno de Felipe Calderón, se determinó que Morales había llegado a la dirigencia sindical gracias a una falsificación de firma.

El 16 de abril de 2007, la Secretaría del Trabajo, encabezada por el ex priísta Javier Lozano, restituyó a Gómez Urrutia en la secretaría general del sindicato, y desconoció la "Toma de nota" de Elías Morales. *Napito* estaba de fiesta.

Algunas crónicas laborales y periodísticas lo reflejaban así (Frente de Trabajadores de la Energía Volumen 7/ No. 86/ 27 abril 2007):

> En el sindicato minero hubo fiesta. "¡Urrutia, amigo, el minero está contigo!", gritaban sus seguidores. Juan Luis Zúñiga, miembro del Consejo General de Vigilancia —dirigente a quien se le falsificó la firma—, planteó la posibilidad de que en 30 días regresara Napoleón Gómez Urrutia a México, procedente de Canadá, apoyado por la Federación Internacional de Trabajadores de la Industria Metalúrgica (FITIM). (Patricia Muñoz, *La Jornada*, 17 abril de 2007.)

El 17 de abril se inició la Convención de Napoleón. "La inauguración de la asamblea tuvo tintes de mitin y fiesta. Varios dirigentes tomaron la palabra para felicitar a los mineros por poner el ejemplo en la defensa de su organización… Fue el representante de la Federación Internacional de Trabajadores de la Industria Metalúrgica, Jorge Campos, quien declaró inaugurados los trabajos de la convención."

Se anticipó que uno de los resolutivos sería la ratificación del Comité Ejecutivo que encabeza Napoleón Gómez Urrutia. Así ocurrió, todos los delegados "apoyaron" la propuesta. Los abogados de Napo dijeron que pedirían el "sobreseimiento de las denuncias penales" que están en tribunales contra su dirigente Napoleón Gómez Urrutia, debido a que en los próximos días se va a aclarar el uso de los recursos del fideicomiso por 55 millones de dólares.

Al siguiente día, por medio de una videoconferencia, Napoleón clausuró la convención. Aprovechó para demandar un proceso legal contra Fox y "su camarilla" a quienes calificó de "delincuencia organizada" (*sic*).

El rehabilitado *charro* llamó a Elías Morales con el mote que se conoce en el sindicato: *El Sope*, y dijo que él y "líderes *charros*, agachones, entreguistas y corruptos que lo apoyan son enanos mentales, la escoria del sindicalismo, que no tienen la cara, ni el valor, ni los pantalones para ver de frente a los mineros, que sólo saben corromper" (*sic*). ¡El burro hablando de orejas!, se dice en el medio obrero. Pero, advirtió, "nadie se mete y menos juega con nosotros. Si no, que se atengan a las consecuencias". "¡Napo! ¡Napo!" gritaban los convencionistas en el éxtasis de la tragicomedia.

Al parecer, el júnior estaría de regreso a México. Pero la fiesta le duraría muy poco. Con Gómez Urrutia aún en el extranjero, el SNTMMSRM se fraccionó. De los 30 mil sindicalizados, 14 mil se agruparon en la Alianza Minera Nacional (AMN), coordinada por Jiménez Coronado, mientras que siete mil se fueron con Pavón, quien fue el principal operador político de *Napito* y sobre quien pesan acusaciones internas de haberse vendido al Grupo México a cambio de un millón de dólares. Pavón lo ha negado.

El sindicato minero —pilar del corporativismo sindical que por más de 70 años fue uno de los soportes del poder del PRI— se debilitaba.

El 15 de julio de 2010, la Secretaría del Trabajo negó la "Toma de nota" a Napoleón Gómez Urrutia como secretario General del sindicato, debido a que en la Convención General Ordinaria, celebrada en mayo de ese año y en la cual se reeligió a Gómez Urrutia como secretario general, no se cumplieron algunas disposiciones previstas en los estatutos del Sindicato.

Ejemplos: no se reunió el quórum previsto en los estatutos sindicales, consistente en que los delegados representen las dos terceras partes del número del total de asociados, además de que Gómez Urrutia no estaba presente físicamente al inicio de la convención, ya que lo hizo por medio de una videoconferencia conectada a su casa en Vancouver. El 24 de junio de 2008 ya se había negado la "Toma de nota" a Gómez Urrutia por las mismas circunstancias. Las cosas le iban mal a *Napito*.

LA RUTA DEL DINERO

En cualquier país del mundo —incluido México—, no es fácil desaparecer 33 millones de dólares y, mucho menos, moverlos financieramente, triangularlos y dejarlos a buen resguardo bancario. Pero el hábil Napoleón Gómez Urrutia, *Napito*, lo hizo. Y de qué manera.

Por supuesto que esta maniobra no la pudo haber realizado solo. Necesitó prestanombres y hábiles ingenieros financieros que fraccionaran y llevaran, de un lado a otro, esa fortuna, para beneficio del líder heredero. Son varias las pirámides financieras a las que recurrió *Napito* para colocar, en resguardo seguro y a su conveniencia, 33 millones de dólares, sacarlos del país y repartirlos en cuentas a las que tiene acceso directo, cuando así lo disponga. Literalmente: todo con el poder de su firma.

Para entender mejor la manera como Gómez Urrutia, familiares y socios del dinero movieron los 33 millones de dólares, tuve acceso a una investigación interna al Sindicato que, por razones de seguridad, omito quien la realizó, pero que detalla cómo *Napito* manejó la situación.

Sigamos parte de la ruta del dinero desviado, reportada de manera confidencial y casi textual para la elaboración de este capítulo (sólo se revisó la ortografía para mayor entendimiento del lector):

Se tiene conocimiento que 17 instituciones bancarias y de inversión de México, Estados Unidos, Suiza y Turquía, utilizó el ex líder minero Napoleón Gómez Urrutia, Napito, para beneficiarse de gran parte de 55 millones de dólares que estaban en el fideicomiso establecido en Scotiabank Inverlat, para ser distribuidos entre los trabajadores de Minera de Cananea y que presuntamente fueron desviados a cuentas de su esposa (Oralia Casso Valdés) y sus hijos (Alejandro y Ernesto Gómez Casso), y de personas allegadas a él, como el entonces tesorero del sindicato, Héctor Félix Estrella y de otras personas cercanas a él, como: Gregorio Pérez Romo, Gerardo Califa Matta, Guillermo Sepúlveda y María del Carmen Páez Martínez de la Garza.

Eva Estela Sabanero Sosa ingresó a Bancomer el 11 de agosto de 1983. Ocupó diversos cargos hasta llegar al puesto de director de sucursal. En 1999 fue gerente de la sucursal de Etiopía, en Xola 1302, donde personal del sindicato minero realizaba operaciones. Después se fue a Jalapa y en julio de 2002 regresó a la misma sucursal y retomó la relación bancaria normal con directivos sindicales que realizaban operaciones entre cuatro y seis millones de pesos mensuales. En esas fechas ya era líder Gómez Urrutia.

A mediados de 2004, Héctor Félix Estrella le informó a Eva Estela Sabanero Sosa, funcionaria de la sucursal Etiopía de Bancomer, ubicada en avenida Xola 1302, col. Del Valle, que iba a recibir una fuerte cantidad de dinero "de un fideicomiso de los trabajadores"; le pidió asesoría para inversiones a plazo fijo, en dólares o sociedades de inversión.

El dinero no llegaba, ella se cambia de sucursal y el tesorero sindical la localiza en enero de 2005 y le informa que ya tiene los 55 millones de dólares. Le pidió abrir una nueva cuenta, en dólares, diferente a las que ya tenían, en la sucursal donde ahora trabajaba. Lo hace el 22 de febrero.

Sabanero Sosa recibió la transferencia de 55 millones de dólares del banco Scotiabank Inverlat a principios de marzo, a Bancomer. Durante un mes la cuenta permaneció intacta, y en abril el propio Félix Estrella le informó que Gómez Urrutia había decidido "enviar una cantidad importante al extranjero" y que lo asesoraba Alberto Velasco González. Las (órdenes las) recibió por escrito de Gregorio Pérez: transferir 15 millones de dólares a un banco de Texas, en Estados Unidos para invertirlo "en papel gubernamental o soberano de Brasil". La operación no se pudo realizar por no contar con las autorizaciones necesarias y porque las instrucciones estaban mal.

Velasco González, molesto, le dijo que "estaba perdiendo unos millones" porque no se completó la transferencia al extranjero. Finalmente se hizo y, presumiblemente, el asesor de inversiones de Napo al parecer hizo otra operación importante.

La Comisión Nacional Bancaria y de Valores, a su vez, embarga las cuentas del sindicato y de Gómez Urrutia y comunica a los interesados los estados de cuenta de enero de 2004 a enero de 2006. En el expediente legal se establece que el 24 de enero de 2005, Scotiabank Inverlat recibe en depósito 55 millones de dólares; el día 27 se retira un millón de dólares, y el 4 de marzo 54 millones 84 mil 470.90 dólares. Los dos retiros se canalizan a BBVA Bancomer.

Las propias autoridades entregarían al juez detalles de las operaciones de Gómez Urrutia tanto en la Ciudad de México como en Nueva York, Houston, McAllen, Laredo, San Francisco, Estambul o Suiza. Entre otras destacan las siguientes:

• Dos transferencias por 185 mil dólares cada una a Gerardo Califa Matta al J. P. Morgan de Houston y al International Bank of Commerce de San Antonio; seis transferencias a su hijo Alejandro por 438 mil 653.49 pesos depositados en una tarjeta de American Express; dos transferencias a Bernardo Ortiz Garza por 66 mil dólares en el Laredo National Bank; un millón 900 mil dólares a María del Carmen Páez Martínez de la Garza Evia en el Laredo National Bank; 22 millones 500 mil dólares transferidos al Scotiabank Inverlat.

De la cuenta bancaria de Bancomer por 54 millones 687 mil 343.36 dólares, se realizaron nueve retiros por 44 millones 767 mil 765.23 dólares y se transfirieron al City Bank New York, a Bearn Stearns Securities Corporation de Nueva York, a BBVA Bancomer, Scotiabank Inverlat, HSBC y Laredo National Bank, entre otras. Otras operaciones ordenadas por Napito y su tesorero fueron:

- El primero de junio de 2005, la Consultoría Internacional Casa de Cambio transfirió a Kevin Wells tres mil 500 dólares en el Wells Fargo Bank en San Francisco; el 17 del mismo mes envió 28 mil dólares a Selahattin Turcan en su cuenta en el Isbktris Turquiye is Bancase as Estambul; se transfirieron 33 mil francos suizos a la Federation Internacional Mealworks a un banco en Suiza; Ernesto Gómez Casso recibió 40 mil dólares de la misma consultoría y su hermano Alejandro 137 mil 236.26 dólares.

En el expediente, la Comisión Nacional Bancaria y de Valores informa que también está embargada la cuenta de Libretón número 1198952906 a nombre de Gómez Urrutia, y aunque no desglosa las operaciones con ella, sí señala que está sujeta a investigación. El secretario de Trabajo, Javier Lozano, invitó a los integrantes del sindicato minero a convocar a una asamblea extraordinaria y elegir a su líder para terminar con el divisionismo interno. Gómez Urrutia está en Vancouver, Canadá y los dirigentes seccionales afines planean convocar a una asamblea el 2 de mayo. Pero no todos están de acuerdo. Elías Morales, líder reconocido del Sindicato, pretende imponer otra fecha. Mientras, los 55 millones de dólares no aparecen del todo, aunque una parte (22 millones de dólares) se pagó a trabajadores.

Gregorio Pérez Romo, quien pasó de realizar labores de limpieza en el sindicato minero, a ser después mensajero y después se convirtió en chofer y persona de confianza de los principales miembros del sindicato, por órdenes de Gómez Urrutia y de Félix Estrella, efectuó varias transacciones financieras y pagos de la tarjeta de crédito de Alejandro Gómez Casso.

Pérez Romo entró a trabajar en el sindicato minero en 1986 en las oficinas de Doctor Vértiz 668, col. Narvarte, para realizar labores de limpieza. En 1993 se convierte en mensajero y ayudante de oficina; en el 2000, al mismo tiempo que llega la nueva dirigencia del Sindicato, encabezado por Napoleón Gómez Urrutia, su posición toma importancia y se convierte en operador financiero de sus jefes, nada más y nada menos que del propio Gómez Urrutia y de Félix Estrella, el tesorero. Se estima que en total operó en su propia cuenta bancaria 12 millones de pesos.

Pérez Romo aceptó haber recibido varios cheques certificados a su nombre para realizar por lo menos 17 operaciones bancarias por instrucciones de Gómez Urrutia y Félix Estrella provenientes de la cuenta 453375811 a nombre del Sindicato Nacional de Trabajadores Mineros Metalúrgicos y Similares de la República Mexicana por un total de 6 millones 164 mil pesos, entre marzo y noviembre de 2005. Se le ordenó pagar las tarjetas de crédito American Express de Alejandro y Ernesto Gómez Casso y depositar fondos a favor de Consultoría Internacional Casa de Cambio. Los sobrantes en efectivo los entregaba a Lizbeth Lira, persona allegada al contador del Sindicato o al propio Félix Estrella. Entre las operaciones están las siguientes:

8 de febrero de 2005. Cheque por 416 mil 140.46 pesos; depósito a favor de Consultoría Internacional Casa de Cambio por 280 mil 140.46 pesos y el resto lo entregó a Félix Estrella.

28 de febrero. Cheque por 220 mil 88.93 pesos que endosó a favor de Benigno Gómez López (también mensajero) para pagar la tarjeta de crédito American Express de Alejandro Gómez Casso con 17 mil 929 dólares; el resto lo entregó a Lizbeth Lira.

8 de marzo. Cheque por 253 mil 50 pesos de los cuales se depositaron 221 mil 600 pesos a favor de Consultoría Internacional; el resto se lo dio a Lizbeth.

9 de marzo. Cheque por 631 mil 311.43 pesos para pagar 519 mil 311.43 pesos de la tarjeta de crédito de Alejandro Gómez; el resto se lo entregó a Lizbeth.

30 de marzo. Cheque por 232 mil 214.72 pesos para depositar 167 mil 214.72 pesos a favor de Consultoría Internacional y de Alejandro Gómez; el resto lo entregó a Lizbeth.

14 de abril. Cheque por 304 mil 990 pesos para depositar 234 mil 990 pesos a la cuenta de Consultoría Internacional y el resto a Lizbeth.

12 de mayo. Cheque por un millón 433 mil 658 pesos para depositar un millón 310 mil 980 pesos a Consultoría Internacional; el resto lo entregó a Lizbeth.

22 de junio. Cheque por 400 mil 395.23 pesos para depositar 314 mil 367.57 pesos a favor de Consultoría Internacional y el resto lo entregó a Lizbeth.

Otro personaje entonces no identificado, Héctor Pérez Estrella, recibió 5 millones 655 mil 379.70 pesos de la misma cuenta el 29 de junio, pero se desconoce en qué fueron utilizados. Los sindicalistas afectados denunciaron a Gregorio Pérez Romo por el delito de fraude específico en grado de coparticipación. (Ver cuadro de la página 314.)

EL LÍDER NECESITA MÁS DINERO

Vivir en Vancouver es caro. Sus exigencias económicas corresponden al elevado nivel de vida que se ofrece a sus habitantes. Es un ejemplo clásico de ciudad de primer mundo.

Y desde el 19 de marzo de 2006, allí viven Napoleón Gómez Urrutia y su familia. En el 1288 de la avenida West Georgia, en un apartamento de gran lujo, conocido como The Georgia Residences. En los alrededores de ese lujoso barrio han vivido artistas como Frank Sinatra, Samy Davis Jr., Elvis Presley, los integrantes de The Rolling Stones (quienes rentaban una *suite* cada vez que viajaban a Vancouver) y hasta la voluptuosa Pamela Anderson.

De acuerdo con declaraciones del presidente de la cooperativa Veta de Plata, Juan Carlos Pérez Mendiola —agrupación disidente que abandonó el Sindicato Minero—, Napoleón Gómez Urrutia adquirió la cadena de restaurantes y cafeterías de comida árabe Nuba Group en Canadá, con recursos del Fideicomiso Minero desviados a sus cuentas bancarias y de su familia.

Asimismo, señaló que el hijo del ex dirigente minero, Ernesto Gómez Casso, tiene un posgrado de chef en la Cornell University,

---

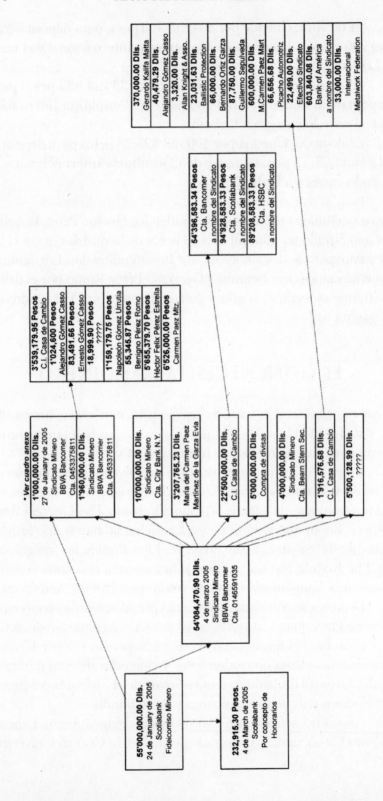

de manera que éste es quien dirige ese nuevo negocio. Pérez Mendiola precisó que dichos negocios están domiciliados en West Hasting Street 207, y en Seymour Street 1206 en Vancouver, en donde vive Gómez Urrutia con su familia.

La empresa de Gómez Urrutia está registrada en el acta del Ministerio de Finanzas de British Columbia, bajo el número de registro V6E3V7, y las oficinas de Nuba Restaurante Group Inc. se ubican en la Suite 800 en West Georgia Street 1090, en la misma ciudad de Vancouver.

Pero ni millones de dólares en sus cuentas bancarias, ni sus prósperos negocios les bastan para el nivel social y económico que creen merecer. No señor.

Por eso —en una de las decisiones más insólitas en la historia del sindicalismo mexicano—, el 21 de mayo del 2010, a nombre del SNTMMSRM, los dirigentes leales a *Napito*, Sergio Beltrán Reyes, secretario del Interior, Exterior y Actas, y Javier Zúñiga García, y el Secretario del Trabajo, en su calidad de segundo del organigrama sindical, decidieron, con el resto de la dirigencia que ante:

> … la situación económica por la que atraviesa nuestra organización (que) es muy delicada, ya que se debe mucho dinero a los distintos abogados que se tienen contratados para la defensa de nuestro secretario general y de su familia, ya que tan sólo al despacho del doctor Néstor de Buen se le deben casi 8 millones de pesos, además de que ha tenido (José Barajas, tesorero), problemas para enviarle al licenciado Napoleón Gómez Urrutia la cantidad que se le envía mensualmente para sufragar su estadía en Vancouver, y la de su familia, esta situación se viene agudizando desde la separación de las secciones que prestan sus servicios a las empresas de Grupo GAN, pues son más de dos años en que estas secciones dejaron de enviar sus cuotas, y casi un año de las que laboran en Grupo Peñoles, ya que al ser las secciones con mayor número de agremiados, resulta significativa la cantidad que se ha dejado de percibir por tal concepto y por las diferentes entradas que se percibían por el trabajo de terceros y contratistas de esas Secciones…

EL PLENO ACUERDA: 1) Que todos y cada uno de los trabajadores agremiados a este H. Sindicato, aporten la cantidad de $ 200.00 (Doscientos pesos) mensuales, para contribuir a los gastos de administración de la Organización y para sufragar los gastos legales y de manutención de nuestro secretario general y de su familia.

2) Se acuerda que todos y cada uno de los trabajadores agremiados a este H. Sindicato aporten la cantidad de $600.00 (seiscientos pesos) del aguinaldo que les corresponde.

3) Se acuerda que todos y cada uno de los trabajadores agremiados a este H. Sindicato aporten la cantidad de $2,000.00 (dos mil pesos) de las utilidades que reciban... En el caso de las Secciones y Fracciones en que no se hubieren generado utilidades por parte de la empresa, deberá exigirse a la empresa de que se trate, que aporte la cantidad de $1,000,000.00 (un millón de pesos) para el pago de abogados que llevan la defensa de nuestro Secretario General, compañero Napoleón Gómez Urrutia y su estadía en Vancouver, Canadá" (hasta aquí los resolutivos del H. Sindicato).

Con el líder, hasta la ignominia.

Si la aportación de doscientos pesos mensuales la hicieron los sindicalistas leales a *Napito*, desde junio de 2010 le han enviado a Vancouver, para sus gastos, alrededor de un millón 800 mil pesos, además de los descuentos a utilidades y de la "aportación" exigida por el Sindicato a las empresas con las cuales se tiene relación laboral. Es justo: el líder necesita vivir bien.

Los 33 millones de dólares no le alcanzan. Pobre.

El 30 de diciembre de 2008, a petición de la Procuraduría General de la República (PGR), la Secretaría de Relaciones Exteriores (SRE) solicitó al gobierno de Canadá la extradición oficial del ciudadano mexicano Napoleón Gómez Urrutia, como probable responsable de fraude, asociación delictuosa y otros delitos cometidos en agravio de los afiliados al SNTMMSRM.

Hasta enero de 2012, *Napito* continuaba prófugo de la justicia, con tres órdenes de aprehensión vigentes y ejecutables, por delitos considerados como graves. Por abuso del poder.

EPÍLOGO

Considerar a este libro como texto coyuntural o trabajo oportunista por el momento político que vive México, sería otorgarle una interpretación simplista y hasta comodina. Nada más alejado de su misión. Su estructura periodística y literaria, sus contenidos y desarrollo —capítulo a capítulo—, tienen la abierta y confesa intención de vernos en el espejo del México agraviado por el abuso del poder, para así crear conciencia del arrodillamiento en el que el poder nos ha postrado.

Abuso del poder en México va mucho más allá de unas elecciones presidenciales, de un momento político o del surgimiento pasajero de algunos personajes incluidos en estas páginas. No tiene fecha de caducidad. Como tampoco la tiene —seamos realistas, aunque duela— el abuso del poder, fenómeno universal que ofende por una razón perversa e irrebatible: casi ningún ser humano está diseñado para ejercer el poder. En incontables ocasiones el poder enferma al hombre. El poder lo trastorna. El poder lo enloquece. "El ser humano es mitad indiferencia y mitad ruindad", definió con maestría el admirado José Saramago. Lo leído aquí le da la razón al portugués irreverente y libre.

La misión del libro es que cada uno de nosotros aporte, desde su trinchera, un poco —o mucho— para terminar con el abuso del poder en México: con la impunidad, con el agravio, con la ofensa permanente y dolorosa, dolorosa por permanente. Dejemos atrás la indiferencia, el encogimiento de hombros cuando vemos la desgracia ajena. No seamos parte del monstruo de mil fauces que devora a

317

la buena conciencia. Recordemos pasado y presente. Es por nosotros. Por los nuestros. Por el futuro.

Dejemos de ser el país que no protesta. Arranquemos con nuestra fuerza esa etiqueta denigrante, sí, pero cierta.

Dejemos atrás el calificativo de ser el país de la impunidad. De-
nunciemos. Protestemos. Gritemos. Peleemos si es necesario. Pero
no aceptemos ya dictaduras políticas, imposiciones que agravian,
fraudes electorales, ruinas económicas, asesinatos de civiles, de lu-
chadores sociales y de periodistas, ciudadanos secuestrados, abusos
del poder públicos y de particulares, inocentes en la cárcel, poderes
que atenten contra los mexicanos. Ofensas, mentiras, injusticias,
censura.

Si algún capítulo, frase o palabra de este libro, impulsa a evitar
una injusticia contra un mexicano, entonces la misión se habrá cumplido. Si impulsa el despertar de una conciencia, se habrá cerrado
el círculo.

"Firmes y dignos", pedía a sus ejércitos Maximus Decimus
Meridius.

Seamos gladiadores.

5|19 ④ 7|15

Esta obra se terminó de imprimir en abril de 2012
en los talleres de Servicios Integrales de Impresión, de C.V.
Calle del Colegio No. 27 Col. San Mateo Tecoloapan
Atizapán de Zaragoza, Estado deMéxico
C.P. 52927